這樣聚會最成功

美國頂尖會議引導師，帶你從策劃到執行，
創造出別具意義的相聚時光

普里亞・帕克
PRIYA PARKER

張芷盈——譯

THE ART OF GATHERING

HOW WE MEET AND WHY IT MATTERS

獻給我的亞南德
每日讓我了解使人嘆服與感到榮幸的真諦

序

聚會的形式很重要。聚會占據了我們的日常，決定我們過的是什麼樣的生活，不管在私人生活或公眾領域皆是如此。聚會是基於某種原因而刻意將人們聚集在一起的活動，聚會形塑了我們思考、感受、理解世界的方式。立法者可能和大家一樣理解聚會的力量。在民主社會中，集會自由是每個人最基本的權利。在專制獨裁的國家，首要剷除的必定是集會的權利。為什麼？因為當人們聚在一起時，大家可以交換資訊、彼此啟發鼓舞、一起測試其他聚會的新形式。但大部分的人卻很少思考我們實際聚在一塊的方式。

我們一生中都在聚會，先是和家人，接著參加社區活動及學前共學共玩團體，然後是學校和教會，之後還會參加會議、婚禮、市民大會、研討會、生日派對、產品發布會、董事會、同學會、家人聚會、聚餐、商展、葬禮。然而，我們絕大多數的時間卻都浪費在無聊又無趣的聚會中，不僅一點都不有趣，也無法讓我們從中獲得改變，或幫助我們凝聚在一起。

許多研究都證實了不少人早就知道的事實：絕大多數和其他人相處的聚會時光都

讓我們感到失望。國際發展專家兼部落客當肯・格林（Duncan Green）接受《衛報》（*The Guardian*）訪問時坦承道：「除了少數例外狀況，我在會議中要不是覺得無聊、絕望，不然就是感到憤怒。」像格林這樣的人並非少數。二〇一五年度的《企業工作現況》（*State of Enterprise Work*）調查顯示：「浪費時間的會議」是導致員工無法完成工作的首要阻礙。

我們連跟朋友相聚時都感到意興闌珊。一份二〇一三年的研究《二〇一三年美國友誼現況：信任危機》（*The State of Friendship in America 2013: A Crisis of Confidence*）發現：百分之七十五的受訪者對這些人際關係感到不滿。此外，在近期一份針對年輕人精神生活的報告《我們聚會的方式》（*How We Gather*）中，安吉・瑟斯頓（Angie Thurston）與凱斯伯・特・凱爾（Casper ter Kuile）寫道：「隨著傳統宗教越來越難吸引年輕人，千禧世代正迫切地從別處尋求慰藉。」

雖然聚會令我們失望，但我們還是繼續用同樣令人厭倦的方式聚在一塊。大多數的人在辦聚會時想也不想，就循著舊有的方式安排，卻希望會議、研討會或派對能自然而然就辦得很成功，期盼陳腔濫調的形式會奇蹟式地擦出令人振奮的火花。這無疑是妄想。

而當我們確實想尋求專業建議時，又通常都會找上把重點放在技術層面的人士，像是廚師、禮儀專家、花藝師、活動公司等。這樣做其實無形中把人的問題限縮成了硬體的問題。我們把該如何處理人的問題，簡化成了事情該怎麼做的問題：像是簡報、邀請函、視聽設備、餐具、餐點。我們往往會著重在聚會的「東西」，因為我們覺得這是唯一能掌控的細節。這樣想不僅短視，對於如何讓人們彼此產生連結、讓聚會變得有意義也充滿了誤解。

談到聚會，我的角色不是廚師，也不是活動公司的人，而是受過團體對話與衝突調解訓練的專業人士。過去十五年來，我投入了許多時間研究、設計、建議如何安排聚會，目的是讓與會者及他們試著影響的社群都能從中獲得轉變。現在，我則是一名專業的會議引導師。會議引導師很常見，但你可能從來都沒聽過這個職稱。會議引導師的專長是形塑團體氣氛，並引導團體進行對話。我的工作是讓合適的人共聚一堂，為了一個更大的特定目的，幫助他們一起思考、發想、爭論、治療、想像、信任、彼此連結。我對聚會的看法（同時也是我想與各位分享的角度）是每一場聚會的核心應該是與會者及他們彼此間的互動。

因此，在工作時，我會試著幫助與會者產生歸屬感。這和我這輩子花了很多時間思考個人的歸屬感有不少關係。我母親那邊的家族來自印度古老聖城瓦拉那西（Varanasi），是崇拜牛的印度教徒，我父親那邊的家人則是來自美國南達科塔州的牛肉屠宰生產商。長話短說，我的父母在愛荷華州相遇、相愛並決定共度一生，先是在辛巴威生下我，接著在非洲和亞洲各地漁村工作，最後情淡了，在維吉尼亞州離了婚，自此分道揚鑣。他們兩人後來都各自再婚，找到了生活圈及價值觀都更契合的另一半。父母離異後，我每兩週輪流到母親與父親家住，父母親一邊是吃素的自由派，鎮日焚香繚繞，信奉的是佛教徒、印度教徒、新時代世界觀；另一邊則是葷食的保守派，每週上教會兩次，信奉的是福音派的基督信仰……我在這兩個世界不停切換，所以大概也不難想像我後來決定投入衝突調解的領域。

我在大學時發現這個領域，當時的我對於維吉尼亞大學內種族關係的狀況感到興趣，同時也對現況感到痛苦。一畢業，我就開始在美國及國外的各個社群中訓練領導者一個叫做「永續對話」（Sustained Dialogue）的團體對話過程，這個技巧目的是要轉化不同種族、族群、宗教間破裂的關係。在這些工作中，我開始對大家試著突破歧異而凝聚在一起的過程感到著迷不已。

自此，我在許多不同的情境、針對各式各樣的問題都曾採用衝突化解的方法處理。我協助進行的會議地點從五星級飯店、公園、一般的泥土地上，到大學宿舍裡都有。我曾在西印度幫助經歷族群紛爭的村民重建社群，也曾在辛巴威政府威脅要關閉非政府組織之際，和當地社運人士一同對抗政府。我曾協助對立的阿拉伯領袖們及歐美領導人進行對話，共同探索伊斯蘭與民主間的關係。我也曾協助美國州政府與聯邦政府官員，引導他們思考如何為下個世代重整國家貧困方案。我的客戶還包括科技公司、建築事務所、美容品牌、金融公司，幫助這些客戶進行關乎未來發展的複雜、艱困討論。

我住在紐約市，這裡的人經常聚會。我常常擔任主持人，也常常是與會者。不管是哪種角色，我永遠對那些能幫助團體凝聚起來的舉動深感興趣，這些介入的手法微小卻重要，每個人都能做到。在我的朋友和親戚間，大家常常會傳訊息或打電話給我，問我：「工作聚餐是不是要準備一個主題讓大家討論，還是就純粹讓大家閒聊？」「教會有個志工很長舌，該怎麼辦？」曾有個一半是穆斯林、一半是基督徒的移民友人問我，她能不能為在德國去世的父親在紐約辦一個自己版本的猶太教坐七[1]，並邀請那些與父親未曾謀面的當地朋友來參加？

不管是董事會或是生日派對，我從自己引導過的聚會中發現，聚會的「形式」決定了聚會的內容及成功與否，簡單的聚會規劃決策就能幫助你的聚會大獲成功。所以，這本書是趟旅程也是本指南，目標讀者是那些想將平凡的相聚時刻變得難忘又充

1 猶太教中，直系家屬在往生者喪禮後進行為期七天的守喪期，稱為坐七（shiva）。

滿意義的朋友。

我希望這本書能幫助你用不同的角度「思考」你的各種聚會。本書章節順序是根據我平常帶領客戶及朋友去思考聚會流程所安排，我自己在設計一場具有意義的活動時，也是按照這樣的順序去實際操作。雖然我相信有些原則在最簡單的聚會也適用，你並不用遵循本書提到的所有建議與步驟。只有你自己才知道哪些做法對你有幫助，哪些才是適合你的聚會形式。

本書內容來自我個人的經驗與想法，包括那些成功及失敗的經驗。但由於聚會本身就是一個集體行為，所以我另外也訪問了超過一百名與會者，吸取他們的祕訣，並從中測試我個人的想法。我訪問的對象包括會議主辦單位、活動公司、馬戲團的動作編排、教會會議幹事、營區輔導員、禮儀師、DJ、拍賣師、飛鼠裝滑翔競賽教練、拉比、教練、合唱團指揮、表演藝術工作者、喜劇演員、電玩設計師、日本茶道師、電視節目導播、職業攝影師、家族財富管理顧問、募款人等。本書內容含括了訪問這些對象的結果。我特地採用了各種不同類型的聚會（博物館、教室、合夥人會議、生日派對、夏令營，甚至是葬禮），藉此呈現在各種情境中大家展現出的創意，並希望你也從中獲得啟發。本書接下來所分享的皆是真實故事，但針對私人聚會內容，我稍微更改了姓名、細節及地點。我與各式各樣的受訪者談過後，發現大家都有一個共通點：他們對人們聚在一起「發生」的事情充滿興趣。

在你開始閱讀本書前，我想先說明我個人主觀的看法：

我相信每一個人都能創造很棒的聚會。

你不用是個外向的人。事實上，我認識某些很棒的主辦人其實都有社交焦慮症。

你不用是老闆或經理。

沒有豪華的家也沒有關係。

還好，聚會之道與你個人的魅力或你講的笑話好不好笑無關。（如果要具備這些特質，那我就慘了。）

一旦真的有想法、具備（通常無形的）架構，而主持人又有願意嘗試的好奇心及開放的心胸，那一場聚會必能辦得精彩。

那就開始吧！

序 5

第一章 想清楚你到底為什麼要聚會？

類別不等於目的 19
辨一個「聚」之有物的聚會 35
設計聚會目的的實用小撇步 41
實用表格 45
多重任務與過度謙虛的內在阻力 48
讓聚會目的成為你的篩選器 53

第二章 關上敞開的大門

第一部分：對象 58
第二部分：地點 80

第三章 別當個超然的主人

「超然」是包裝成仁慈的自私之舉 102
超然的問題 106

目次—Contents

權威必須持續執行……109
慷慨型權威的神奇之處……114
半德國人半埃及人的權威角色……130
當權威變得吝嗇……136
我如何毀掉那場晚餐……143

第四章——暫時創造一個平行世界

規定的崛起……149
關於那些舊時代有錢人對行為舉止期待的小知識……152
禮儀規範vs.一次性規則……156
各式各樣的白……161
拿規則當賭注……165
規則vs.手機……172
「活在當下」的那段時光……175
伏地挺身！……182

第五章——喪禮絕不要以流程事項開場

暖身準備……190

入場迎接 211
開場 222

第六章 不要在我的聚會展現你最好的一面

讓會議（或任何聚會）不要那麼糟的十五種方法 248
真實感是可以設計的 258
給我「嫩芽演說」而非「樹樁演說」 259
請不要分享你的想法，我們正在聚會 269
黑暗主題 272
陌生人精神 276
全新的視角 278
邀請的重要性 282
主持人，請揭露你自己 284
風險管理 286

第七章 引發好的爭議

不要避免討論性、政治及宗教 290
不只是摔角手專屬的鐵籠格鬥賽 294

目次｜Contents

好的爭議不會憑空出現 299
熱點圖、安全空間、基本規則 303
有哪些禮物？又有哪些風險？ 311

第八章——接受一切終有結束的一天

請好好跟我分手 316
為什麼做結尾很重要 319
接受吧 322
最後的提醒通知 327
何時結束？由誰決定？ 329
結尾的組成要素 332
找到連結的一條線 342
現在，即將進入尾聲 346
我的最後提醒通知 350
回想你的聚會目的 352
退場線 355
讀書會指南 360
備註 364

第一章

想清楚你到底為什麼要聚會？

我們為什麼要聚會？

我們聚在一起解決自己單獨難以解決的問題。我們聚在一起慶祝、哀悼、紀念人生的轉變。我們聚在一塊兒做決定。我們相聚，因為我們需要彼此。我們齊聚展現力量。我們聚在一起表揚與肯定他人。我們聚集起來設立公司、學校、社區。我們因歡迎他人的到來而聚，也為了歡送而聚。

然而聚會本身有一大矛盾：有太多相聚的好理由了，我們反而往往不知道自己為何而聚。如果要將眾人有意義地召集起來，第一步就是要有大膽明確的目的。如果你不小心跳過了第一步，別緊張，你也不是唯一這麼做的人。

當我們省略了這一步之後，往往會讓老套或錯誤的假設決定了聚會的形式。而最終聚會的方式只是浪費時間，或者在真的需要時卻沒有好好凝聚在一起。

在職場上，我們花不少時間一個會接著一個開，但其實很多會議都可以用電子郵件替代，或改成十分鐘的站立會議。大學時，我們盯著講堂的地板發呆，而同樣的授課內容或許用影片呈現更好，教授的時間其實可以用來指導學生，釐清教材中特定較困難之處。在非營利組織的領域中，舉辦募款餐會是常態，因為大家都這樣做，就算募到的款項也只能差不多打平。

很多時候，聚會是有幫助的，像是聚在一起決定如何讓社區公園變得像原本一樣安全，幫助朋友思考並制定策略解救其岌岌可危的事業，經過業績特別慘澹的銷售週期後重新聚焦等等。但往往在這些時候，我們卻沒想過要聚在一起，有時候是因為太忙，或像是現代人的通病：我們之所以不聚是因為我們不想請別人撥出時間參與。正因為大家普遍不想要麻煩他人，有越來越多人便表示希望自己過世後不要辦喪禮。

簡單來說，我們對聚會的想法（何時及為何而聚）都混在一起了。而當我們真的聚在一塊兒時，常常又採用聚會的公式（聚會通常會長什麼樣子），而沒有真的用心去思考安排。聚會之道始於目的：我們何時要聚會？以及為何而聚？

類別不等於目的

回想一下你最近舉辦或參加的幾場聚會，一場拓展人脈的活動、一場讀書會、一個志工培訓活動。如果我問你（或該場活動的主辦人）這些活動背後的目的，就算聽到大家是因為「該場活動應該做哪些事」而辦，我也不會感到意外，因為我在工作中也常常聽到這樣的答案。

你可能會告訴我，拓展人脈的晚會是要介紹相似領域的人互相認識。

讀書會則是要幫助大家一起讀一本書。

志工培訓則是要訓練志工。

教會小組是要讓教友們分成人數更少的團體進行互動。

許多聚會安排都是遵循著這類的循環論證。

你可能會問：「這又有什麼問題？」人脈拓展晚會的目的不就是要交流並拓展人脈嗎？對，就某種程度來說沒錯。但如果就只是如此，那這樣的聚會跟其他諸多人脈拓展的活動就沒什麼差別了：大家走來走去，有點尷尬地交換名片，只要有人願意聽就抓緊機會練習簡短版的自我介紹。大概不會有人因此感到驚豔。有些與會者可能會覺得尷尬或沒有安全感，決定永遠不要再參加類似的活動。

當我們沒有認真檢視聚會背後的「原因」，很容易一下子就會選擇複製陳腔濫調的聚會形式。更因此失去了創造令人印象深刻，甚至能帶來轉變的聚會。

像是在籌辦人脈拓展之夜的活動時，主辦單位是否能停下腳步，思考以下問題：我們的目的是要幫助與會者找到事業夥伴或客戶？是要幫助與會者銷售產品，或針對產品較弱的部分蒐集意見回饋？抑或是幫助不同領域的人盡可能拓展人脈，或建立一個會想持續聚會的新團體？由這些問題得出的不同答案，將會延伸出非常不同的聚會形式。

聚會的時候，我們往往會混淆了類別與目的。對於聚會的各種決定與假設，我們常常採用並非為我們量身打造的人數、形式和情境。我們以為只要知道聚會的類別（董事會、研討會、生日派對、市民大會等），就等於知道該如何安排籌辦。但我們往往還沒弄清楚舉辦聚會的目的為何，就選好了聚會的形式、活動內容及架構。小到人脈拓展之夜的活動，大到法庭審判，我們都採用同樣的方式進行。

位於紐約布魯克林的紅鉤社區司法中心（Red Hook Community Justice Center）便投入改造公共領域中最令人畏懼的一種集會：法庭程序。紅鉤社區司法中心設立於二〇〇〇年，當地社區一直以來面臨貧窮與犯罪事件頻傳的問題，在一場危機爆發後，這個中心希望能改變當地社區和執法機關之間的關係。創立者希望能創立新的司法體系，解決犯罪所揭露的問題，而不只是把罪犯關起來。

後來負責紅鉤社區司法中心這項實驗的法官艾力克斯・凱勒布雷希（Alex Calabrese）曾經形容自己在傳統司法體系中只有兩種選擇：「起訴或撤銷起訴，兩者擇一。」有些法官就算意識到這個問題，也無力打破現有制度。因此，有一小群人決定，如果要改變紅鉤的司法體制，必須創造一種全新的聚會方式。首先，他們必須自問一個基本問題：我們理想中的司法體系的目的是什麼？根據這個目的所設置的法庭會長怎樣？

傳統的法庭是兩造對抗的場所。此設計有其目的：透過兩方的爭論，讓真相浮現。但創立紅鉤社區司法中心的人則受到另一種目的所驅使。是不是有辦法利用法庭，讓所有相關人員（包括被告、法官、律師、書記官、社工師、社區居民等）一起幫助改善不當行為，而不只是進行懲罰罷了？「我們採取解決問題的方式處理所遇到的每一個案件，」紅鉤社區司法中心的計畫負責人亞曼達・伯曼（Amanda Berman）說，她同時也曾在布朗克斯（Bronx）擔任公設辯護人，「我們遇到案件的時候，不管是住宅法、刑事法或家事法案件，我們最終會問的都是這個案件的問題是什麼，我們要如何一起找出解方？」

新的目的便需要新的法庭設計。傳統的法庭是為了讓兩造對抗以浮現真相，因此法庭的安排會讓法官令人望而生畏。將檢察官與辯護律師分開，矯正人員一臉嚴肅，社工師和心理師則滿臉同情，每個人都有自己的角色。就連法庭的裝潢也進一步加強了這樣的目的，「傳統的法庭通常會採用深色木材，營造出莊嚴、審判、權力的氛圍。」伯曼說道。

紅鉤的實驗性法庭的室內安排則截然不同。地點選在社區中心一座廢棄的教區學校，法庭內充滿自然光、淺色木材及非傳統的法官席法檯。「規劃這個法庭的人選擇將法官席法檯維持在可以平視的高度，如此一來，法官便能與當事人互動，邀請他們上前，他也很喜歡這麼做，讓當事人感覺法官不是由高處向下，用帶有權威的視角看著他們，不論是實際上或譬喻上都是。」伯曼表示。

凱勒布雷希是負責這個法庭的法官。他的實驗性法庭負責範圍含括三個警局的管轄區，通常這樣的管轄範圍會分別由三個不同的法庭負責——民事、家事、刑事——現在多數都送由凱勒布雷希審理。他負責審理來到這裡的所有案件，花時間了解案件背後的脈絡及相關人士。許多案件中，被告會被分配到一名社工師，社工師針對該名被告進行完整的臨床衡鑑，了解被告的人生全貌。如此整體的評估，具體內容包括了解當事人是否有藥物濫用、心理健康問題、創傷、家暴和其他影響其人生的因素。評估的時間甚至可能會在第一次出庭前進行。評估結果會提供給法官、地區檢察官及被告參考。在法庭上，凱勒布雷希不像傳統的法官，反而更像是個嚴厲卻又慈愛的叔叔。他會在被告面前確認案件細節是否有錯。他會花時間向每個人打招呼，通常在對方到法官席法檯前時和對方握手。他向對方仔細解釋案件的基本狀況：「小號字體寫到，如果你沒有做到的話，他們會把你逐出去，大家都不希望事情演變成這樣，所以我在頁首用大大的數字寫了十二月三十日來提醒你。」你可以感覺到這裡的大家都支持被告及當事人的人生重回正軌。對於表現進步的被告，凱勒布雷希也常常給予稱讚。「這個結果顯然對你很好。對社區來說也是好事，我想要為你的表現鼓掌。」他可能會這樣說道。然後所有人，甚至連警察，都拍起手來。

在這個特別的法庭上，凱勒布雷希法官可以採用各種可行的介入做法。除了在情況必要時按照傳統判被告監禁入獄，他還能針對個別被告評斷，參考臨床評估及其個人對該情況的了解，改判被告社區服務、毒品戒癮治療、心理健康服務、創傷諮詢、家事調解等。但有時候，他也可能認為坐牢是唯一的選項。「我們盡可能給被告各種我們可以提供的機會，甚至多給兩次機會。所以當我決定判監禁時，監禁刑期往往會是一般刑期的兩倍長。」凱勒布雷希在《紐約時報》（*The New York Times*）的訪談中說道。

紅鉤社區司法中心逐漸呈現一些具體成果。獨立評估的資料顯示，在紅鉤社區司法中心的努力下，成人再犯的比例降低了百分之十，未成年被告的再犯比例則下降百分之二十，只有百分之一的案子在提訊時即被判定監禁刑期。「我投入司法體系已經二十年，」凱勒布雷希在一部拍攝紅鉤社區司法中心的紀錄片中如此談到，「我終於感覺到自己有機會處理造成當事人來到我面前的背後原因。」紅鉤社區司法中心的團隊之所以能達到這樣的成果，是因為他們找到了大家為什麼想聚在一起的更大目的：

他們想要「共同」解決社區的問題，並根據這樣的目的建立了一套程序。

就像其他持續重複進行的聚會，紅鉤社區司法中心的大家都一邊做一邊調整。伯曼表示，紅鉤的團隊會不斷「確保我們能忠於使命，這裡應該同時是實驗室，也是個典範。應該要採用不同的方式，用更好的方式去做我們在做的事情。」

把社區司法中心當作實驗室的想法讓紅鉤的團隊獲得解放，並成為更棒的參與者。「我們對於應該如何聚集或集會應該長得像什麼樣子，並沒有任何預設想法，」伯曼如此跟我說道，「每一宗案件、每一位當事人都被個別檢視。」這樣的態度讓團隊有辦法屏除法庭程序「應該」如何進行的想法，進而去思考法庭程序「可以」如何進行。我們可以運用同樣的思維開始重新檢視我們聚會的目的。

我們不只是在法庭這類公共領域的聚會常常不經思考就遵照傳統既定的形式進行。聚會的類型很容易就掩蓋了聚會的目的何在，就算是私人的聚會也是如此（甚至在私人聚會時更加嚴重），尤其是那些長久以來已成為儀式般的各種私人聚會。在古老傳統及現代 Pinterest 圖版的盛行之下，我們私下相聚時，很容易就省略了思考私人聚會目的的這一個步驟。就像不少人自以為知道法庭審判的目的為何，我們往往自以為了解生日派對、婚禮、晚餐聚會的目的是什麼。也因此，私人聚會往往無法達成其應該可以達到的目的。舉個例子：當你忘記自問，在這特定的一年、在你人生的這個階段舉辦生日派對的目的是什麼，就等於錯失了讓聚會在你人生這個特定階段成為一個成長、互相支持、互相指引、深具啟發的機會。聚會不只能娛樂自己與他人，你將因此揮霍掉讓大家聚在一起互相幫助的好機會。再次回顧，我當時不讓我先生參加產前派對，其實同樣也浪費掉了一次好機會。

當時我們正準備迎接我們的第一個孩子。我的好姊妹們提議要幫我辦個產前派對。就像大部分的人一樣，我們沒有花時間想想到底為什麼要舉辦這個派對。在我們的朋友圈裡，這不是第一場產前派對，也不會是最後一場。舉辦產前派對幾乎變成一個例行公事，而例行公事正是有意義聚會的頭號敵人。

就這樣，決定好日期後，好姊妹們就直接開始準備各種派對細節。

那時的我很興奮。但問題是，我先生其實也非常興奮期待。我告訴他朋友要幫我辦產前派對後，他問我他是否也能參加。

一開始我以為他是在開玩笑，結果發現他是認真的。他真的很想參加我的產前派對。

起初我覺得這樣做實在太奇怪了。但後來，我開始思考他說的是否有道理。

我一向很重視我生命中的女性們，但在這個例子中，全女性的派對卻不是最重要的一點。如果我當時有花點時間深入思考這個聚會的目的，我可能會發現，更重要的目的是幫助我和先生準備好人生的新角色，以及我們的婚姻在第一個孩子到來後將開啟的新篇章。我即將成為一名母親，而亞南德即將成為一名父親。就如同我們的醫生說過的，當時的我們也正從一對夫妻，變成一個家庭。如果我有再多花點時間想想，我應該會希望這場聚會能幫助我們走過這段人生的重大轉變。但大部分產前派對的形式（僅限女性、玩遊戲、拆禮物、為寶寶做一些手工藝品）則是根據不同的目的進行。我發現傳統產前派對是針對孕婦進行的儀式，目的是讓大家一起幫助新手爸媽分擔一些迎接新生命所需的花費。參加傳統產前派對的人都是女性，這反映了過往社會普遍認為，唯一要準備育兒並迎接不同的自我角色的人只有媽媽一個人。但如果過去大家對產前派對的認定已經和現實脫節了，是否還是要照既定的形式去進行呢？（我們是不是還要稱之為「產前派對」呢？）

產前派對不是唯一一種搞不清楚目的的儀式化聚會。在我們私人生活中有各種已經儀式化的聚會（包括婚禮、猶太教成年禮、畢業典禮等），經過一再重複後，我們對於這些形式產生深厚的情感，就算這些形式已經不再能反映參與者的價值觀或信仰。

像是在印度，現在傳統印度教的婚禮中就出現了婚禮形式、內容上的衝突。根據傳統儀式，最後一個步驟是由新郎和新娘圍著火堆走七步，每走一步就對彼此說出一個誓言。這個七步禮在視覺上的儀式感非常強烈，對許多印度教的家庭來說也深具意義，是很重要的傳統。七步禮的過程往往會被拍照、洗成照片掛在客廳牆上，孩子們從小就一邊看著這張照片，一邊想像未來自己的婚禮也將會是如此。但有些年輕的新人已經開始發現，七步禮的誓言都是些過時的婚姻觀念。在儀式中，新郎領著新娘進行第一個誓言「供應他食物」；新娘接著同意「負責家裡所有家務的責任」；只有新娘立下「保持貞潔」的誓言，新郎則沒有同樣的要求；新郎的七個誓言中，有四個都與孩子有關，但新娘的所有誓言全都與新郎有關。這些誓言背後所設定的婚姻價值，如今已不再被許多人奉為圭臬。但當他們建議修改這個婚姻儀式，讓內容更貼切反映他們的價值觀時，家長都深感震驚，更常常感到受傷，彷彿調整了儀式就等同拒絕了傳統。這些一再重複的形式在經歷數個世代後，也帶有某種權力，就算既有的目的已經不再適合「這對」年輕新人的婚禮。

儀式化聚會不僅僅侷限於產前派對、婚禮等私人領域，同時也影響著各種機構。當然，有既定儀式的聚會在最初是沒有那些儀式的，最初的想法是為了解決特定的難題。我們需要想辦法讓大眾了解不同候選人的立場；我們需要想辦法讓銷售團隊對於新產品感到興奮期待；我們需要想辦法募款，蓋新的社區中心。接著針對這個需求以及如何讓大家聚在一起，設計出一個架構。後來不管是總統大選辯論會、業務大會，或募款餐會等，這些聚會年復一年，一再重複舉辦，聚會的構成要素往往也成為了儀式的一部分。也就是說，不僅是聚會目的具有意義，聚會的「形式」也開始被賦予意義。總是要用某種特定的小木槌，要穿某款特定的高領毛衣，大家開始對既定形式感到期待，甚至因此受到慰藉。長久下來，形式慢慢開始扮演重要角色，形塑了人們對於某一個團體的隸屬感及認同感：這代表了我們。這就是我們做事的方式。

當形式與團體的目的、需求相符時，這樣的情感連結極具力量。但就如同法庭的例子，當需求開始轉變，原本聚會形式所搭配的目的早已過時，我們卻可能還執著依循已不符需求的聚會形式。

迪恩・巴奎特（Dean Baquet）在二〇一四年五月接任《紐約時報》主編時，他同時也繼承了一個有將近七十年歷史的會議，而這個會議早已不符合報社或讀者的需求。《紐約時報》的「頭版」會議當時是地球上影響力最大的活動之一。第一場頭版會議在一九四六年召開，發展到後來，編輯會在這場會議決定可以登上隔天頭版的新聞。這些決定影響了全世界的新聞議題設定。

在其輝煌時期，頭版會議的目的很清楚，形式和結構都根據這個目的產生。會議分成兩個部分：早上十點和下午四點，接著主管會公布隔日報紙的新聞稿「陣容」。多年來，頭版會議都是在《紐約時報》大廈三樓會議室進行，二十五或三十名編輯一起圍著一張亞瑟王風格式的偌大木頭圓桌進行討論。編輯會提出自己手上最好的文章，這些文章就叫作「報價」（offers），並竭盡全力說明為什麼自己提出來的文章有資格放在頭版。

「編輯台會準備好最優秀的稿子，來到這裡獻給奧林帕斯上的眾神，先接受拷問，經過一陣廝殺後看誰的稿子奪下寶座。」一位編輯如此回憶道。

隨著這場會議歷經數十年的重複召開，也就成為了一個儀式。能參加頭版會議是一項榮譽，是年輕編輯的傳承儀式。新進記者剛加入《紐約時報》時，通常會受邀參加頭版會議，作為入職培訓的一環。「四點的會議成了經典中的經典。」《紐約時報》編輯凱爾・梅西（Kyle Massey）如此寫道。

但在巴奎特接手時，他發現將《紐約時報》內部最重要的一場會議著重在紙本報紙的頭版內容已經沒有意義了。《紐約時報》大部分的讀者都已經改成上網看新聞，而不再讀實體報紙了。報社網站首頁和實體報紙頭版已經發展成截然不同的產物；網站首頁一整天會輪播幾十篇不同的新聞。而且根據二〇一四年內部一份關於創新的報告指出，網站首頁的「影響力正在式微」，因為「只有三分之一的讀者會去造訪」。有越來越多的讀者是透過社群網路點進網路文章，這同時也大幅削弱了編輯管理呈現文章的權力。除此之外，當實體報紙的頭版出現在訂閱戶的門口時，這些文章早就被放在網路上好幾個小時，甚至好幾天了。

《紐約時報》必須適應全新的數位時代，調整過時的會議能展現出改變的決心，也能加速促成新的改變。「對我們的讀者來說，放這麼多重點在紙本新聞上已經沒有好處了，對我們的記者來說也是如此。」負責刊頭的助理編輯山姆·多尼克（Sam Dolnick）跟我說道，「我們刻意改變會議，藉此改變整個報社的文化與價值觀。我們希望大家不要再一直想著紙本，所以開會的時候也不能一直著重在紙本。我們利用會議改變報社的價值觀與思維。」

要改變編輯聚會的方式，包括他們討論的內容、分配給不同內容的時間、哪些人可以得到發表的時間等，這些都能逐步改變報社的文化，變得更貼近數位時代的現實。巴奎特希望用早晨會議的時間討論報社內記者和編輯當天在所有平台上應該報導哪些新聞。他希望能討論實際面，同時也進行更廣泛的哲學論辯。

「對我來說，在理想的情況中，我們在會議裡應該決定當天要報導哪些最值得關注的新聞，有時候要報導什麼很顯而易見，像是市中心發生恐怖攻擊，但有時候就不是那麼清楚。」巴奎特對我說道。他也想將報社的重點轉換到文章的內容，而不是放在哪個版面。「這個會議不應該論及任何平台，純粹只討論我們有哪些最棒的報導。」他表示。

因此，巴奎特調整了會議的架構以符合新的目的。他改變了頭版會議舉辦的地點與會議室的配置。充滿故事的亞瑟王風格圓桌被移走，蓋了一間全新的頭版會議室，改用玻璃牆、紅色沙發椅創造一個更輕鬆的空間，希望能鼓勵更多人參與討論。二〇一七年秋天，我參加其中一場會議，當時正值轉換期，新的會議室還在整修，因此會議是在二樓的一間臨時會議室召開。會議室正中間有一張正方形大桌子，四周則擺了十幾張綠色旋轉辦公椅。編輯主管們都坐在其中一邊，其他不同編輯台的編輯們則分散坐在桌子的其他三邊。華盛頓的辦公室主任透過電話擴音參與會議。牆邊則有第二排椅子給其他員工和貴賓坐。主管們對面的牆上掛著一台平面電視，畫面上則是《紐約時報》網站首頁，幾分鐘就更新一次，隨時呈現頁面最新狀況。

巴奎特也調整了會議的時間。在新聞週期步調更為快速的世界中，十點的晨會已經太晚了，所以他將晨會提早到九點半。將下午的會議拆成兩場：三點半的會議和一小組人討論決定隔天實體報紙頭版內容，接著四點的會議則檢視隔天的新聞稿。

他在調整這個神聖的會議時，也向所有員工說明這麼做的理由。他了解他改變的是大家已經習慣的事物。二〇一五年五月五日，他在一封寫給員工的電子郵件中寫道：「這個想法是要讓我們在早上能更快進行動員，早點開始決定新聞和企業最優先的工作，在下午的會議中把關於實體報紙頭版的討論拿掉，重點放在要報導哪些新聞，不管是在紙本或網路哪種平台，同時也規劃隔天早上數位版的內容。」

但僅僅是改變會議的時間及場域並不足以拔除舊聚會形式反覆灌輸並流傳下來的價值觀，主持會議的方式也必須改變。以前的會議一開始都是由編輯提出值得刊登的稿子，我參加的那天早上，會議一開始先分享閱聽人報告，把前一晚點閱率表現較好的部分文章提出來，以及其他的閱聽人數據。這場會議是從分析閱聽人行為開始，而不是由編輯們提出精選文章，代表著《紐約時報》文化的重大改變。不同編輯台的編輯會分享他們目前正在進行的稿子，而負責刊頭的同事及其他人則會針對某篇文章的內容、重點提出具體問題。

這些問題開始展現出一個逐漸成形、全新的《紐約時報》。針對一篇關於新稅收提案的報導，以下是相關提問：「我想很多讀者會想問的其中一個問題是：這對有錢人的影響是什麼？」討論過程中，出現了關於某篇新的健康研究報導是不是值得做成手機版的新聞推播通知，這類通知通常是重大新聞快報，所有《紐約時報》的訂閱戶都會收到。而這個提問背後隱含的更大哲學性問題其實是：什麼樣的新聞有資格被冠上「重大新聞」？會議中，另有一名負責數位新聞的編輯問到，為什麼有一篇文章明明已經好了，卻不能立刻刊登，必須要等到下午三點預定的時間。提出這個問題的同時，這位編輯其實是在迫使其他的編輯用不同的思維去思考文章到底何時可以上線。

「我們想要讀者透過手機專心感受現在這一刻，或接下來兩個小時中閱讀《紐約時報》的體驗，」負責所有數位平台的副總編克里夫・李維（Clifford Levy）這樣告訴我，「我覺得還是會有些人先提前計畫，這當然很好，但當下這一刻非常重要，而改變報社內的新陳代謝一直是我們長期的目標。」雖然新陳代謝無法一夕改變，每天例行的聚會卻是能進行調整的最有力工具。

不過這場會議的改變之路還沒結束，畢竟大家私下還是會稱這場會議為「頭版會議」。

說不定你也正遭遇如此情況，既定的聚會形式不再適用於你正面臨的新需求與環境。或許你決定繼續沿用著既定形式，希望最後一切都船到橋頭自然直。沿用既定形式也不是壞事，就像是籌備著和之前每個月、每一次內容都差不多的員工月會。但當你這樣做的同時，其實是沿用了其他人為了解決他們自己特定的問題所設計的聚會與形式。而前人在設計聚會形式時，一定也思考過當時的需求與聚會目的。如果你沒有試著像紅鉤或《紐約時報》一樣去嘗試、去實驗，你的聚會就比較難達成其潛力。

辦一個「聚」之有物的聚會

電視影集《歡樂單身派對》（*Seinfeld*）就是以「沒有內容的節目」出名。當大家聚在一塊，卻對相聚的目的毫無想法，那聚會也會是空洞的。但很多人早在別人告訴他們之前就意識到這件事，他們為聚會找到主題，作為創造有意義的聚會的基石。我想給各位一個挑戰，請大家也效法這些人，但要做得比他們更加深入。

大部分聚會的目的聽起來很了不起、值得尊敬，但事實上卻很基本又乏味：「我們要舉辦一場迎新餐會，讓新同事在我們這個緊密的團體中也能感到自在。」或：「我要辦一場生日派對，回顧過去一年發生過的事情。」這些都是目的，但卻都未能提供一個有意義的相聚理由：是否需要冒點風險？是否要表達立場？是否願意讓部分來賓（或主辦人）感到不安？是否能避免成為毫無限制、什麼人都可以參加的聚會？

對於要舉辦一場會議、撲克牌之夜、研討會，這些標準聽起來可能沒什麼道理。你可能會問，為什麼我的聚會需要「表達立場」？又不是阿拉摩之戰[2]（Battle of the

2 阿拉摩之戰發生在一八三六年，是當時隸屬墨西哥的德克薩斯欲脫離墨西哥獨立的關鍵事件。

Alamo）。我之前也聽過有人提出這樣的疑問。幾乎每一次我要客戶再更深入思考聚會的目的時，他們都一副覺得我是要幫他們準備參加第三次世界大戰。但逼自己思考舉辦聚會的「立場」，能幫助你進一步想清楚這場聚會獨特的目的所在。大家都開心的聚會當然有，但很少會令人感到激動興奮。願意拒絕特定人選（這有別於聚會本身讓與會者感到被拒於千里之外）的聚會，更有機會辦得精彩出色。

那要怎麼做到呢？要如何創造出值得大家相聚的時刻？一個明確、大膽又富有意義的聚會目的，背後的要素有哪些？

最重要的一個要素是「明確」。越明確、聚焦，聚會的架構就越清晰，也越能鼓勵與會者熱情參與。我是從個人的工作中發現這一點，但有一位客戶進一步蒐集數據，佐證了我的這項論點。

Meetup 是一個為使用者創造實體聚會的線上平台。世界各地的使用者利用 Meetup 舉辦數千場實體聚會，這些年來，這間公司幫助了數百萬的人聚在一塊。Meetup 的創辦者開始研究成功聚會背後的原因，結果得到了驚人的發現。最吸引人的聚會並不都是那種廣納百川型，對象不限、歡迎所有人的團體。大家最想參加的通常是主題更侷限、明確的聚會。Meetup 的共同創辦人兼執行長史考特·海夫曼（Scott Heiferman）告訴我說：「Meetup 聚會的主題越明確，成功率越高。」

在Meetup平台上要組織團體時，其中一個步驟是要為團體取名，並描述這個團體設立的目的。為了增加成功率，海夫曼及他的團隊開始鼓勵活動主辦人選擇更明確的團體名稱，而不是只在描述欄放入具體內容。策略就是「使它更具體清楚，大家找到具體適合自己的團體也會更躍躍欲試」，他說道。不管是在伊斯坦堡、倫敦或托雷多，主辦人在寫團體名稱時，如果使用越多形容詞加以描述，這個團體就越有可能被Meetup認定為「高度符合」。

舉個例子，「LGBT情侶和狗狗健行趣」的相符程度就會比「LGBT情侶健行趣」、「情侶和狗狗健行趣」或「有養狗的LGBT健行愛好者」還高（而且長期來說大概也會比較成功）。因為就像海夫曼說的：「人往往會與事連在一起。」明確性有助於形塑聚會，因為大家可以想像自己參與其中的樣子。

然而，「如果你設定得太過明確，參加的人就不會很多，所以在過於明確和太過模糊之間要取得平衡，才能創造出讓大家願意相聚在一塊的認同感和親切自在的歸屬感。」

「獨特性」則是另一個要素。這場會議、晚宴或正式會議跟你今年接下來會舉辦的類似聚會，有什麼不同？我曾經造訪日本京都的一間茶館，體驗日本傳統茶道，並學習日本人的聚會之道。茶道師和我分享十六世紀時，茶道宗師千利休告訴學生在進行茶道的過程中應謹記：一期一會。茶道師告訴我，粗略翻譯的意思大概是：「每一次的聚會、人生的每一刻都無法重來。」她進一步解釋道：「我們可能會再相聚，但你要珍惜這一刻，因為一年後的我們會有新的體驗，我們會變得不同，帶著不同的新體驗，因為我們都會隨著時間改變。」每一次的聚會就是「一期一會」，每次聚會時都值得把這句話牢牢放在心中。

有時候，我覺得這句話就像是逾越節原則（Passover Principle）[3]，因為在傳統猶太教逾越節的儀式中都會問：「這一個晚上和其他夜晚有什麼不同？」聚會前先問問自己：這個聚會和我的其他聚會有什麼不同？這個聚會和別人辦的同樣類型聚會，有什麼不同？這個聚會有哪些其他聚會所沒有的特點？

一個好的聚會目的，同時也應該有討論空間。如果你說你的婚禮目的就是要稱頌愛的美好，大家聽了可能會微笑，但你其實說了跟沒說差不多，因為有誰會反駁這樣的目的呢？沒錯，婚禮應該稱頌愛的美好。但像這樣沒什麼可討論的目的，並沒有辦法幫助你創造一個有意義的聚會，因為這樣的目的無法幫助你做決定。當無可避免的壓力開始出現，像是決定賓客名單、場地、辦一晚或是兩晚，這樣的目的無法為你提供指引。而一個有討論空間的目的則能開始幫你進行過濾。如果你決定舉辦婚禮的目的是，在你準備好成立自己的家庭前，透過正式儀式回報父母為你所做過的一切，這樣值得討論的目的就立刻能幫你做出各種決定。像是剩下的唯一名額會用來邀請父母失聯已久的朋友，而不是你自己早已漸行漸遠的大學好友。但如果你的目的是認為婚禮是相愛的兩個人，帶著他們各自人生中最要好的朋友們共同結合在一起，這個目的同樣值得討論，也能明確提供另一種不同的答案。在這個例子中，新人家長的朋友就沒有那麼重要了，反而應該邀請新人大學時代的好友。

如果我將這些標準用在我自己的產前派對上，那過程應該會如下。如果當時的我能找到一個更具體的目的，而不只是慶祝寶寶即將誕生，我想到的可能會是先生和我即將一同展開從未經歷的體驗：共同成為父母。由於直到最近之前都鮮少有人這樣做過，因此也沒有太多前人流傳下來的範例可供參考。相反地，反而有文章警告想要「魚與熊掌都兼得」的危險，還有研究告訴我們如此的平等性可能會傷害夫妻間的親密感。一個更適合我們、更具體的目的，或許能幫助我們探索那些鮮少有人嘗試過的領域。

至於能讓這場產前派對獨樹一格的獨特性部分，即是讓新手爸爸及其他男性都能來參加。

3 逾越節是一個猶太教的節日，以色列人曾是古埃及人的奴隸，逾越節即是在紀念當時的以色列人獲得解放。

邀請男性參加產前派對，並因為參加對象不同而重新規劃派對內容，這個做法勢必會引發爭議，但這樣的爭議是好的。我們希望在我們的社群中，大家能將我們視為真正完全平等的父母，不只是媽媽負責養小孩，爸爸在一旁「幫忙」。這樣的家庭模式會引發爭議，而一場能幫助我們朝這個生活模式前進的產前派對，勢必也有個會引起爭議的目的。同樣的，在紅鉤社區法庭上，如果說所有參與其中的人想要達到的目的都是一樣的，這種說法一定會引發爭議。在印度教的婚禮中，想要改掉誓言用詞的同時，又希望它是一場正宗的「印度教婚禮」，這種想法一定也會引發爭議。我想再次重申，這樣的爭議是好的。一定有些人會覺得改掉誓言內容就等同背離了傳統。同樣的，在《紐約時報》，一定曾經有記者和編輯認為不應該把數位內容看得比紙本更重要。以上這些聚會的目的都會引發爭議，而這也是為什麼這些聚會背後有一定的動力存在。

設計聚會目的的實用小撇步

當客戶或朋友無法決定聚會的目的時，我會建議他們先不要思考聚會的內容（what），改成思考聚會的原因（why）。以下是幾個能幫助思考的策略做法。

退一步思考：一名化學老師如果沒有退一步思考，可能會覺得自己的目的就是教化學。儘管教學本身就是一項崇高的工作，這樣的目的卻無法幫助她設計課堂學習體驗。但是如果她的目的是要讓年輕學子與有機世界建立長長久久的關係，那新的可能就由此誕生了。要能創造出激盪火花的課堂體驗，第一步就是先退一步思考。

挖掘再挖掘：想想你覺得要聚會的理由（因為是週一部門晨會；因為在湖邊烤肉是我們的家族傳統等等），然後不斷追根究柢。自問，為什麼要做這件事。每當你找到另一個更深層的理由後，再繼續追問。不斷追問，直到你找到最核心的信念或價值。

以鄰居各出一道菜的聚餐為例，從這個最簡單的例子來看看要如何把重點從內容（what）轉移到原因（why）。

為什麼要在社區辦這樣的聚會？

因為我們喜歡這樣聚餐，每年都會辦一次。

為什麼每年都要辦一次？

因為我們希望每年夏初之際，鄰居都能聚在一塊兒。

為什麼你希望在每年夏天開始的時候將鄰居聚在一塊兒？

我覺得仔細想想，應該是因為想要在繁忙的一整個學年結束之際，讓大家有機會重新聚一聚。

啊哈。

那這件事為什麼很重要？

因為當夏天有多一點時間聚在一塊時，我們會再度想起社區的意義，藉此鞏固情誼，一起創造一個適合生活的環境。啊哈。一個更安全的環境。啊哈。我們期許孩子們在這裡成長，能認同這個環境所代表的價值，像是陌生人並不可怕。啊哈。現在總算有點進展了。

有時候，問「為什麼」可以幫助大家持續探究，直到他們對於聚會目的有更深刻的理解，並設計出合適的聚會。我曾經為一名要籌辦簽書會的行銷人員提供建議，我問她活動的目的是什麼——她想從中獲得什麼。她的回答類似是希望活動能「讓這本書成為那個秋天最棒的書」。如果我們的對話就此打住，這樣的對話內容並沒有辦法幫助她設計簽書會的活動。而且老實說，除了出版社以外，對其他人來說這也不是什麼啟發人心的理由。所以我們繼續探究。為什麼你覺得這本書有資格成為這個秋天最棒的一本書？這本書對你來說為什麼這麼重要？她想了想，接著眼睛突然一亮，她的回答大概如下：「因為這本書成功示範一個故事如何因為視角不同，而產生完全不同的走向。」啊哈。這個發現不僅具有意義，也是很深刻的洞察，能幫助這位行銷開始設計活動。

不要問你的國家能為你的聚會做什麼，問問你的聚會能為國家做出什麼貢獻：我常常要我的客戶和朋友再用力多想一下，想想他們的聚會能為這世界上更重大的需求做些什麼。他們的聚會能幫忙解決哪些問題？當然，對於一個商會或教會團體，感覺好像要求太多了。但如果你覺得你的國家面臨的問題是來自不同族群的人已經不認識彼此了，或已經無法彼此真誠溝通，那這樣的發現和理論其實就能直接作為你的聚會目的，藉由你的聚會讓不同的族群有機會衝撞互動。

用結果回推：想想你希望聚會能創造出什麼不一樣的結果，然後從那個結果回推。瑪米．康福．史都華（Mamie Kanfer Stewart）和曹代多年前開始改善工作會議時，用的就是這個方法。史都華從小在家族企業工作，家裡做的就是乾洗手普瑞來（Purell）。史都華跟我說，她參加的會議「是一整天中最棒的部分」。一直到她出社會看到其他公司的會議後，才發現大部分的工作會議都很糟。這個發現也讓她開始研究會議行為以及如何修正這些行為，之後更因此創立了 Meeteor 這間公司，幫助企業會議更順利進行。

史都華和曹代的想法是，所有的會議規劃都應該圍繞在「理想的結果」上。她們發現，一旦不是這樣規劃會議，最後都會被會議程序宰制。舉個例子，一場討論該季成果的會議就是圍繞著程序所規劃的會議。

對此，她們可能會問，你想從討論季度結果獲得什麼呢？決定新的專案，讓相關的工作可以繼續進行？團隊重整？釐清計畫以及接下來的步驟？發想？產出？釐清想要的結果可以幫助會議聚焦，此外，還有個非常實用的好處：讓同事可藉此決定自己要不要參加那場會議。甚至可以幫助會議主持人決定是否有必要開會，還是發封電子郵件即可。

在企業公司的情境下，將重點著重在結果感覺很理所當然，但換成是朋友、家人間的聚會，就變得有點奇怪。然而，從想要得到的結果回推，進而去規劃聚會，這樣的做法就算是針對私人聚會也非常有幫助。就算不是工作，你籌辦的聚會還是要耗費大家最寶貴的資源：時間。在得到大家貢獻的寶貴時間後，花點心思想想你希望參與者和你自己能如何因這場聚會而改變，這是你應該做到的。你不用特地大肆宣揚你設定的結果是什麼，設定想要的結果只是要幫助你更清楚為何而聚。一個是透過感恩節聚餐，讓家人間敞開心胸討論困難的話題，藉此打破家人間的僵局；另一個是在經過疲累、充滿壓力的一年後，辦一場氣氛輕鬆的感恩節大餐。同樣都是感恩節晚餐，這兩種聚會卻截然不同。了解自己希望聚會中發生哪些事情，能幫助你做決定，朝著這個目標前進。

如果真的找不到目的：如果你照著這幾個步驟做，卻發現還是找不到聚會背後真正的目的，那你或許不需要籌劃我說的這種有意義的聚會。辦個簡單輕鬆的聚會，或是把大家的時間還給他們，等你想到了特定、獨特又具有討論空間的目的時，再舉辦下一次的聚會。用這個明確又特別的目的幫助你決定應該如何規劃你的聚會。

實用表格

以下表格能幫助你從舉辦一個沒什麼特別目的的聚會，到能籌辦一個知道「為何」而聚的聚會。

聚會類型	聚會目的就是類別（意即你沒有一個聚會目的）	基本、無聊的目的，但至少你有心嘗試了	你的聚會目的很具體、特別、有討論空間（多選）
公司異地會議	大家一起從辦公室換到另一個不同場景	專注在接下來新的一年	● 建立並實踐一個彼此真誠以待的文化 ● 回想初心並取得共識 ● 專注在業務與行銷團隊間破裂的關係，此關係已影響到其他面向
返校日	幫助家長與孩子為接下來一年做準備	幫助新生家庭融入學校這個社群	● 鼓勵家長在放學後的晚上及週末能延續老師在學校教導的價值觀 ● 幫助家長間彼此連結，並成為一個社群
教會小組	讓教會的互動更緊密	幫助大家建立歸屬感	● 有一個小組督促我們實踐我們想做的事情 ● 有一個可以信賴的朋友圈，大家可以分享彼此困境，也不用因此擔心自己在別人眼中的形象

生日派對	慶祝我的生日	紀念過去的一年	●身邊圍繞著讓我變得更好的人 ●為新的一年設定目標，這些人可以幫助我實踐這些目標 ●冒險／做一些自己害怕的事情 ●重新凝聚兄弟姊妹
家族聚會	讓家人團聚	有一個大家可以聚在一起的時間，此時段不可以使用手機	●創造機會讓表兄弟姊妹以成人的身分聚在一起，沒有另一半和小孩 ●在祖父過世後把後輩都聚在一起，此聚會也更符合年輕一輩的價值觀
書展	頌揚閱讀	透過書籍建立一個社群	●利用書籍和熱愛閱讀的共通點，在不同種族間建立一個社群

多重任務與過度謙虛的內在阻力

就我的經驗中，很多人之所以聚會沒有目的，是因為他們不大清楚目的是什麼，以及要如何找到聚會目的。另一方面，包括我自己在內的一些人則非常希望聚會的背後能有很棒的目的，卻常常遇到兩種內部阻力。一種阻力是想要同時完成多重任務；另一種阻力則是過度謙虛。舉我認識的一個女生為例，就叫她S好了。她有次想舉辦晚餐派對，內心卻同時出現這兩種阻力。

她不知道該如何舉辦這場派對，因而來找我求救。顯然，這不是一場普通的晚餐，她似乎有些未能言明的理由，想要讓這個派對變得很特別。但她自己卻不是很確定到底為什麼要辦這場派對，也因此對於到底要如何規劃，感到一籌莫展。

當我問她為什麼要舉辦派對時，她當下的回應是：「因為那對夫妻之前邀請過我們，我們必須禮尚往來。」

基本上這的確是個目的，但卻不是很充分的目的。所以我再繼續追問下去，聊著聊著，一開始一直沒有說出來、也還不明確的目的便呼之欲出了：在已經熟識的朋友圈中繼續輪流舉辦類似派對、為自己的生活創造更多有意義的對話交流、幫助她的先生創造更多生意機會。

這些都是很值得相聚的理由，但這些目的彼此間存在著矛盾與衝突。希望獲得心靈慰藉的聚會目的，跟希望能為先生帶來生意的目的，這兩者彼此牴觸。讓固定的朋友圈有機會相聚的目的，則和想要創造更多對話交流的目的彼此牴觸。若是想得到更多有意義的交流，邀請新朋友加入往往更能達到這個目標。S在做的其實是試圖在一個晚餐派對塞入各種半認真的不同目的，沒有一場聚會可以同時滿足這麼多不同的目的。

S並不是不知道聚會目的的好處。她之所以會找上我，正是因為她想要舉辦一個有目的的聚會。雖然如此，她卻本能地想完成多重任務，試圖讓一場聚會達成很多目標，而不只是完成一件事就好。

透過一連串的追問，我試著讓S從中選擇出一個目的：如果可以的話，她希望賓客在派對結束後能獲得什麼？隨著我們一邊聊，S的腦中也湧現越來越多想法，對於舉辦這場派對也變得越加期待雀躍。

聊沒多久她就發現，對她來說最重要的，是打破過去她習以為常的聚會模式。S和先生還年輕的時候，會透過先生的工作認識新的人。但隨著年歲增長，S的先生成立了自己的小公司，他們的孩子離家上了大學，他們參加聚會的機會也越來越少。他們發現自己一直和同樣的朋友聊著相似的話題。雖然S很愛她的朋友們，但只和這些朋友聚會，並沒有辦法滿足他們對於冒險及多元生活的想望。於是，她決定了自己想從這場晚餐獲得什麼，並希望這場晚餐或許也能打開先例：她想要的是新奇與新鮮感。她決定把先生的生意機會、與朋友禮尚往來的種種目的都先擺到一旁，專注在與新朋友建立有意義的交流。

把聚會目的聚焦在一件事上，讓S備感期待，同時卻也感到卻步。她很害怕，因為她本來要辦的晚餐聚會雖然沒什麼目的，卻很簡單，應該什麼問題都不會發生——平淡低調、毫無壓力。如今要用我引導的方式聚會，代表她要投入一件不小的事情。

大家常常會自問：「我有資格辦這樣的聚會嗎？我有什麼資格把想法加諸在其他人身上？一個很崇高的目的用在國宴或員工旅遊活動上沒什麼問題，但用在家人間的聚會、晚餐派對、晨會等等的，難道不會太傲慢、野心勃勃、太嚴肅了嗎？」

而大家的態度之所以會如此謙虛，是因為不想讓別人覺得自己很在乎，想要營造出自己對聚會的態度很冷靜、很酷、很放鬆。一場好的聚會絕不會很冷靜。如果你想要冷靜，去北極就好了。但謙虛也可能是因為覺得人們不喜歡有想法強加在自己身上。很多人在規劃聚會時都會陷入這種猶疑時刻，但卻沒有想到為聚會找到目的其實也是為了賓客好。

所以在不斷釐清後，S越來越清楚她的主要目的，也決定不要在一場聚會中塞進太多任務。現在，她也克服了太過謙虛的問題（就是那個以「我有什麼資格……」為開頭的尷尬問題）。既然重點放在新穎及新鮮感，S決定要邀請三對夫婦來晚餐。第一對的男方是S的先生最近透過工作認識，覺得很不錯，但還沒有成為他們平常會互動往來的朋友；第二對比較年輕，是S的先生以前的學生；第三對則是之前曾邀請他們去吃飯的夫婦。

一聽到名單中有第三對夫婦，我的耳朵立刻豎起。我心想，S是不是又從垃圾桶裡把已經排除的半認真目的撿回來，所以才邀請第三對夫婦？為什麼要邀請最後這對夫婦呢？我問S。是覺得有義務還這個人情嗎？

S回答說，她其實真的很希望能邀請這對夫婦，而且邀請現有的親近友人參加這次的晚餐，或許能讓她的朋友圈知道，他們並非一定要用過去舊有的方式聚會。這個決定與她選定的全新聚會目的一致。

S也希望在晚餐時有一個單一的聊天主題。不僅如此，為了能符合加入新血的想法，她希望提出的問題能讓每個人都展現自我，並讓大家感到彼此有所連結。S和先生都是移民，他們決定在晚餐時問大家對於「家」的想法。

S的先生先開始：「我的母親最近才剛去世，她去世後我才發現，回去探望她是我和我出生國家最後的連結，我對家的想法也有所改變了。在現有的政治局勢下，大家都在問身為美國人的意義是什麼，那各位又覺得『家』對你的意義是什麼？」

當天餐桌上有移民，也有土生土長的美國人，大家一同探究這個問題。而這個聚會也促成了一場美麗且發人深省的對話。這個聚會話題達成了S想要達到的目的，因為他們既能聽到新朋友分享的故事，又能討論時事。大夥兒一邊笑一邊聊，繼續討論著這個話題，甚至還一度落淚，這是因為這個討論主題引起了大家的共鳴，不僅具有共通性，同時又涉及非常個人的經驗。

晚餐過後幾天，S收到了其中一位客人充滿感激的電子郵件。信中寫道：「我還在想著那個很棒的問題。我和我先生回家途中還一路討論著這個話題，而且我們還跟孩子們討論起這個話題！謝謝妳。」

聚會的目的不必很正式、死板或妄自尊大，也不必要跟慈善活動有關，或對社會有所貢獻。蘇格蘭的黃金獵犬節（Golden Retriever Festival）每次舉辦都吸引幾百隻狗和主人一起參加，他們的活動目的雖然可能不是很重要，但卻非常明確，就是要向十九世紀繁殖此品種的特威特茅斯勛爵（Lord Tweedmouth）致敬。康尼島人魚巡遊（The Coney Island Mermaid Parade）的活動清涼暢快，活動的目的也很清楚：慶祝夏天到來。就算是性愛派對也有個目的：能不受批判也不用管後果地享受性愛。

找到聚會目的只是幫助你知道為何而聚，也尊重你的與會者，讓大家是為了某種原因而聚在一塊。一旦你心中有個目的，突然之間，你會發現在進行舉辦聚會所需的各種決定時，都變得更容易了。

讓聚會目的成為你的篩選器

你的聚會目的不只是個具有啟發性的概念。聚會目的更是一個工具，能夠幫助你決定從大到小、各種細節的篩選工具。安排聚會的過程中就是不斷地做各種決定：地點、時間、食物、餐具、議程、主題、講者等。基本上，只要你知道為何而聚，所有的選擇都會變得更簡單，尤其當這個目的很特定、有趣，或甚至有點爭議。

讓聚會目的成為你的篩選器，據此決定要納入哪些元素，排除掉哪些。如果你對任何一項元素有疑慮，就算只是最微小的細節，都請回頭檢視你的聚會目的，再以此作為任何決定的準則。在接下來幾章，我會帶著你走過幾個你一定要做的決定，幫助你規劃更好、更有意義且目的大膽的聚會。但在結束這一章前，我想要再分享一下過去當過顧問的一場書展。這個故事告訴我們，當你有了目的卻未能全心投入，沒有徹底根據這個目的去幫助你做決定，會發生什麼事。如果你沒有讓目的幫助你進行篩選，會有怎樣的結果。

這個書展每年都會在美國的一個大城市舉辦。對創辦人來說，書展曾經是他們的夢想，在最早期的階段，他們的目的純粹就是希望能成功舉辦書展。他們成功了，書展每年都吸引數千人前來參觀。現在，他們開始覺得需要一個新的活動目的，因為書展感覺可以持續地舉辦下去。為什麼要辦書展？書展有什麼用？如何讓這個書展有意義？

書展的負責人找上我，希望我能針對以上這些問題提出建議。什麼樣的活動目的可以提供書展全新動力？有人想到或許可以用「讓社區團結在一起」成為這場書展的目的。當然，書就成了媒介。但書展是不是也有機會挑戰創造一個更緊密連結的城市呢？是不是能讓愛書人也成為優良公民呢？

對我來說這是一個很有潛力的發展方向——一個明確、獨特又有討論空間的目的，足以引導書展規劃其策展架構。

現在，是時候來測試一下這個「準」活動目的的篩選功能。如果這場書展的目的是要將整座城市的人更緊密地連結在一起，那這場書展要有什麼改變呢？我們需要加入哪些元素、刪去哪些細節呢？於是，我們開始動腦發想。

我的提議如下：與其讓每一個場次都從介紹書籍及作者開始，或許開場可以花個兩分鐘，讓觀眾簡短但透過有意義的方式彼此交流連結？主持人可以問三個跟城市或書籍相關的問題，接著請台下的觀眾當場找一位陌生人，一起討論主持人提出的其中一個問題。你怎麼來到這座城市的呢？是因為在這裡出生，還是因為其他原因？小時候對你影響最深的一本書是什麼？你覺得可以怎麼讓這座城市變得更棒？用這些問題為活動開場，可以幫助觀眾更加意識到彼此的存在。這個活動也能打破一般不跟陌生人說話的習慣，或許還能鼓勵大家在活動結束離開後，繼續延續這樣的新舉動。不僅如此，這個活動還能啟動大家的團體認同感：同為這座城市的愛書人。若沒有問這些問題，這類的團體認同感往往無法觸發。

這些想法一提出，立刻有人表示擔憂。「但我不想占用掉原本要給作者的時間。」這位感到擔憂的人說道。這就是我之前提過的——可能未曾明說的真正目的從沉睡中被喚醒，並堅持維持其至高無上的地位。大家都喜歡「用書展凝聚社區」的概念，可是一旦為了納入新元素而需要有所妥協時，反彈便開始出現。雖然大家一開始表示希望用書展凝聚社區作為活動目的，但一旦需要調整活動的架構，或挪用原本留給其他人的時間，就能看出來大家並沒有準備好要做出這樣的改變。不管他們是否願意承認，真正的活動目的其實就是推廣書籍及閱讀，並為作家宣傳。為了讓大家交流連結，而讓作家等個兩分鐘，這點對他們來說很困擾。

這個書展的狀況就跟我們許多人一樣：根據許多沒有明說的動機去策劃聚會活動，卻又虛情假意地表示自己心懷更崇高的目標。當你想要採用我在本書提倡的方式聚會，首先你必須打從心底認同這個聚會目的，接著其他的決定便能自然而然成形。

在規劃聚會的初步階段，要決定邀請的對象及活動的地點。

第二章

關上敞開的大門

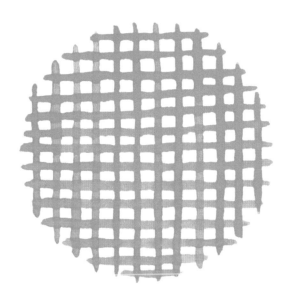

第一部分：對象

以目的為導向的邀請名單

要知道聚會的目的夠不夠好，首先可以用賓客名單進行測試。這是將理想付諸實施的第一個機會，就像書展主辦單位辯論著是不是要改變作家座談的開場內容一樣，你可以利用這個機會測試自己到底願意投入多少。你可以藉此看看自己為了堅持聚會目的，願意做出多少妥協去調整你的邀請名單。我曾經跟多位聚會活動負責人合作過，他們一開始對於採用全新的聚會目的都感到興致勃勃，然而一旦面臨要邀請或排除哪些賓客時，原本亟欲嘗試的勇氣便消失殆盡。為了不要冒犯人、為了保有未來的機會，類似這種希望將聚會的大門敞開的想法就是對目的導向聚會的威脅。

邀請人很簡單，排除人則很難。「人越多越熱鬧。」我們從小都是這樣聽到大的。荷蘭人說：「人越多，越開心。」法國人說：「傻子越多，我們笑得越開心。」我要冒險違背數千年流傳下來的智慧，告訴各位：當你學會照著聚會目的排除受邀賓客時，當你學會把敞開的大門關上，就代表你已經開始學會用目的規劃聚會了。

我也不喜歡排除人，而且還常常違背自己設定的規則。但是經過深思熟慮後排除受邀者，這對任何聚會都非常重要，因為不加篩選就什麼人都邀請其實顯示出更深層的問題，其中最大的問題就是：不清楚自己為什麼要辦聚會，無法對自己的聚會目的和賓客負起責任。

有時候我們邀太多人，因為我們覺得需要禮尚往來、回報別人先前的邀請，就像S一樣。有時候則是因為我們在遵循一個其實自己都已經不相信的傳統：「我沒辦法不邀請行銷團隊，那樣很失禮。他們每次都會到。」有時候我們選擇邀一堆人，因為我們不想要處理排除特定人選之後會面臨的麻煩，尤其當那些被排除的人特別會鬧。有些創辦人已經離開公司了，卻還是想要來參加領導階層的異地會議，我們最後往往屈服，讓他們來參加，但卻忘記這個會議的目的是希望在創辦人離開後，建立新任執行長的權威。在一對情侶的雙方父母親首次見面的場合，我們可能會屈服於恰巧來訪的阿姨，不忍拒絕對方，甚至還想說阿姨在場能幫這次的會面加分。

對於那些理論上不應該出現，但卻難以拒絕的人，乾脆就順其自然還比較容易，感覺也比較大方。但那些考慮周到的聚會籌辦人知道，毫無篩選、什麼人都邀請並非展現大愛的行為，適當地排除受邀者才是真正的慷慨之舉。

適當排除才是真慷慨

我曾經參加過一個運動的群組，當時大家就為了這個問題掙扎許久。到底是人越多越熱鬧，還是反而效果更差？一開始，這個小組成員共由六個朋友組成，大家一週兩次黎明時分在公園集合，跟著教練一起運動。我們一邊鍛鍊腹肌，一邊分享故事、交換建議。這個運動小組進行得很好，我們曾一起共度許多很棒的時光。後來，有成員計畫去度假。由於我們的課程需要預先支付一整季的學費，這個朋友為了去度假而缺課，勢必會損失一些金錢。她想出了一個「更好」的點子，她寫電子郵件給小組成員，信中介紹了她的一位朋友，表示在她不在的這段期間，朋友會「代替」她來上課。群組中有一些人對於這個「替補人選」的提議感到意外，也覺得不大舒服，但大家都說不出來到底哪裡奇怪。

其中幾個成員都覺得這個提議違背了當初聚會的目的，但這裡出現了一個問題：我們從來沒有真正討論過這個運動小組成立的目的。直到有一天，其中一個人點醒了大家為什麼一直感到如此困擾。她說：「這不純粹是一堂課罷了。」知道這個小組並非因為某個原因存在，反而幫助我們看清楚，當初成立這個小組的原因到底是什麼。大家從沒明說但其實都有共識，我們知道之所以組成這個小組是希望朋友們有機會相聚，同時又能一起運動。這是一個利用運動的形式讓朋友聚在一塊的聚會，而不是碰巧有幾個認識的朋友一起去上的運動健身課程。這群朋友都很忙，我們想要找一個固定可靠的方式，讓大家有機會相聚交流。

經過討論，並對運動小組的目的取得共識後，自然就更容易處理這位成員的提議。我們決定不允許別人代替她來上課，因為這個陌生人可能會破壞小組裡的親密感，也可能讓大家難以自在地分享。課程進行時，可能也需要額外撥出時間教這位新朋友各種不同的運動，而這位朋友可能只會來個一兩次。在我們明確討論之前從未言明的目的並取得共識後，我們知道「人」才是這個小組目的的核心。所以在這個例子中，人越多不會越熱鬧，反而會破壞聚會的目的。多邀請一個人參加，表面上看起來好像很大方，但對其他五個人卻一點都不友善，其他人是因為這個小組創造了一個溫馨、自在、能坦誠分享的氛圍而參加。

就算你弄清楚了聚會的目的，還是沒有辦法輕易地跟別人說：「請不要來參加。」所以許多聚會最後往往會被禮貌之名綁架，莫名其妙邀請了不相干的人。但有技巧的聚會籌辦人都應該要知道一點：如果是為了不要冒犯他人而邀請，這同時代表你沒能好好保護這個聚會以及原本邀請的參與者。我很重視包容及慷慨大方這兩個價值，但我從經驗中學到，我們常常為了顧及這兩個價值觀，而未能清楚定義受邀對象及原因。

如果聚會的目的就是要展現包容性，當然可以廣泛邀請，而且可能還是必要之舉。但其他一些目的也很棒的聚會，則常常因為太過包容、太廣泛邀請而破壞了聚會本身。

美國前總統歐巴馬的姑姑曾告訴他：「如果大家都是一家人，那就代表沒有人真的是你的家人。」血緣串成一個部落，邊界造就一個國家。這個道理對於聚會也同樣成立。用歐巴馬姑姑的話推論，可以得到這個結果：如果每個人都被邀請了，那其實就代表沒有人被邀請——沒有人真正被主辦單位邀請。把門關上後，你便創造出一個空間。

在我的運動小組中，對於聚會的包容性，我是主張要適度排除的那一派。但幾年前，在另一個不同但相似的情況中，我則是主張人越多越熱鬧的那一派。我花了點時間才了解，適度排除受邀者才是真正的貼心。

當時的聚會是和朋友們一年一度共聚的一個週末，我在此將之稱為「海灣之約」。我們是一群關係很緊密的朋友，大家都是一個專業訓練課程的學員，那時有人提議要去海邊玩，讓大家可以從週間緊繃的課程中稍微釋放，一起說些蠢話、做點蠢事，放鬆一下。我們會一起玩樂樂棒球、烤肉、爭辯喝酒的正確順序，一起「尬舞」

到三更半夜。連續兩年，大家都非常期待這個週末小聚，就算沒有明說，我們彼此對於這個聚會基本的目的也大致有共識：花時間聚在一塊、釋放壓力並凝聚彼此。但老實說，我們沒有花什麼時間想過這個聚會的目的，直到大家的相聚時光面臨了考驗。

第三年，團體中有兩個人都有了交往對象，對象都不是團體裡的成員，這兩人都想要攜伴參加週末小聚。經歷無數電子郵件往返，討論是否攜伴參加後，最後的結論是要求不可攜伴前來。其中一位接受要求，決定自己單獨參加。她和當時的對象才剛開始交往而已，能不能帶交往對象一起來並不是太重要。另一位則是遠距離戀愛，再加上他是軍人，很快就要被外派，這些因素都讓事情變得更複雜了，那年「海灣之約」的聚會時間剛好就和他所剩無幾能與女朋友相聚的週末重疊。除此之外，他還希望女朋友可以看看他和以前同學相處的樣子，向女友展現她還沒看過的另一面。就某方面而言，他其實是希望女友知道這個聚會的意義，為什麼重要到讓他之前捨棄陪她的時間來參加。所以這位朋友又再問了大家一次，希望可以帶女友出席。一開始，大家告訴他我們租的房子沒有足夠的空間。他提議說，他們兩個人可以在附近另租個地方，白天的時候再和大家一起行動。這個提議最後也被拒絕了，而且拒絕得很尷尬又不清不楚的。於是，這位從事軍職的朋友最後便決定不參加。團體中有幾個人對此感到彆扭，這個事件也開始逼大家思考這個聚會的對象是誰，目的又是什麼。

經過深究之後，我們找到了答案，這些都是大家之前沒有發覺的。就像我的運動小組一樣，衝突經常會幫助我們找到目的。在事件發生之前，我們都知道這個團體有自己的節奏和儀式，也因此創造出某種魔力。但大家之前沒有意識到團體之所以具有某種魔力，是因為這團體是其中一名同志成員少有的自在空間。這位成員的性向只有朋友們知道，外界的人都不清楚，甚至連他自己都不自覺，而這個空間是他少數可以自在做自己的地方。我們之中有些人並不知道「海灣之約」有很大一部分跟這位朋友有關，這個聚會不只對這位同志朋友很重要，對那些同情他的處境，以及喜歡在他最自在時和他相處的朋友來說，都很重要。這個聚會對他和其他成員都有好處，儘管對其他人來說是透過比較不明顯的方式。這是一個我們大家都可以展現自我，卻又不會對自身安危或職涯升遷造成任何風險的空間，包括那些鮮少展露的一面。我們之中沒有人正式說出過「海灣之約」的目的，但對許多人而言，其實已是這個團體不成文且不可分割的目的。所以，抱持著這個想法並主導團體的幾個朋友判定，外人會改變這個團體的氛圍。不管開戰與否，這位軍職朋友的女朋友就是不能來。

多年之後，我們的這位同志朋友公開出櫃，並成為他所屬領域中的佼佼者。我常常在想，或許就是我們這一群朋友，滋養著他、給他一個安全又自由的空間發揮，或多或少幫助他朝著自己的路邁進。雖然當時的我不想要排除任何人，但如今回頭看，我覺得當時拒絕兩位新伴侶加入是正確的決定。人越多反而越有害，透過將其他人排除在外，這位朋友才能對我們敞開心胸。

回顧那次的事件，我發現如果不一開始就為聚會訂出一個明確、大家都認同的目的，往往搞到後來為了要不要邀其他人加入時，才為時已晚地被迫正視這個問題。這樣的狀況也發生在我的運動小組中：我們之前都沒想過這個小組成立的目的是什麼，一直到後來爭執誰可以來上教練課後才開始真正思考這個問題。

但先澄清，我不建議大家透過要邀請誰參加去回推你的聚會目的。但這兩者間的關係顯示，在未能明確畫出界線，設定誰能參加、誰又不能參與前，聚會目的看起來的確會有點抽象模糊。當你開始排除受邀者，才是目的見真章的時候。當你和其他人一起合辦聚會，而不是自己一個人籌劃，除了要花點時間思考聚會目的外，最好還能和其他主辦人一起對此取得共識。我們為什麼要辦這個聚會？應該要邀請誰？為什麼？

換句話說，經過深思熟慮後的排除，不只是對受邀者的體貼，也能幫助我們清楚定義這個聚會。能幫助我們向受邀者傳達這個聚會的目的是什麼，這樣的溝通很重要。

我認識一個很厲害的聚會籌辦人，名叫諾拉・亞布斯特（Nora Aboustei t）。她曾跟我分享她過世父親的故事，她的父親從埃及移民到德國，名叫歐斯曼・亞布斯特（Osman Abousteit），這個故事精闢地說明聚會適度排除參與者，反而能更成功。

歐斯曼在一九五七年來到德國的一個小鎮吉森（Giessen）攻讀博士，他專攻的領域是化學。他很失望地發現吉森沒有一個真正可以讓學生聚會的空間，沒有一個地方可以讓他們擺脫教授及鎮上無聊的大人們。他決定開設吉森的第一個學生專屬酒吧，將酒吧取名為「聖甲蟲」（Scarabée），用以紀念埃及的糞金龜。歐斯曼的直覺是對的，他的同學都很想要有地方聚一聚，於是都湧入聖甲蟲酒吧，而這個酒吧也有輕鬆自在的規定。例如，在當時那個年代，大家覺得沒有把啤酒倒進酒杯再喝就直接從啤酒瓶喝酒很粗魯，聖甲蟲酒吧則直接給啤酒瓶，不另外給酒杯。但聖甲蟲酒吧之所以傳奇之處，不是因為這樣大剌剌的風格，也不是因為有成群的學生光顧。這個酒吧的傳奇之處在於排除了特定消費者。

要進入酒吧，首先必須在外面向保鑣出示學生證。不時會有不是學生的人前來，這些人都會被拒絕入內。刻意的排除有助強化酒吧的規定，但除此之外並沒有引起太大的注意。直到某天，吉森的副鎮長經過這個酒吧，有趣的事情發生了。酒吧的保鑣拒絕副鎮長進去，副鎮長對此表達抗議，於是歐斯曼出面處理。他堅持酒吧的原則，不讓副鎮長入內。也就是因為聖甲蟲酒吧在如此棘手的狀況下仍舊堅持排除特定人士進入，名聲因此更加鞏固。這不是一個剛好只讓學生消費的酒吧，這是一個有明確目的的酒吧，並且願意為其目的而奮戰。六十年後，這間酒吧還持續營業中。

排除的藝術

那你可能會問，要怎麼好好排除人又不傷和氣？

我在幫客戶籌劃大型、較複雜的聚會時，常常會有人提出這個問題。以下是我會問客戶的問題：

有哪些人不僅符合還能協助達成聚會目的？

哪些人出席則會威脅到聚會目的？

還有哪些人與該次聚會目的無關，但你卻覺得有義務邀請對方？

我的客戶回答完前兩個問題之後，便開始了解到該次聚會的真正目的。顯然，符合又能協助達成聚會目的的人應該受邀。第二題雖然比較難，但對於那些很明顯就會破壞聚會目的的人，排除他們實屬理所當然。（這不代表這些人最後真的都會被排除，禮貌與習慣往往會戰勝會議引導師，但主辦人在內心深處還是清楚有哪些人不應該出席。）

而第三個問題才是考驗的開始。有人會威脅到聚會的目的？那排除此人的理由很清楚。但對於一個與聚會目的無關的人，邀請他又有何妨？邀請鮑伯有什麼問題嗎？每個聚會都有這樣一些鮑伯。行銷部有一個這樣的鮑伯，你朋友的女友的弟弟也是個鮑伯，那位恰好來訪的阿姨也算是個鮑伯。鮑伯很討人喜歡，也不會刻意破壞你的聚會。大部分的鮑伯都很感謝能受邀，他們有時候會出點力，或多帶一瓶酒出席。你自己可能也曾當過鮑伯，我自己就曾經是。

經過深思並刻意排除受邀者的關鍵，就是要鼓起勇氣不邀請那些鮑伯們參加聚會。這能改變你對聚會的觀點，讓你了解到那些沒有辦法協助達成聚會目的的人就是在轉移聚會重點，就算他們沒有做什麼事去模糊焦點。因為一旦邀請這些鮑伯，你（還有其他體貼的與會者）就會想要歡迎他們，讓這些鮑伯們也融入群體，可是這樣做卻會將時間和注意力都從原本應該要聚焦的人事物上轉移。尤其是在人數較少的聚會中，每一位參與者都會影響團體的氛圍。適度並刻意的排除特定與會者才能重新聚焦在那些你想要照顧的人與事：你的受邀者及聚會目的。

對於那些有好幾個主辦人的聚會，我常常看到的一個問題就是不同的主辦人會有各自不同的鮑伯。如果你陷入到底誰才是鮑伯的爭辯之中，我覺得還有一個很好用的問句可以用來反問自己：這個聚會「主要」是為誰而聚？

我曾經在一個海濱度假村舉辦過一場跨世代的活動，與會人包括四十名參與同一個政治運動的領袖人物。當時我要協助主辦方列出受邀賓客名單，主辦的四個人各自來自不同的組織。他們先擬出了一個初步名單，但總是會有新的要求出現，有些來自那些一開始沒有被納入名單的人，有時候則是受邀者想要再帶其他人一起出席。有位極具影響力的捐款人表示想要帶個朋友一起出席。其中一位主辦人覺得應該讓這位捐款人帶朋友一起來，很怕一旦拒絕，她乾脆就不來了。另一名主辦人則認為捐款人想帶的這位朋友，其實就是個鮑伯。我請主辦人問問自己這個問題：這個聚會「主要」是為誰而聚？這個聚會首要目的是為這四十名領袖舉辦。如果主辦單位能讓這些領袖針對一個共同遠景取得共識，對於該政治活動的推展將是非常巨大的突破。隨著主辦人梳理著該次活動目的，他們發現這場活動的其中一個魔力，就是讓這些領袖將他們各自不同的目的和一個更大的、跨領域的主題結合在一起。要達到這樣的結果，我們必須設計如何讓與會者有意義地彼此互動交流。在這個例子中，我們覺得如果那位捐款人帶了好朋友一同出席，一定或多或少會把注意力放在朋友身上，也可能把朋友當作保護毯而不會那麼投入討論。最後，主辦單位決定告知這位捐款人不要攜伴參加。（但她還是接受了邀請。）

還有一次我要協助一間巴西公司籌辦一場會議，幫助公司團隊思考如何建立一座新的城市。我們邀請了來自世界各地共十二位專家參加這場為期一天的會議，讓大家一起天馬行空思考如何設計一個現代、大膽又永續的城市。在會議即將開始的最後一刻，公司高層突然表示希望能再多讓公司的十個人觀摩會議，而此舉將會讓該公司的出席人數變成原來的兩倍。我們必須再問一次：這個聚會「主要」是為誰而聚？客戶。那會議背後的目的是什麼？一起發想出大膽的點子，讓客戶有足夠的政治資本並願意冒風險去嘗試新計畫。在這個情境中，我們發現這些新增加的人並不是鮑伯。如果可以有更多人見證這個過程的早期階段，並為這些天馬行空的點子感到興奮期待，其實更有助於該次會議。而這些人的熱情投入，對後續也會有幫助。我們決定讓這些人出席，但因為觀察者的人數會比與會者多，我們因此修正了會議的形式。我們決定強調這些觀察者的角色，並讓人數成為優勢。我們將會議室座位排成兩個圈，一個圈圍著另一個圈。內圈是十二位專家的座位，我會透過幾個超短講及互動辯論，協助專家進行討論。而在外圈，所有的客戶及來賓都面對內圈坐，不能使用手機，讓他們一邊觀察一邊專注聆聽。外圈這些額外新加入的與會者所帶來的能量，為內圈的專家們營造出更有活力的氣氛。真的有人在聽他們的想法，而且是很多人。

適當排除可以創造多元性

你可能會問：如果排除其他人變成常態，那是不是代表我們反而退步了？我們這麼多年來不就一直想要對抗這種排除人的聚會嗎？不管是多麼經過深思熟慮或刻意的排除，這件事本身不就是和多元性對立嗎？

不是的。

我一開始擔任會議引導師就是在協助種族相關的對話討論。身為混血兒，我相信不同的人被放在一起探索世界將深具力量，我對此深信不疑。就是因為如此，才有我的存在。

但多元性是一種需要被刻意啟動的潛能，可以被好好運用，也可能就只是被「晾」在那裡。一個以整座城市為對象的書展，觀展的觀眾其實很多元，但如果主辦單位沒有給他們表達的機會，只讓對話交流侷限在台上，那再多元也沒有什麼用。給讀者一點時間，創造機會讓他們彼此聊聊，就可能擦出一點火花，從彼此的不同得到更多新觀點。而「海灣之約」的聚會則充分利用了團體中的多元性，一個在學校把自己隱藏起來的學生，在這個團體中展現了真正的自我。正是在適度排除人之後，才有機會展現這樣的多元性。

我認為適當排除指的是那種可以讓多元性更進一步凸顯、強化的聚會方式，而不是像大雜燴地廣邀一堆人，大家的不同之處都被淡化了。

美國俄亥俄州的賈德森莊園養老中心（Judson Manor）就將入住資格限縮在兩個截然不同卻又緊密相連的族群：音樂領域的大學生及退休人士，這間青銀共居的養老中心坐落在一間改建過的一九二〇年代飯店。在二〇一〇年，這間原本傳統的養老中心，因為其中一名董事聽說附近克里夫蘭音樂學院（Cleveland Institute of Music）出現宿舍名額不足的情況，決定展開一場實驗。養老中心一開始先邀請了兩名（而後增加成五名）該所音樂學院的學生來和中心的一百二十名長者同住，學生可以免費住宿，條件是要提供獨奏會及藝術治療課程，並花時間與這些長者相處。養老中心希望這些音樂學生可以振奮機構裡的長者，改善他們面臨的孤立、失智，甚至高血壓等等問題。這個想法源自於相關研究，研究顯示長者與年輕人互動，對其健康有非常顯著的幫助。而學生們則能獲得所有藝術家都在追求的：熱切且專注的觀眾；以及所有人都夢寐以求的：免費住宿。（這種跨世代青銀共居的實驗，在荷蘭也曾大張旗鼓地宣傳過。）

而這個結果正是審慎排除與多元性兩者如何並行的最佳例證。沒有人能說賈德森莊園養老中心的同質性太高：其存在目的就是要讓青銀兩個族群擦撞出火花，在很多富有國家，這兩個不同世代的族群往往沒有任何交集。為了要完美達成這個目的，規劃者必須要清楚定義這個社區成立的對象及原因。養老中心的負責人約翰．瓊斯（John Jones）相當積極投入，要確保這兩個不同世代的居民不僅一同生活，同時還要觸動他們彼此間的火花。

「人選是否合適？他們是出於對的原因而加入這個計畫嗎？他們真的想要融入我們的社區嗎？我們不希望這裡只是學生們在畢業之前免費的住宿空間。」瓊斯在一個拍攝此計畫的紀錄片中如此說道。可以想見，如果這個實驗沒有限定年紀，只要想來當志工、想和老年人相處就能參加的話，這個計畫可能不會如此成功。或者如果沒有限定是修讀哪個領域的學生，又或是已經有宿舍可以住的音樂系學生，可以在自己方便的時間來看看老人家。如果是以上這些情況之一，這個實驗都會被稀釋。如果對於年紀等資格的限定更為寬鬆，那麼因為年齡差距所擦撞出來的火花可能就不會如此明顯，這些學生的年紀及其所處的人生階段為養老中心的長者們帶來特別的鼓舞。當我們詢問和這些年輕人同住一個社區有什麼特別之處，一名長者表示：「我感受到生命力。」而學生們也從中受益，其中一個學生表示好像「多了很多爺爺奶奶」。「我竟然能跟這裡的人瑞、六十幾歲、七十幾歲的爺爺、奶奶聊天，其中有些人的年齡是我的四倍之多，他們的經驗豐富，我可以詢問他們的建議。」另一名音樂學院的學生丹尼爾．帕文（Daniel Parvin）表示。也正是音樂讓這兩個世代間的互動有了一個聚焦的重點。

我在賈德森莊園養老中心學到了一課：聚會的明確性不代表要將團體限縮到大家都一樣。在某些類型的聚會中，對於參與者資格太過寬鬆、沒有篩選的情況之下，大家彼此的連結反而會變弱，因為團體中有許多交流串連的各種可能，最後反而很難有意義地觸發任何一條連結。經過審慎思考後再排除受邀者，則能讓你把重點放在參與者間具體且尚未探索過的關係。如果賈德森莊園養老中心對於參與志工的身分沒有太多限定，那這個實驗其實就跟許多養老院的志工計畫沒什麼兩樣。經過精心篩選後，這個養老中心的實驗將原本可能的志工服務，轉化成年輕藝術家與年長聽眾間一種獨特的「關係」。

大學時，我曾經主持過幾個種族對話的團體，那是我第一次想到聚會明確性的概念。我當時要在校園引進的計畫叫做「永續對話」。這個小團體對話進程的計畫是由一位美國前外交官發起，目的是希望幫助大家在各種衝突下，針對困難的主題開啟對話。當時我就讀於維吉尼亞大學，由於我的種族身分從外貌上難以界定，大家問我的第一個問題通常都是：「妳是哪裡人？」（What are you?）有些人遇到的情況比我還糟。但在維吉尼亞大學的種族衝突無數遍一再重演後，幾個同學和我決定嘗試採用

「永續對話」的方法，看看是不是能幫助大家討論這個議題。

接下來幾年，我們舉辦了二十多場為期長達一年的小團體對話活動。每次的小團體會由八到十二名學生組成，每兩週聚會一次，每次為時三小時，大家一起深入討論這類議題，並與其他和自己不大一樣的學生建立起關係。我當時是學生主持人，並負責主導每週和其他幾位主持人一起進行的匯報，目的是點明並擴大分享我們所學到的東西。

正當我們一邊嘗試團體的不同組合，突然開始收到其他學生主持人的反饋，他們表示最棒、最有活力、討論最熱烈的團體都是由兩個曾有特定歷史衝突的團體組成，而不是那些比較一般的「多文化」團體。多年下來，一直都是那些聚焦在特定關係（像是黑人與白人、猶太人與阿拉伯人，在另一個校區則曾出現過共和黨與LGBT）上的團體會有最多人參與，討論也最火爆（是你想在對話中看到的那種程度）。主持人也認為通常是在這些團體中會出現重大突破，而不只是一些有趣的討論罷了。為了聚焦，我們必須願意拒絕其他那些沒有這類背景卻又想參與的學生，並且好好地捍衛我們的決定。

聚會人數

有時候，當我用書中截至目前為止的做法引導客戶後，客戶通常已經準備好要好好排除不適合的參與者。但一個難以迴避的問題終究還是會出現：要怎麼告訴對方呢？

最誠實的做法就是告訴對方你的聚會目的，這個目的並非針對個人。你的聚會有自己的生命，你可以告訴那些人，這可能不是最適合他們的聚會。

但或許也可以假借人數限制作為藉口，這麼做也不算是在說謊。對於每一個聚會目的，都有一個相應的理想人數。對於一場聚會會產生的化學反應，並沒有什麼神奇的公式可以套用，這不是科學。但聚會的人數多寡，則會影響大家聚在一起後能產生的火花。

如果你希望聚會的一個重點是大家能熱烈討論，每個人都能加入話題，那你或許可以考慮八到十二人的數量。若低於八個人，團體中的觀點可能會不夠多元；超過十二人，則很難讓每個人都說到話。因此，當你在思考要邀請誰、要怎麼排除人的同時，別忘記每多塞進幾個人進去，大家互動的氛圍就會因團體人數而改變。另一方面，如果你的聚會目的是要做出決定，那團體中主導性太強的人可能不要太多比較好。除此之外，像最高法院這類決策機構通常會刻意在團體中安排奇數決策者，如此一來比較容易做出決定。

就我個人經驗，團體中其實有特定的魔法數字。每位會議引導師都有自己偏好的數字，當然這些數字都只是個大概，但以下跟各位分享我的魔法數字：六、十二到十五、三十、一百五十。

六人團體：差不多這樣人數的團體非常適合創造成員間的緊密感、有助於成員彼此間高度分享，並透過說故事進行討論。青年企業組織（Young Presidents' Organization）是一個由執行長主導的網絡組織，他們發展出一個結構緊密的流程，幫助成員以每組六人為單位，個別針對彼此的問題進行輔導。話雖如此，六人團體卻不是展現多元觀點的最佳人數，而且不大能承擔冗員的存在。如果要讓聚會成功，團體中的每個人都要負起更多責任。教會通常會鼓勵教友參加大約六個人組成的「小組」，小組成員每週見面一起吃晚餐、分享禱告需求、哀痛和喜悅，這麼做能讓教會變得更緊密。

十二到十五人團體：下一個有趣的數字在十二個人上下。十二個人還算少，小到能建立互信及親密感，而且因為人數不會太多，如果需要，只要一個正式或非正式的主持人即可。（在需要多位會議引導師的大型會議中，習慣上會將與會者以十二人為單位分組，藉此估算到底需要幾位引導師。）而且十二人的人數足以產生比較多元的觀點，在這樣的人數中，比較容易出現一些神祕感，一些有助於聚會進行的不熟悉感。在「永續對話」的活動中，我們主持的團體人數永遠在八到十二人之間。亞瑟王著名的圓桌武士正是十二個人，耶穌有十二個使徒。美國總統的內閣成員會隨著新部門成立而增加，目前由十五位部長再加上副總統組成。就我工作的經驗中，我發現很多新創公司在逐步擴大的過程中，人數大約增長到十二個人上下時會開始出現人的問題。我有時將此稱為「桌子坐滿時刻」（table moment），也就是一個組織的成員多到一張桌子已經坐不下了。在這個里程碑會出現的問題比你可以想到的還要多。我曾經和一間科技公司合作，這間公司的員工人數當時就達到這個臨界點，本來相當和諧的組織，內部開始出現衝突、員工彼此間逐漸無法信任。當團體成員還在十二人以下時，整個公司的人可以各拿張椅子就一起坐在會議室裡進行討論；而當員工人數成長到二十人，會議就得開始排除與會者。排除參與的人可能有助於會議聚焦，但卻改變了公司的氛圍。

三十人團體：當人數到達三十人，不管你的聚會是哪種形式，感覺上就像是一場派對。如果說人數少的聚會能提升團體間的親密感，那三十人上下的團體也有自己的特點：吵鬧、充滿能量、像派對一樣什麼都有可能發生。這樣規模的團體通常都大到無法進行單一一個討論，但我也的確看過在有經驗的會議引導師引導以及室內空間安排妥善的狀況下，仍可以讓這麼多的人一起討論同一個主題。

一百五十人團體：下一個有趣的數字大約在一百到兩百人之間。每次和會議主辦單位討論到團體氛圍時，我常常聽到大家表示理想的人數範圍大約在一百到一百五十人之間。雖然大家對於確切數字各有不同看法，但都同意大約在這個數字上下，「還是能在整個團體中創造緊密感與信任感，人再多就會變成一群觀眾了。」一名會議主辦人曾經這樣跟我說道。火花會議（Spark Conference）是由媒體界領袖主辦的實驗性聚會模式，一開始人數為一百人，他們後來發現七十人有助於創造更親密的氛圍。所謂的「非會議」活動是由與會者即興設定議程，很多這類活動所規劃的人數都在一百人。我認識一位比利時的飯店負責人，她推薦婚禮人數設定在一百五十人，因為她覺得在這個人數範圍內，大家同時都還能看得到彼此，運作起來就像個有機體。而這個人數範圍也和部分人類學家認定的部落自然人數大致相同。在一百五十人的團體中，大家如果想要並花點力氣，還是可以遇到彼此。一百五十這個數字也和人類學家羅賓・鄧巴（Robin Dunbar）主張一個人能維繫的穩定社交人數吻合，這個數字也被稱之為鄧巴數。超過這個「部落」數量，當然還是有機會可以好好聚會，但實際上聚在一塊時往往會再拆成更小的團體。

人山人海的廣大群眾：而遠遠超出以上聚會人數的大小則是人山人海的參與者，像是美國的波納羅音樂節（Bonnaroo）、世界盃足球賽、埃及的解放廣場（Tahrir Square）、美國的百萬人遊行（Million Man March）、麥加朝聖、奧林匹克運動會。這些聚會的目標都不是要創造親密感或連結，而是要利用廣大群眾的強大能量。

第二部分：地點

好的場地能推你一把

你想好了聚會目的，邀請名單也擬好了。那要在哪裡舉辦呢？

聚會的地點常常因為各種原因而決定，但在眾多考量中，經常沒有考慮到目的。成本會決定地點，方便性也會，交通也可能有影響，或是剛好有人舉手表示願意提供場地。

當你因為聚會安排的其他細節而選擇場地，你就是讓這些細節凌駕在你的聚會目的之上，雖然實際上應該是讓這些其他細節配合你的聚會目的。

你可能因不同意而反問：可是房間不就是房間罷了嗎？接受摩根的提議，在她家露台上辦聚會又有什麼問題？

但問題是：不同的地點有其固定的腳本流程。對於特定的地點，就算沒有白紙黑字寫明的腳本，我們往往還是會遵循著相應的腳本流程行事。我們在法庭、董事會會議室、宮殿裡會表現得比較正式；在海灘、公園、夜店裡則展現自己的不同面貌。同為專業會議引導師的同事派翠克．佛利克（Patrick Frick）曾跟我說：「聚會環境應該要配合聚會目的去選擇。」他曾經和一群企業裡的高階團隊合作，當他們給他一間董事會會議室進行活動時，他表示：「我百分之九十五的選項都沒了。」為什麼？佛利克說：「因為大家一進到這間會議室，就會立刻回到原有的行為模式：執行長會坐在最前面，你在經過長久的訓練及洗腦後，也知道在這個空間裡應該如何表現。你會按照層級選擇座位，也知道何時輪到你說話，諸如此類。」

傑瑞．賽恩菲德（Jerry Seinfeld）在某次訪談中，談到場地如何影響喜劇表現時，也說過類似的話：「環境的影響就占了八成。每個喜劇演員都有過這樣的經驗，在俱樂部表演的時候，有個有錢人看到你的表演後決定：喔我要找這個人到我的派對上表演。然後你去了派對，他們讓你在客廳或奇怪的派對房間裡表演，然後你的演出變得一塌糊塗。這是因為場地的影響就占了八成，能讓你在觀眾面前取得演出的優勢。」

套用一句邱吉爾的名言，再做點小變化：你先決定聚會的場地，然後場地會決定你得到什麼結果。如果決定賓客名單就是在決定哪些人最能幫助你達成聚會目的，那決定場地就是在決定你想要如何幫助那些少數獲邀的賓客，推他們一把，讓他們可以盡可能自在地展現自我，成為最棒的與會者。

那該如何選擇一個好的又具有意義的聚會場地呢？

讓場地體現你的聚會目的

首先，你應該找一個能體現聚會目的的場地。當場地可以具體展現想法時，空間能幫助參與者的身心都投入到整個體驗中。

溫柔的巨人搬家公司（Gentle Giant Moving Company）位於波士頓，公司執行長賴瑞．奧圖爾（Larry O'Toole）在募集新血時就利用了這個概念。他會帶著新召募的員工一起在波士頓跑步，最後一段則是要跑上哈佛體育場的階梯。相較於在辦公室進行新人訓練，選擇這樣的職前訓練場地是向新人們傳達他們加入的是怎樣的一間公司：要在這裡工作，你必須有好的體能，另外也很重要的一點是，你在認真工作的同時，必須能團隊合作，保持愉快的氛圍，就像是在運動一樣。所以也不難想像，這間搬家公司多年來在波士頓最佳企業的票選名單上都榜上有名。

要體現出聚會目的，不代表一定要去非常特別的地方，有時候只要稍微改造一下現有空間就行了。溫蒂・吳恩（Wendy Woon）在紐約的現代藝術博物館（Museum of Modern Art）負責教育部門的運作，她的工作是讓這間舉世聞名的博物館更親民。這在任何一間博物館都是相當具有挑戰的工作，因為博物館的權力通常都握在館長手裡。有時候，感覺更像是博物館在為館長服務，而不是反過來。讓博物館更貼近大眾的目標，往往與館長的理念互相衝突，因為館長們經常希望博物館的館藏能讓他們在其他博物館甚至整個藝術圈獲得尊敬。而像是吳恩負責的這類工作就是要不斷平衡這樣的個人期待，在博物館裡他們會針對藝術品如何呈現提出質疑，並確保展品不脫離大眾，能與大眾的生活及經驗有所連結，就算這麼做會與館長持相反意見也在所不惜。吳恩的角色就是要提醒大家，館長覺得神聖的東西其實沒有那麼神聖，博物館應該調整自己，和大眾對話。

而吳恩其中一部分的工作是教研究所課程，對象是那些想要成為博物館教育工作者的學生，授課地點位於博物館裡的一間教室。第一天上課，下午三點一到，教室門就打開。教室中央擠著一大堆白色的椅子，全部交疊在一起，像是一座由椅子疊成的高塔。學生看到這個景象後都愣住了，紛紛感到相當困惑。他們看了看彼此，接著又望向吳恩。老師則靜靜地看著他們，什麼也沒有表示。

最後學生們開始彼此交談。慢慢地，學生逐漸變得更有自信，隨著時間進展，彼此間的互動變得更有趣，最後他們把椅子都分開排好。而在他們進行這件事的過程中，每個學生都必須決定要如何在沒有任何指示的情況下排列他們的椅子。我應該把椅子放在哪裡？應該跟別人的椅子距離多近？要排成一排嗎？還是一個圓圈？如果有人不想要配合其他人排列的形狀，該怎麼辦？

我常說，好的聚會不需要花錢或分類細緻的餐刀，就是這個意思。不需要很華麗的場地，吳恩使用的教室非常普通。在這個充滿獨特地點的城市及建築中，她選擇的是相當普通的一個空間。吳恩把椅子散亂地交疊，只是透過這樣簡單的一件事，就讓這個場地體現出她的目的。她的目的是什麼？她要告訴這些未來的博物館教育工作者，博物館中沒有什麼是神聖的，就算是在現代藝術博物館裡一堆散亂交疊的椅子，也不該被誤認為藝術。她還教導學生，只有當大家參與其中，才會產生藝術，只有當大眾在其中互動，博物館才會活過來。「我之所以這麼做，是想挑戰傳統上對下的教學方式。社交空間、實體空間和情緒空間的設計都會影響大家與想法、內容、彼此的互動。我想告訴我的學生，你一定要實際『設計』一個互動交流的『空間』，並透過設計邀請大家參與。」她這樣說道。接下來幾週，吳恩教導學生如何創造這樣的互動，如何達到參與式的博物館體驗，這是她所相信並努力捍衛的理念。就在課程第一天，在零成本卻記憶深刻的衝擊下，她便已經體現了她想表達的所有概念。

我不是溫蒂・吳恩，但在我的工作中，我會試著讓客戶選擇能展現其目標的空間與地點。針對一場幫助大家尋找人生方向的研討會，我選定的地點是法國東南部一間十二世紀的修道院，地點就坐落在前往聖地牙哥朝聖之路（Camino de Santiago）的途中。針對一間欲討論未來城市的建築事務所，選定的地點是好萊塢山上，可以俯瞰整個洛杉磯。對於一名想要精進技藝的喜劇演員，選定的地點則是諷刺報刊《洋蔥報》（*The Onion*）著名的寫作室。我見證過無數次這樣的情況：當一個場地能啟發客戶，讓他們覺得更接近其聚會目的時，我作為會議引導師的工作就會變得更簡單，因為他們已經在朝著目標前進了。

想想你的聚會。針對公司下一次的業務訓練，可以選擇讓每一位員工都各自花一天跟在一名地鐵街頭藝人旁，這些街頭藝人做的其實就是另一種極端版的業務工作，透過這個安排，試圖建立員工的同理心及與這些街頭藝人的連結。下一次大學同學會就辦在墓園裡，以最直接甚至有點地獄哏的方式提醒同學們，對於那些年輕時說過的理想，一切的精髓都在時間。

可惜，我們其實更常見到的是各種無法體現出聚會目的的情況。那些不願意如此做的聚會，有時看來甚至有點滑稽。我曾經為一個提倡保護海洋的組織提供顧問服務，這個組織當時要在鄰近聖地牙哥的某處舉辦團隊會議，讓大家可以暫時離開悶熱的東岸辦公室，好好喘口氣。但當我一看行程表，卻發現行程被塞得滿滿的，於是我問他們何時有機會可以去海邊，「我們有太多事情要做了，沒空去海邊。」主辦人這樣跟我說道。這個機構的員工正是因為熱愛大海，才願意投注他們的人生在倡導如何保護海洋。花點時間待在海邊或海裡，能幫助已經疲憊不堪的員工們再次充電，並藉此想起他們的核心目的。但這場會議最終並沒有這麼做。

城堡原則

如果要用最簡短的方式說明城堡原則，大概如下：如果你不想提醒法國人他們的光榮歷史，或他們其實一點都不需要你，那就不要把聚會辦在城堡裡。

每一個有特定明確目的的聚會，都更需要與會者展現特定的行為，其他的行為則越少越好。如果聚會的目的是要凝聚一個團體，你會希望大家多聆聽，大發議論的行為少一點。但如果目的是要幫助公司擺脫陳舊的想法與思維，大家多發表意見則可能比較有幫助。很多聚會主辦人可能都沒有意識到，場地的選擇是影響與會者行為最有力的手段之一。一個機靈的聚會籌辦者會挑選特定的場地，引導與會者表現出他希望大家能展現的行為，並減少那些他希望不要出現的行為。有一位銀行家就是沒有遵循這個原則，因而損失了很多金錢，這還不包括租用城堡的費用。

「到我死的那天，我都會覺得是我們選的會議地點導致一切破局。」克里斯．瓦瑞拉斯（Chris Varelas）這樣告訴我。他是一位投資人，現在已經轉移陣地到舊金山灣區。二〇〇一年，當時瓦瑞拉斯在投資銀行工作，他是花旗集團的董事總經理及科技業投行業務部門的負責人。他當時負責位於紐澤西的電信公司朗訊（Lucent）與法國知名大企業阿爾卡特（Alcatel）的合併案，這個合併案市值超過兩百億美金。這是個非常複雜的合併案，在差不多一年的談判後，合併案總算看似步入軌道。但還有最後一場會議：雙方執行長面對面進行最後的盡職調查。

在那場會議前，雙方截至當時已經做了很不錯的法律擬制。瓦瑞拉斯表示這個合併案應該是雙方平等的企業聯姻，但大家私底下都知道阿爾卡特身為勢力更大的一方，會更占上風。但截至那場會議之前，瓦瑞拉斯表示在先前的會議中，絕大多數時間都維持著雙方平等的氛圍，這也是合併案之所以進行得很順利的重要原因。一直到最後一場會議的場地選擇，徹底破壞了之前營造出的氛圍。

原本預定的場地是一間位於紐澤西低調的機場旅館，這樣一來就沒有人知道我們在做什麼，瓦瑞拉斯表示。不要讓媒體知道細節是當時非常重要的優先考量，以免到時案子沒談成，雙方也不會尷尬，同時也能避免消息外漏，因為如果市場的反應不好，案子可能會因此破局。但到最後一刻，阿爾卡特的一位資深高層生病，因此要求將會議改到法國舉辦。他們選了巴黎西邊一小時車程的梅斯努城堡（Château des Mesnuls）作為會議地點，這個城堡也是隸屬於阿爾卡特旗下一間子公司。「我相信他們常常在這個城堡舉辦企業的異地會議，作為公司內部計畫與策略會議大概沒什麼問題，但用來談合併案就不適合了。」瓦瑞拉斯說道。

這個城堡共有五十五間房間，整修成路易十三的風格，內部用波斯地毯、黃金壁畫、大吊燈、著名法國士兵的肖像畫裝飾——我想其中有些應該還曾智取盎格魯薩克遜人，而當時那些盎格魯薩克遜人則誤以為他們能跟法國人平起平坐。在連續三天各長達十八小時的會議後，其中幾十名與會者，包括雙方的企業高層團隊、董事會成員、銀行業者、會計師、律師，大家在城堡裡一起坐下來拍板決定最後結果。然後在最後幾小時，《華爾街日報》（*The Wall Street Journal*）披露了即將公布的合併案及雙方同意的價格，朗訊的董事長亨利・沙克特（Henry Schacht）旋即退出協商，整個合併案就此破局。

當時媒體報導指出，沙克特此舉是策略性的做法，因為雙方一直無法針對董事席位取得共識。但同時也是情緒化的舉動。「阿爾卡特之所以無法買下朗訊，癥結點是自尊心。」《紐約時報》指出。「據報朗訊的高層當時感到退卻，」BBC的報導指出，「因為他們不覺得阿爾卡特認為這是兩個對等的企業在談合併案。」

但他們對待此合併案的態度，怎麼會突然和過去一整年的談判都不一樣了？很難說。但瓦瑞拉斯堅持是因為城堡將法國人的傲氣都帶出來了。

「我們坐在這些原本用來作為舞會廳的大房間裡討論，」他說道，「你可以很明顯看出來阿爾卡特員工都一臉傲慢。他們更自在地展現出主導的態度，我知道如果場地換作是在紐澤西，他們就不會這樣。」瓦瑞拉斯接著說：「那些法國人開始說『當我們接手之後』，他們聽到都氣死了。」「他們」指的是朗訊的高層。朗訊這方對於阿爾卡特的行徑感到很吃驚，瓦瑞拉斯表示。朗訊的董事長最後終於表示：「我們走吧。」合併案就此破局。

十七年之後，瓦瑞拉斯又經手了更多合併案，他仍堅持這個看法。「我百分之九十九確信會議場地會強化或凸顯出背後的假定。這場會議暴露出『雙方平等的合併案』都是假象，因為這個場地讓阿爾卡特的人很輕鬆自在地對朗訊的人展現出主導權。」瓦瑞拉斯表示。

就算你面對的不是一樁幾十億的合作案，城堡原則對你的聚會仍適用。人會受到環境影響，你應該選擇一個能協助達成聚會目的的場地。在某些情況中，在城堡舉辦聚會或許恰恰能幫助你達成聚會目的。但在剛剛的例子中，法國人只要再謙虛一天，合併案就能大功告成，最後卻因為選錯場地而鑄成大錯。

五年後，朗訊及阿爾卡特終於成功合併，雖然是因為朗訊換了新的董事長與執行長後才得以順利談成。我猜，他們後來大概避開了城堡進行談判。

情境置換

所以，一個好的場地能告訴與會者這個聚會的目的到底為何（聚會目的的具體體現）。環境可以幫助大家展現出特定的行為，藉此讓聚會更加成功（城堡原則）。而場地還可以、甚至應該做到這點：情境置換。

簡單來說，情境置換就是要迫使與會者擺脫原有的習慣，將大家從既定習慣的沉睡中喚醒。作為會議引導師，我會透過問問題及安排的活動做到這點，但同時也可以透過空間的選擇達到這樣的效果。就溫蒂．吳恩的例子中，只要有想像力和一些努力，就能達到情境置換的效果。其實沒有很複雜，就是在一個場地進行別人通常覺得不會在這裡進行的活動。

像是晚餐通常會在陸地上進行，至少根據常識是如此。但在一九四〇年代，在希臘小鎮卡拉馬塔（Kalamata）的一個夜晚，英國旅遊作家派翠克．雷伊．費莫爾（Patrick Leigh Fermor）和朋友們對此有了不同的想法。當時的天氣極為炙熱，這群人在碼頭的座位區等著餐點上桌，費莫爾和兩名朋友不發一語就抬起面前的鐵桌，一路把桌子抬到海裡。他們坐在海水及腰的座位裡，耐心地等待上菜。費莫爾寫到，當服務生從餐廳走出來時，他「一臉驚訝地看著碼頭上的空位；接著，他看到我們，臉上閃過欣喜的表情又迅速裝作若無其事，接著毫無一絲猶豫就走進海裡」為他們上菜。周遭用餐的顧客都被眼前的景象逗樂了，開始送酒給費莫爾這群人，敬他們仿若毫無異狀地在海裡用餐。費莫爾去世後，《紐約時報》的訃聞寫著「他的『餐桌』在歐洲以熱鬧活潑出名」。會獲得這樣的讚譽，想來也不令人意外。

晚餐派對通常不會在海裡舉行，這也正是費莫爾為什麼會這樣做。所以，你也應該想想下一次的聚會「不應該」在哪舉辦，然後就在那個地點舉行。

但就像吳恩的教室一樣，就算是在傳統的空間裡還是可以創造情境置換的效果。

舉知名攝影師普拉登（Platon）作為例子。

你如果看到他的作品應該一眼就會認出。多年來他為《時代》（*Time*）雜誌拍攝封面，也是《紐約客》（*The New Yorker*）雜誌的攝影師。他最著名的風格就是以極近的距離拍攝他的對象，近到連毛細孔都看得到。從吉米・卡特到歐巴馬的每一任美國總統，他都拍過。在希拉蕊和川普成為總統候選人之前，普拉登就幫這兩位拍過好幾次肖像。他曾拍攝的世界領袖從德國總理梅克爾（Angela Merkel）、英國前首相東尼・布萊爾（Tony Blair），到聯合國第八任祕書長潘基文（Ban Ki-moon），再到惡名昭彰的暴君如俄羅斯總統普丁（Vladimir Putin）、辛巴威總統穆加比（Robert Mugabe）、利比亞獨裁者格達費（Muammar Gaddafi）、伊朗前總統阿瑪丁雅（Mahmoud Ahmadinejad）。普拉登不僅拍過掌權者，也拍過那些試圖挑戰當局的人，像是當時仍遭到軟禁的緬甸民運領袖翁山蘇姬（Aung San Suu Kyi）、俄羅斯樂團「暴動小貓」（Pussy Riot）、解放廣場的抗議者、愛德華・史諾頓（Edward Snowden）。他也拍過幾百位名人，從喬治・庫隆尼（George Clooney）、小野洋子（Yoko Ono）到波諾（Bono）都曾出現在他的鏡頭下。

除了他洋洋灑灑拍攝過的名人之外，普拉登最厲害的地方是他能夠讓這些人在攝影室裡「做」的事情。這些世界領袖中，很多人都有新聞祕書或形象顧問，他們會希望展現出自己想要大眾看到的某一面。普拉登則希望這些領袖展現出不一樣、真實的一面。

可以的時候，普拉登會請這些有名的拍攝對象到他位於紐約蘇活區的工作室拍攝。但很多時候他並沒有辦法選擇拍攝地點。他常常只有十分鐘的時間可以拍攝國家元首，有時候在擁擠的飯店房間，有時候在大學或演唱會的後台，或在聯合國總部內。在這類情況中，他沒有辦法按照理想方式控制拍攝的地點。但不管地點在哪，他都會帶著一個漆成白色、破舊不堪的木箱，請那些舉世知名的拍攝對象坐在上面。「首先我會邀請他們『進到我的辦公室』，這聽起來很好笑，因為通常是我進到他們的辦公室。」普拉登這樣跟我說道。他的每一位拍攝對象都坐過這個老舊的白色木箱。顯然，有時候總統候選人團隊看到這個木箱後會反應激烈地表示：「我們不能要候選人坐在那個箱子上。」普拉登會告訴他們有誰也坐過這個木箱，然後對方最後都會默默同意。

普拉登透過這個實體的物件置換拍攝對象所處的狀態，將他們從現在連結到在此之前其他的拍攝狀況（以及拍攝對象）。他可能只有七分鐘可以拍一位總統，但這七分鐘會由他設定的空間與情境所決定，而不是對方的。帶著這個木箱到處征戰多年後，箱子最後終於解體了，於是普拉登要他的助理重新做一個新的木箱，但長得要跟原來的木箱一樣破舊。這成為將領袖從其寶座中暫時置換的重要象徵。

邊界、面積和密度

上述幾個要點應該能幫助你選出大概的場地。選定之後，接著會面臨房間、桌椅、物品大小等等比較實際的問題。以下是幾個關於邊界、面積、密度的要點。

邊界

在一場設定好目的的聚會中，不只需要關上無形的門，有技巧的主辦人也會留意實體的門。聚會需要邊界，好的聚會空間通常是密閉的。攝影師與編舞家通常會把房間的門都關起來，像普拉登就跟我解釋過：「要確保能量不會散出去。」

在餐廳裡常常違反這個原則。餐廳裡的桌子通常會安排成沒有「主位」的形式，座位則排成面對面的兩排。我有次和五位朋友一起去餐廳吃晚餐，我們的桌子是由三張正方形的餐桌併成，一邊各放三張椅子。一整晚，大家的對話總是有一搭沒一搭地進行著。這種座位安排很難讓所有人一起參與對話，因為坐在中間的人必須把頭轉向左右，就像是在觀看網球比賽一樣，最後就拆成兩邊各自聊天。而這個桌子的兩端則讓能量「散了出去」，氣氛既不溫馨也不緊密。我們當時應該直接請服務生將其中一張方桌挪走，讓其中兩個人坐在桌子的兩端。這樣一來，就會形成一個密閉的空間（藉由我們身體的位置），大家要一起聊天、分享也更容易。

一個密閉的聚會空間可以讓人感到放鬆，並在聚會可及的能力下創造出一個不同的世界。做法很簡單，例如：不要直接坐在一大片沒有邊界的草地上，可以鋪一塊毯子讓大家坐下來野餐；用大尺寸海報紙暫時蓋住會議室水族箱般的透明玻璃，藉此創造一點點的隱私感；當會議室裡多出一張不會用到的椅子，可以把椅子搬走，將人們之間的空間填補起來。曾經有一位不願具名的派對籌劃人跟我解釋說：「如果你有一張野餐墊，你就會和這張野餐墊上的人互動。這不是因為野餐墊周圍有柵欄，而是因為這張野餐墊就是你的心理建構。這與坐在墊子上或坐在草地上無關，而是在心裡創造出一個屬於自己的舒服安全的空間。」

一位名叫艾瑞克．齊默爾曼（Eric Zimmerman）的遊戲設計師有次跟我提到他和同事為一個洛杉磯的展覽所設計的實驗。他們設計的桌遊，周邊是由有弧度的牆面圍繞，感覺就像是一個圓，所以人一進去後感覺彷彿就像在洞穴裡。路人都覺得好奇，玩的人也變得著迷，結果大家一路玩到晚上。最後，當主辦單位把其他的設備都拆除後，也必須著手拆掉這四道牆，不過他們還是讓遊戲繼續進行。結果牆面拆除後，玩家一個一個都對遊戲失去了興趣。雖然這個遊戲還是可以繼續玩下去，大家卻慢慢散了。

「牆面拆除後，雖然我們沒有拿走桌遊的任何東西，他們卻不想繼續玩了，」齊默爾曼跟我說，「能量散掉了。」遊戲的周邊拆掉後，玩家失去了原本處於另一個時空的感覺。

轉換房間

你不必把會議移到海邊才能創造令人印象深刻的體驗（雖然我強烈推薦在海邊舉辦會議）。研究顯示，在同一個晚上，單純只是在不同時間點轉換到不同房間，就能幫助大家記得當晚不同的時刻。為了讓大家記得派對上不同的時刻，研究記憶機制的專家艾德・庫克（Ed Cooke）建議在派對進行的晚上可以安排幾個不同的有趣階段，每個階段都在不同的空間進行。「這樣一來，回想起來的時候，所有的對話不會都模糊成一片，只記得『很好玩』而已。相反的，你會記得每個階段發生的具體事件，就像一趟有旁白輔助的旅程。」他說道。

面積大小

聚會場地的大小應該要能搭配你的目的。

我曾經參加過一場慶祝四十歲的生日派對，所有應該要有的元素都在：一個漂亮的場地、美食、開放式酒吧、活潑的樂團、兩百位賓客。但不知為何，整晚我總是莫名地在等待派對開始。雖然所有的賓客都到了，整個場地還是感覺空盪盪的。你必須走到場地的另一端才能去認識新朋友，因為大家彼此都站得好遠。一整晚大部分的時間我都和一小群本來就認識的朋友在一起，並沒有嘗試去認識其他人。就算後來樂團開始表演，大家聚集起來之後還是不敢往前走，沒有人跳舞。到底出了什麼問題？

這個場地的空間太大了，相當於體育館的大小。你不會有機會在不小心撞到別人後轉頭，然後認識一下新朋友。

還有一次，我負責一個為期兩天的動腦會議，內容是要討論未來如何運用舊金山要塞（Presidio），這是一個位於舊金山的大公園，也曾是美軍駐紮地。研討會當晚，金門國家公園保護區（Golden Gate National Park Conservancy）開放大眾參觀。我們來自全國的博物館教育工作者會分享要怎麼讓一個空間變得讓大家更願意參與。我們想要先上雞尾酒，為聚會暖身，然後試著體現出我們想傳遞的訊息。

當與會者開始陸續抵達，其中一位建築師發現這個場地太大了，很難讓人感覺是場雞尾酒派對。她靈機一動，把我們一整天下來討論時用到的簡報架圍成一個半圓形，將場地的一小部分圍起來。大家抵達後並沒有散落在空間各處，反而開始聚集到簡報架，以及排列好給講者演講使用、長得像是課堂用的椅子之間。不到幾分鐘，現場就變得相當熱絡。這位建築師的腦筋動得很快，她知道這樣人數聚會適合的場地大小，也因此避免了一場可能會令人失望、氣氛低迷的聚會。

就像我們在開每週定期的員工會議時，往往想都不想就自動選擇地點，對於人家給我們什麼樣的場地及安排，我們往往也照單全收。如果桌子放在房間中央，我們不會去動。如果椅子被排在桌子的兩邊，我們也不會調整，就算稍微變動一下就能創造出更多親近感。所以當你下一次身處聚會場地時，別忘了，就算是簡報架這麼小的事情，都能轉化空間所創造出的氛圍。

密度

那天晚上的那位建築師知道該活動理想的來賓密度。而我後來才知道，活動策劃人和空間設計師其實對於活動的人口密度有其一套原則。比利・麥可（Billy Mac）是一位活動策劃人，他相當仰賴以下參數，這個表說明了每個來賓搭配多少面積的場地，會創造出不同的聚會氛圍：

例子：平方英尺／賓客	深度互動	活潑	熱鬧
晚餐派對	二十平方英尺	十五平方英尺	不適用
雞尾酒派對	十二平方英尺	十平方英尺	八平方英尺
徹夜狂歡舞會	八平方英尺	六平方英尺	五平方英尺

資料來源：公寓治療部落格：https://www.apartmenttherapy.com/party-architecture-densit-how-to-plan-a-party-5359.

他建議將派對空間面積除以表中數字，就能得到目標來賓人數。如果你的空間是四百平方英尺，又希望辦一場深度互動的晚宴，可以邀請二十人。但如果你想要一個超熱鬧的跳舞派對，那同樣大小的空間可以邀請八十人。麥可指出，派對上大家常常會湧入廚房是因為隨著人數減少，人們直覺上會往比較小的空間去，以維持這樣的密度。

第三章

別當個超然的主人

現在，你已經知道如何為聚會設定一個大膽又明確的目的，並且能根據這個目的去決定要向誰關上聚會的大門。下一步，是思考你作為主人的角色。你會如何進行聚會？

「超然」是包裝成仁慈的自私之舉

不管是辦企業會議或家族聚會，每當我向客戶或朋友提到主辦人的角色時，大家通常都會表現出很遲疑的態度。因為一旦提到角色，其實就代表要討論他們作為主辦人的權力，而討論權力，就等於是承認這件事的存在，大部分的人都不想聽到這個話題。很多大費周章主辦聚會的人，都希望在主持方面可以做得越少越好。

但誰想要搭乘一艘無人掌舵的船呢？就像在S的例子中，她和我爭辯著是否要為她的晚餐派對再多做一點。我常常勸那些向我諮詢的人要握好船舵，負起作為主人的責任。對此，大家總是一再抗拒。

我有次在華盛頓特區協助一群聯邦與州政府高層規劃一場關於脫貧政策的會議。主辦單位採納了我的建議，在會議前一晚舉辦一場氣氛輕鬆溫馨、圍繞在單一主題的晚餐，希望讓與會者有機會凝聚起來。這樣的設計概念是希望他們可以聊得更深入、冒點風險，甚至改變想法，讓大家在隔天討論出更有溫度的政策。

規劃好之後，其中一位州政府官員表示無法出席晚餐，但仍想參加隔天的會議。我強烈建議主辦單位拒絕這位官員。那場晚餐並不是附加活動，而是該場會議核心的一部分。整團人在前一晚建立了關係，因此有機會創造出一場截然不同、氛圍更具創造力的會議。那位沒有參與到此過程的官員晚來了一天，勢必會用她毫無改變的想法影響整個團體。四位主辦人害怕衝突，又擔心拒絕後會讓這位重要的與會貴賓不開心，所以對我的建議一直感到非常抗拒，他們想要讓這位州政府官員自行決定。最後，一位比較資深的女性主辦人聽了我的建議之後，告訴州政府官員：妳需要兩場活動都參加，或是兩場都不參加。對方最後都沒有出席。當天晚餐結束後，主辦單位見證了整團人討論了一整晚有意義又切合個人的話題，整體氛圍改變。他們因此了解到如果有人隔天才加入，對整個團體的氣氛將會造成影響。

另一次我在布魯克林的一個頂樓參加喬遷派對。晚餐後，聚會氣氛陷入沉寂，大家像無頭蒼蠅一樣，討論著是要繼續待著還是離開。我發現這個狀況後，建議主辦人可以玩「狼人殺」（Werewolf）的遊戲，這是一款俄國心理系教授發明、氣氛緊張的團體遊戲，能凝聚賓客，轉換一下原本陷入低迷的氣氛，讓派對再次充滿活力。其中一位主辦人感覺很想玩，也希望讓派對有個聚焦點。她環顧四周，發現有些客人也很想玩，另外有一小群人則露出遲疑的表情。那一小群人遲疑的態度讓她感到退縮，她對於展現主人權力這件事感到不自在，於是就放棄讓大家一起玩遊戲的想法。什麼都不做更保險。時機錯過後，大家分散成更小群的團體，我們失去了關鍵多數。隔天，她傳訊息跟我說，真希望昨天大家有一起玩遊戲。

我認識的一位記者，他有次大費周章為十幾位曾經一起擔任過駐外特派記者的新聞同業舉辦十週年的「同學會」。大家特地從外地來到紐約市，到一間泰式餐廳參加聚會。這個記者過去曾採納過我的建議，所以他決定在晚餐的某個時間點要打斷大家各自的聊天，請所有人一起回想一下那段駐外的日子對他們各自代表的意義。他希望創造一個讓大家專心凝聚的時刻，好好發揮這個聚會原定的目的。但他卻在最後一刻臨陣退縮了，他擔心這個想法主導性太強，或太一頭熱，又或兩者都是。

在二十一世紀，有一種普遍存在的文化正在影響我們的聚會：超然。一方面想要舉辦活動，同時又不想插手介入。

「超然」就是要放鬆點、保持低調，最好不要太在乎，也不要太小題大作。在亞拉娜·梅西（Alana Massey）的文章〈反對超然〉（Against Chill）中寫到，超然是一種「放鬆、毫無壓力的態度」。超然「埋葬了合理期待」。超然就是「只接受，卻從不給予」。

請容我直接分享我對超然的偏見：對於舉辦聚會，超然是一種很可悲的態度。

在這章中，我想說服大家重拾你作為主人的權力。這不是說只有一種主辦聚會的方式，或在聚會中只有一種展現主辦人權力的方式。但我的確相信，舉辦聚會到頭來一定會使用到權力。我協助過的聚會主辦人常常想要放棄這個權力，而且還覺得這樣做就是給賓客們自由。但這樣的行為往往只會讓與會者感到失望，對他們並沒有什麼用。所謂用超然的方式辦聚會，往往只是主辦人想要擺脫主辦的壓力。在聚會這件事情上，一旦賓客決定來到你的國度，就代表他們想要成為你的子民——受到你溫柔、尊重、妥善的照顧。當你沒能做到這一點，就代表你可能更在乎他們怎麼看你，而不是這個聚會能為他們帶來什麼。超然往往只是一種掩飾，掩飾你其實更在乎自己，而不是你的賓客。

超然的問題

超然論的背後其實有個簡單的謬論：主辦者假設只要他們不管賓客，就代表沒有人會去煩他們，但其實賓客只是被丟給彼此。我合作的許多主辦人似乎都以為，在聚會中不使用任何權力，就代表聚會上沒有任何權力的展現。但他們不知道這麼一來並不是把聚會中的權力移除，他們只是留下一個其他人都可以填補的權力空缺。其他人展現權力的方式可能跟你的聚會目的不一致，而且與會賓客當初是決定要來參加你的聚會，而不是來被你喝醉酒的叔叔擺布。

那種讓大家自己玩、自己找想要的人聊天的主人，不是才最慷慨大方嗎？對於這個可能會有人提出的問題，最戲劇化又最能說服人的其中一個反駁例子，發生在一間教室裡。

羅納德・海菲茲（Ronald Heifetz）是哈佛甘迺迪學院（Harvard Kennedy School）非常受歡迎的教授，也是領導力領域的權威。他在其中一門「適應性領導力」課程的第一堂課用一個非常特別的方式開場。他沒有直接走進教室，沒有點名，也沒有開始講課，相反地，他只是坐在教室前面的一張黑色旋轉椅上，一臉無聊地盯著地上看。

數十位學生就坐在他前方，他沒有歡迎大家，也沒有清清喉嚨，沒有讓其中一位助教向學生介紹他。他就只是沉默地、一臉茫然地坐在那裡，一動也不動。

學生們都滿懷期待地等待著。隨著正式上課時間開始，海菲茲繼續坐在那，一句話也不說。現場安靜得令人感到窒息，越發令人不安。海菲茲的行為正是在放棄自己在課堂中的主導權，沒有扮演大家期待的教授（即主持人）的角色。以他的專業領域來說，這樣做想必有什麼理由，只是我們學生一時半刻還不大理解。

隨著時間一分一秒過去，可以感覺到教室裡的大家越來越緊張。有人笑了，有人咳嗽。整體而言，大家嘴上雖沒說，但都感到相當困惑迷惘。當教授（傳統教室中的權威）沒有扮演他的角色，等於是把教室的護欄給拆了，學生們被迫在危險的道路上自行摸索。

最後終於有人說話了，他說（就我所記得的）：「這就是我們的課嗎？」

然後零星開始有人講話，一開始還只有一點點、略微節制的討論，然後越來越多人加入，最後教室裡大約一百個素未謀面的陌生人開始熱烈地討論起來：

「他會一直坐在那裡嗎？」

「我可沒時間在這裡耗一整天。」

「不是，我覺得他是故意的。」

「那我們要怎麼辦？」

「噓……說不定他準備要開始講話了。」

「不要噓我。我也有表達意見的權利。」

由於教授什麼都不做，學生們就必須彼此互動。理論上，這一百個學生都有說話的自由（或吼叫、跳舞、大笑，或試著主導場面），沒有人會阻止他們這樣做，但教室裡卻有不成文的常規，讓他們都不敢這樣做。就算這個常規受到了挑戰，像海菲茲什麼都不做就是在挑戰這個常規，但學生還是不知道其他人會怎麼反應。會有人夠勇敢、夠有領導魅力，或夠有邏輯，能說服其他人怎麼利用當下的時間嗎？還是他們會一直永無止境地爭吵下去？

這樣零星的討論一直持續著，彷彿有一輩子那麼久，但這看似一輩子的時光其實只維持了五分鐘左右。最後，海菲茲抬頭看了同學，大家都鬆了一口氣，他接著說：「歡迎來到適應性領導力這堂課。」

海菲茲到底在做什麼呢？他在這堂領導力課程的一開始，先向同學們示範如果放棄領導，會發生什麼事。你並不是就此拿掉了權力，你只是把掌控全局的機會讓給了其他人。在這個例子中，這個其他人就是課堂的學生。你並沒有讓他們更輕鬆，或放他們自由，你只是讓他們感到極度困惑和焦慮。

權威必須持續執行

我的客戶或朋友在主辦聚會時，有時候會願意在聚會中負責掌控全局。他們的直覺反應通常是做一下就好，在聚會一開始討論一下大概議程，或帶頭討論團體常規，又或是帶大家了解團體遊戲的各種指令。然後，他們就覺得自己可以功成身退了。當完「主持人」之後，他們可以再回去扮演賓客的角色。

但只在聚會一開始展現一次身為主持人的權威，這個效果就跟只有在年輕時做做運動一樣。光是設定聚會目的、方向和基本規範並不夠，這些事情都需要再持續加強執行。而且如果你不做，會有其他人乘隙而入，把他們自己的目的、方向、規則強加在其他與會者身上。

我曾參加一個晚餐聚會，在我認識的人當中，這位主辦人算是滿重視聚會目的。她讓十幾位賓客圍著桌子坐，然後請大家猜猜彼此的職業，想藉此讓賓客們熟悉彼此。她在另一場聚會看人這樣做過，覺得應該會很好玩。我們都準備好了。她先向大家解釋如何進行：每個人都可以猜一次（除非你本來就認識對方），然後被猜的人再揭曉自己的工作。我們開始玩，針對第一個被猜的人猜了各種好笑的工作，對方則很努力地忍住不要有任何表情。

眼見遊戲開始上軌道，賓客們看似都更自在，能玩在一起了，這時主人便起身去準備晚餐。她應該是覺得她的任務已經達成，現在聚會處於自動導航模式，不需要她插手了。她其實只是走開一點點，在距離我們十幾步的地方備餐，程度並沒有到拋下我們這麼嚴重。但她的暫時離席所造成的心理距離大於實質距離，因為她的注意力已經轉換到其他事物上，沒有很認真在監督遊戲的進行。所以就算只是離開這麼一點距離，卻也造成了問題。其中一位客人或許發現了主人離席創造的空隙，或者本來就有這個習慣，他開始把注意力轉移到自己身上。本來一個人只能猜一次，但這個人開始針對每個人都猜好幾次，一直違反遊戲規則卻又沒人阻止他，幾次之後，當被猜的人揭曉自己的工作後，他又開始繼續追問。

主人放棄權力（雖然其原因完全可以理解）之際，讓覬覦王位的人有了乘隙而入奪權的機會。因為這位奪權者，我們花了四十分鐘只猜了兩個人的職業，這樣的速度完全沒有辦法讓遊戲繼續下去，而且也變得不好玩了。這裡的問題是除了主人之外，其他人沒有玩過或了解這個遊戲的規則。在座的客人中，根本沒有人聽過這個遊戲。當主人開始了遊戲後便離開，沒有人能接續執行遊戲規則，或者確保每一輪都簡短且發問機會均等，因為這樣一來遊戲才好玩。但在這個例子中，「有人」願意執行點

「什麼」，有位客人願意執行自己的想法，剩下的人就什麼都不用做，讓他主持就好。但他錯了。

政治哲學家以賽亞．柏林（Isaiah Berlin）曾經說過一句名言，正巧就說明了這位客人在這個晚上不經意的壓迫行為：「狼群的自由通常就代表羊群的死亡。」

很多時候，當主持人沒有在聚會中持續展現其權威，往往會發生如當晚的情況：很多賓客最後都因此感到惱怒。後來有人站了出來，他沒有特別攻擊那位主導的客人或整個遊戲，但建議大家不要玩了，聊天就好。這個建議不錯，但有其他人表示這樣不公平，因為有些人被鉅細靡遺地介紹了，卻還有人完全沒有被介紹到。這些人說的也沒錯。而主人後來回到座位之後，還是表現得很低調。我們後來整晚都在玩那個遊戲，大家一整晚都在抱怨。客人們愛用發牢騷作為武器，藉此抱怨主人都沒有好好帶領並保護他們。

所以請切記，如果你想要讓大家用特定的方式聚會，要強力執行；如果失敗了，要及時解救你的客人。

下次辦活動的時候，如果你想放棄作為主人的權力，就算只有一點點，請記得檢視你的動機。你為什麼想要放手？如果是因為後勤方面的事情（像是需要加熱食物，或出去接個電話），可以找個願意的客人接手，對方一定更願意暫時代理主人的角色，也不願意被你的友人掌控一整晚。但你之所以會想放手，往往其實有更深層的原因：你騙自己是慷慨大方，其實只是出自一種不情願的心情。

主辦人並不是只有在都是陌生人的晚餐派對中才會放棄他們的權力。我曾經為一間公司提供諮詢，他們當時為每季的會議所苦，而原因正是大家誤解了慷慨大方的定義。在無人同意下，三小時的會議會拉長成七個小時的馬拉松會議。原本一開始都設定好了議程，但當高層實際聚在一起後，議程卻全都被拋諸腦後。最後變成討論一兩個主題，有少部分的人對這一兩個主題有興趣，願意在當下支持這些討論，而剩下的人則興趣缺缺，連抗議都懶得抗議。

表面上，有一位高層應該要負責主持會議，問題是這間公司的核心價值為平等。在大部分會議中，這位負責主持的高層一開始會先簡述該次會議的議程，然後就像前面講到的晚餐派對主人一樣，他希望接下來的會議能進入自動導航的狀態。會議可能先從某個議題開始，但總是會有人突然表示想要討論某個棘手的議題，主持人為了表現慷慨大方，便不會硬要照著原來的議程進行。其他人也不會說什麼，一部分的原因是其他人覺得如果大家都是「平等」的，自己也沒資格說什麼。就這樣，季復一季，每位與會者都抱著沮喪的心情離開會議，大家沒有做出什麼重要的決定，也沒有推動任何議程進度。雖然主持人告訴自己這是慷慨大方的主持方式，但他其實只是在自我保護。他內心其實覺得在現有狀況下，雖然開完會對大家都沒什麼幫助，但就算他挺身而出更積極地主持會議、控制那些比較不受控的同事，對他也沒什麼好處。在沒有人執行會議程序的狀況下，會議開始被非正式的權力來源主導：與會者在公司的年資、專業領域成就、個人性格的力度等。

你的放任式做法真的對賓客好嗎？沒有議程的會議，真的能幫助到年輕的分析師嗎？在一群資深的專家面前，她能提出一點貢獻的機會，是否就操之在事前準備？你的「想跟誰聊就跟誰聊」做法，對那些比較安靜的賓客有幫助嗎？如果沒有特別給他們時間發言，他們真的有機會講到話嗎？教師會議的無編排座位真的能幫助到三位第一次來參加的老師嗎？他們會不會最後總是一起擠在桌子的最末端？

在辦好聚會的過程中，其中很重要的一點是能自在面對並使用你的權力。如果你要參加聚會，那就好好參加；如果你要主辦聚會，那就好好主持。如果你想要創造一個小時或一整天屬於自己的國度，那就好好地統治——用慷慨大方的態度，好好領導大家。

慷慨型權威的神奇之處

講到這裡，你可能會想：如果我要「統治」我的聚會，我應該要當一個怎樣的統治者呢？

那些真的能以有意義的方式幫助到與會者的「統治方式」，我稱之為「慷慨型權威」。以慷慨型權威治理的聚會，統治者強而有力，又充滿自信，但這樣的治理是無私的，目的都是為了與會者。慷慨型權威是為了服務與會者而將聚會所需加諸在他們身上，讓與會者不會陷入混亂與焦慮中，而海菲茲就是故意讓他的學生陷入這樣的混亂中。讓與會者不會被其他的賓客主導，就像之前晚餐派對例子中的主人無意間造成的結果，避免那些「覬覦王位者」破壞你的聚會目的。有時候，執行慷慨型權威需要有不怕被討厭的勇氣，才能讓與會的賓客享受到最棒的聚會體驗。

但實際上要如何執行慷慨型權威呢？

理查．索爾．伍爾曼（Richard Saul Wurman）就是慷慨型權威的最佳示範，身為TED會議的創辦人，有次他拿著一把剪刀走上位於加州蒙特雷的講台上。他走向當天的講者尼可拉斯．尼葛羅龐帝（Nicholas Negroponte），後者是麻省理工媒體實驗室的創辦人，也是他的朋友及 TED 演講的常客，雖然尼葛羅龐帝很熟悉這個場域，當天卻違反了會議的規定，戴了一條領帶。伍爾曼抱持著慷慨型權威的精神，為了服務聚會及其價值觀，他不得不在尼葛羅龐帝開始演講前走上台，戲劇化地將對方領帶一大段都剪掉。而他也真的這麼做了。

喜劇演員艾米・舒默（Amy Schumer）是另一個展現慷慨型權威的代表，她曾經在一場表演中制止了一個擾亂者——也就是「覬覦王位」的人，每每等著在聚會主持人展現出一絲弱點時就趕緊篡位。當時觀眾席中突然有人沒頭沒腦地大喊：「妳的靴子是去哪裡買的？」舒默用力回擊：「在『你買不起街』跟『別跟我說話街』交叉口的那家店。」舒默很幽默，但她同時也默默使用了她的權力，避免那位來擾亂的人破壞了其他人觀秀的體驗。

黛西・麥第奇（Daisy Medici）展現慷慨型權威的方式，就是在那些富有家族聚會討論決策和計畫時，努力讓所有人都能得到平等發言的機會。麥第奇是一名理財顧問（這個姓氏也非常適合理財顧問），當富有家族的男方與女方召開龐大的家族會議，討論很困難的議題時，她會負責協助討論的進行。麥第奇在其工作中採用了慷慨型權威，這同時也是一種溫柔的平衡方式。她注意到姻親們通常都會保持沉默，讓那些有血緣關係的親戚們說話，而長輩的討論往往會排擠其成年子女參與，雖然他們討論的結果會影響到的正是這些子女，例如賣掉家族企業或把錢捐出去等等的決定。

慷慨型權威並不是裝腔作勢，也不是權力的展現。這種權威是運用權力去行慷慨大方之實，並且是為了服務他人所做。這樣的權威因其慷慨而成立。當我要你用慷慨型權威的態度舉辦聚會時，並不是要你顯得囂張跋扈，而是要鼓起勇氣適時展現出權威，達成以下三個目標。

保護你的賓客

你的權威第一個、或許也是最重要的用處，就是保護賓客。你可能要保護賓客不受到彼此騷擾、保護他們不會感到無聊、不會被口袋裡那令人上癮的科技產品分心干擾。我們通常都不願意對別人說「不」，但當我們知道，這次說「不」是為了保護誰、保護什麼樣的價值時，拒絕就變得容易些了。

在談論如何運用權力保護賓客時，我們可以學學阿拉莫電影院（Alamo Drafthouse），這是從德州奧斯汀起家的連鎖電影院，目前在很多城市都有據點。你是不是常常有這樣的經驗：在電影院想要好好看場電影，後方一兩排的觀眾卻用超大聲的氣音在聊天？或是坐在旁邊的人拿出手機，手機螢幕發出的白光都要比大銀幕的光還刺眼了？情況要變得多糟，你才會說些什麼來制止這些人？說不定你說了，卻什麼也沒有改變；說不定你說了什麼，卻引發衝突，導致影廳內更多觀眾都受到影響。

阿拉莫跟其他電影院不同，除了座位比較大，看電影的過程中還有人送餐，阿拉莫另一個獨樹一格之處就是採用了慷慨型權威。大部分的電影院就像許多聚會主辦人一樣，把焦點都放在主辦人與賓客的關係上，而忽略了觀眾彼此間的關係：賓客與賓客間的關係。阿拉莫電影院則不會犯上述的這些錯誤。阿拉莫發現其他電影院都把執行者的角色交給顧客去做，但其實不應該讓付錢的客人做這些工作。所以，在阿拉莫看電影的時候，會有公告提醒在電影播映時，不要傳簡訊或聊天。很多電影院都會這麼做，但阿拉莫致勝的一擊在此：如果你真的這麼做，電影院的工作人員會給你一次警告。如果你再犯，就會被「逐出去」。如果你也是來看電影的消費者，看到有人違規，可以直接將你的「秩序／點餐卡」放在桌上，工作人員便會去處理。（顧客同時也是將想點的食物寫在同一張卡片上來告知服務生，所以不用擔心檢舉人的身分被揭露。）服務生透過執行這些規定，達成對顧客的承諾。我可以證明他們真的有確實執行。

當一位顧客因為傳簡訊被趕出電影院，她留了一封火大的語音留言給電影院。「我在奧斯汀的其他電影院都有傳過簡訊，從來都沒有人他媽的說過什麼。」她還繼續說：「你們這群混蛋很顯然就是在針對『我』。」她滔滔不絕地抱怨，最後說：「我很確定你們是故意表現得這麼混蛋。謝謝你們讓我覺得像個顧客！謝謝你們拿了我的錢，混蛋！」

阿拉莫對於慷慨型權威深具信心，收到這封訊息甚至還很開心。他們後來把這封語音留言設計成一則廣告，廣告的最後寫到：「謝謝你不再光顧阿拉莫，偷傳簡訊者！」這則廣告在網路上瘋傳。阿拉莫的執行長提姆．李格（Tim League）解釋公司的政策及嚴格執行的做法：「當你人在電影院的時候，你就是許許多多觀眾的其中一人。當光線變暗，電影開始播放，影廳裡每一位影迷都想要沉浸其中，沉醉在銀幕中的世界。不管是手機發出的光線、嬰兒的尖叫聲、愛搗亂的青少年突然說了個笑話，這些都會讓你從電影的魔力中瞬間抽離。一九九〇年代中期，我們開了第一間阿拉莫電影院，目的是要為真正愛看電影的人創造一個最棒的體驗，我們至今仍奉行著一樣的經營哲學。」

阿拉莫之所以跟其他的電影院不一樣，不是因為他們規定大家在看電影時不能講話、不能傳簡訊，而是因為阿拉莫相當嚴格地執行這些政策，員工也非常盡忠職守，而且阿拉莫願意面對顧客的怒氣。阿拉莫的員工運用了他們的權威去保護其他觀眾，也保護了這場聚會更大的目的。那封語音訊息生氣地說阿拉莫是「故意當混蛋」，但事實恰恰相反，阿拉莫是在努力保護這個聚會的目的：讓顧客們都能好好享受電影的魔力。

阿拉莫也開始了另一個名為「闔家觀賞的阿拉莫」的計畫，在這裡，沒有關於噪音和科技產品的規定，大家也可以在電影放映時自由走動。這個計畫則是為了另一種不同的目的：一個極端不同、極具包容性、大家都能享受的電影院，讓小朋友（包括會哭鬧的寶寶）和有特殊需求的觀眾都能享受電影的魔力。阿拉莫知道，有些顧客的觀影需求可能和其他顧客衝突，所以創造了這兩種目的迥異的聚會：一種是要保護顧客不會受到噪音或其他分心事物干擾；另一種則是保護那些會被排擠、很難到電影院觀影的觀眾。

用這樣的方式保護你的賓客，可能會遇到很大的挑戰，因為被要求安靜的人火氣集中，而被保護族群的感激之情很分散，有主持過座談會（這是所有聚會中最令人痛苦的一種）的人就知道那種感覺。但才華洋溢的主持人就很習慣幫團隊扮黑臉，像是CNN政治評論員，同時也擔任過多位美國總統顧問的大衛．格根（David Gergen），有時就連他們自己的團隊都沒發現有人做了這個不討好的工作。在格根主持的座談會中，到了問答時間的時候，他通常會告訴觀眾：「請各位先介紹自己，盡可能簡短，然後不要忘記問題的最後要有問號。」當不免還是有觀眾開始說得落落長時，格根在必要的時候會重複插話說：「你可以用問句說嗎？……你可以用問句說嗎？……接下來會是一個問題嗎？」有些人可能會覺得他這樣做很不厚道，但格根其實是在保護其他觀眾，因為其他人來這裡等了很久，或付了錢，就是要聽一國之首、有名的作家或政治激進分子講話，而不是聽另一名觀眾在那裡滔滔不絕。

這就是保護你的賓客：準備好並攔截那些無助於整個群體或整場經驗的行為。雖然很奇怪，但在座談會上，那些做出一段陳述的提問者通常都不會發現自己做了一段陳述。在雞尾酒派對上瘋狂推銷自己的人，如果有機會聽到自己的發言，當初大概也不會那樣表現。沒有人會刻意到你的聚會上當個討人厭的賓客，但討人厭的行為就是會發生。但這是你作為主人的工作：和善體貼，但堅定地防堵這些行為。

幾年前，伊莉莎白・史都華（Elizabeth Stewart）就曾經不得不這樣做。她是洛杉磯影響力製造所（Impact Hub Los Angeles）的創辦人，這是一個企業育成暨社區中心。雖然她的組織目的在於協助企業成長、培育企業家，史都華同時也知道「我們必須避免許多新創公司共用工作空間常常會出現的交易式關係」。她繼續補充說道：「我知道我們必須設立一些原則才能變得不同，要建立一些常規來支持這樣不同的氛圍。」因此，史都華在所有洛杉磯影響力製造所的新會員訓練會上提出了一個原則：會員只有在別人請求幫助，或主動詢問其工作時，才能告訴別人他們在「賣」什麼。

她的目的是在保護賓客不要只被當作潛在客戶或投資者，保護這個聚會不要變得太粗俗。「重點是大家要先認識彼此，再來才是分享自己的理念或想法，這個製造所的原則就是這麼來的。我們想創造一個大家懂得要先詢問、得到邀請再分享的文化。」她說道。

不見得要大聲介入，或採用很激烈的規則才能保護你的賓客。你可以在整場聚會中，透過微小、甚至難以察覺的手段介入：解救你的派對角落那個陷入冗長又只有一方大肆發表的對話；在職場上，用笑話制止那位主導性很強的同事；請某人不要再傳簡訊了。

簡單來說，保護賓客是以創造更好的集體體驗為優先，不讓任何人破壞了集體的感受。要能願意扮黑臉，甚至願意冒點風險。而且這也是慷慨仁慈之舉，因為當你能為了賓客扮黑臉，他們就不必自己去做，就像是阿拉莫電影院的例子一樣。

對賓客一視同仁

主人權威的另一個重要用處是暫時讓賓客們都變得平等。幾乎所有人類的聚會中，多多少少都有一點階級存在，地位上的不同，有些是想像的，有些則是真實存在的差距，不管是全體員工大會上的業務副總和新進員工，或開學後親師座談會上的老師和家長。在大部分的聚會上，與會者能不提職稱、學歷最好，但首要能把關的人就是你。如果你不把他們的矯揉造作擋在門外，其他人也不會這麼做。

湯瑪斯．傑佛遜就明白這個道理。對他來說，美國建國是一個很大膽的賭注，為的就是要擺脫其承襲而來的階級傳統。傑佛遜很有智慧，他知道真正的平等不應該只是一個抽象的概念，他和其他美國國家領導者的生活也應該遵循著這樣的概念——包括如何規劃聚會。傑佛遜認為，一個新的國家需要新的禮節規範。

對他來說，這也包括了晚宴時賓客的座位安排。在歐洲社會，晚宴是一場正式的活動，與會賓客會按照階級入座，在正式和外交場合中更是如此。傑佛遜拋棄了這個傳統，他表示：「在政府邀請他國外交人員及其眷屬參加的公眾儀式中，以合宜方便的方式安排座位，包括其他受邀的陌生人、國內官員之眷屬，無分地位階級之高低，一律採先到先入座原則。」當時讓大家「隨意坐」（pell-mell）的做法冒犯了某些享有既定地位的人，像是派駐到美國的英國外交官安東尼．梅瑞（Anthony Merry）。梅瑞和他「也同樣受到冒犯的壯碩太太」，以及另一位外交官都因此退出了華盛頓官方社交圈。《湯瑪斯．傑佛遜百科全書》（*The Thomas Jefferson Encyclopedia*）寫道：「因此引發的社交風暴幾乎要影響了美國當時外交及內政發展，但傑佛遜仍堅持這個隨意坐背後的原則：『在社會上，所有人都是平等的，不管是外國人或本國人、有無官位、仍在任或已退職。』」他希望他的聚會都能反映這個價值。（可惜，這個價值的適用範圍並沒有擴及他的奴隸身上。）

超過兩百年後，另一位美國總統則用他的方式創造平等，而他同樣也引來部分人的火氣，遭受到一些嘲弄。歐巴馬總統發現在公眾的問答情境中，男性比較常舉手並被給予發表的機會，所以他開始了一項實驗。不管是在班乃迪克學院（Benedict College）和學生說話，或和伊利諾伊州的工人談話，或甚至接受白宮記者團的發問，無論是何種場合，他總是堅持用「男、女、男、女」輪流發問的方式。如果輪到女性發問時，卻沒有人提問，歐巴馬總統會一直等到有人提問為止。

你不需要是自由世界的領導者才能讓你的賓客感到平等。你只需要注意聚會上的權力互動關係，並願意出手做點什麼，改善這個狀態——「機會合作會議」（Opportunity Collaboration conference）就是一例。

這場會議最初於二〇〇九年辦在墨西哥的伊斯塔帕（Ixtapa），要讓領袖們一同致力於找到能永續解決貧窮的做法。主辦人從一開始就知道他們將面臨反貧窮領域中強大的權力互動關係：擁有資金的組織權力遠遠勝過那些被授與資金並實際執行方案的機構。主辦人認為，這樣的權力關係阻礙了改善貧窮的工作。機會合作會議執行長塔佛・維金斯（Topher Wilkins）向我解釋道：「當我參加傳統的會議時，那種感覺就像是在聽指甲刮在黑板上的聲音。」他補充道：「我覺得那些會議實際上弊大於利。這些會議鼓勵的是促成經濟發展的舊有階層關係，而我們其實必須先打破這樣的結構，才能解決這些問題。」

維金斯和他的團隊規劃了一種聚會來平衡傳統的權力階層，打破過去捐款者與受贈者之間的階級關係。他們邀請了三百五十人一起到墨西哥一週，並盡可能在活動中創造平等的氛圍。在大家的名牌上，名字用大寫標明，姓氏則用小寫，而且（謝天謝地）沒有寫上隸屬的機構。活動一開始先由三小時市民大會形式的會議開場，藉此讓所有與會者都有機會「見證這個社群的運作」，維金斯說道，並能「開誠布公地討論那些讓我們無法共同合作的各種阻礙」。大家把握了這個機會，向彼此及握有權力的組織說出真實想法。受贈者表示：「每次我去找那些提供資金的單位，感覺就像是去看婦科醫師，什麼都要讓他們看光光！」捐款人則回應道：「我明白，真的很可怕。對我來說也很煎熬，因為我做的決定會改變別人的生命，所以要背負很多責任和壓力。」主辦人甚至要大家透過角色扮演去詮釋另一方的痛苦之處，藉此強化與會者的同理心。

機會合作組織有一個更大的目的：幫助那些改善貧窮的人，讓他們能更有效地執行其工作，藉此解決貧窮的問題。主辦單位認為，更開放、更多合作機會，最重要的是，更平等的氛圍，才能更有效解決問題。因此，選完聚會地點及邀請對象後，主辦人知道他們需要好好運用自己作為主辦者的權力，讓與會者都能平等參與活動。如果他們能讓這些來自不同領域、致力打擊貧窮的戰士都站在同等地位，以民主的方式彼此聆聽，說不定就有機會開始改變第一線工作的狀況。

不是只有總統相關的活動或改善貧窮的會議可以採用這類民主化的聚會方式，反而是很多派對或其他社交場合，只要加入一些平等的元素，往往能受惠最多。楚門・卡波提（Truman Capote）對此一定多少有所了解，所以他辦的黑白主題派對才會轟動一時。

一九六六年十一月二十八日，感恩節過後的星期一，卡波提邀請了五百四十名最親近的朋友到紐約的廣場飯店參加一場化裝舞會。紐約的上流社會從來沒見過這樣的派對，不是因其鋪張揮霍（舞會表定晚上十點進場，義大利麵和馬鈴薯泥會在午夜時分上菜），甚至與地點無關。而是因為賓客的身分，以及他們被要求穿著的服裝。

卡波提邀請了公主與政治人物、好萊塢明星和作家。這場派對是為了向凱薩琳・葛蘭姆（Katharine Graham）致敬，這件事本身就不大尋常，因為葛蘭姆最近才守寡。雖然在此之後，葛蘭姆會繼續掌舵《華盛頓郵報》（*The Washington Post*），而這接下來的二十年也是該報社最具影響力的時代，但當時的她還算是沒沒無聞。此時，卡波提的暢銷書《冷血》（*In Cold Blood*）才剛出版，他邀請了印度公主加耶特里．德維（maharani of Jaipur）、義大利公主露西亞娜．皮尼亞泰利（Luciana Pignatelli），還有來自堪薩斯花園市，在他為寫書進行研究時招待他的中產家庭。他不僅邀請了這些來自不同階層的賓客，還請大家戴面具出席。「邀請這些極其出名的名人在出席派對時遮住自己的臉，這件事本身就極具民主特性。」曾研究過這場派對的作者黛博拉．戴維斯（Deborah Davis）表示。

卡波提本身很喜歡派對，而要求大家戴面具則是特意顛覆之舉。隨著名人都陸續進場，有些人雖然只遮了一小部分的臉，但遮住臉這件事創造了一種平等感，這在他們的社交圈中極為少見。（他甚至還準備了三十九分美元就能買到的面具，提供給那些「忘記」戴面具出席的賓客，以便確實執行派對規則，像是阿拉莫電影院一樣。）隔天，《紐約時報》收到了賓客名單，而這樣的賓客組合所象徵的意義大幅動搖了大家對不同身分的人可以聚在一塊的既定認知。

創造賓客間的連結

慷慨型權威的第三個用處是幫助你的賓客彼此連結。一場聚會成功與否的指標之一，就是一開始主人與賓客的連結遠遠勝過賓客彼此間的連結，但到了聚會結尾，這樣的關係則反過來，賓客彼此間有了更多的連結。

就像前兩個用處，理論上沒有人會反對讓賓客彼此連結。誰不希望賓客在參加完聚會後，彼此能更加熟識？但重點同樣在於你是否願意適時運用作為主辦人的權威，並冒點風險，創造這些連結。既然你也說自己認同，那你是否願意冒點風險讓自己看起來有點蠢、做得有點過頭、甚至惹惱一些人，以強化賓客之間的連結？

我曾經在一座農場協助主持一場為期一天的會議。會議的主題是草飼牛的未來，主辦人邀請了大約一百二十人，大家分別來自草飼牛相關生態產業的領域。當時，美國市售牛肉中只有一小部分是草飼牛，主辦單位邀請那些希望草飼牛產業可以再擴大成長的與會者參加。會議室中有牧場經營者、農夫、投資人、連鎖超市及熟食店牛肉進貨者、廚師、消費者權益倡導者。有些人彼此互不認識，而且有些人參加會議的背後動機截然不同。

主辦單位在一天的會議中規劃了滿滿的座談、演講、產業最新資訊分享等等內容。但我們知道，要讓這群人覺得大家是一個團體的關鍵，是要建立他們對這個社群的認同感。我們希望一天下來，大家能熟到可以拿起電話打給會議室中的任何一個人。所以我的目標是要設計出一個方式，讓每個與會者都有機會和在場至少四分之三的人透過人數較少的小組形式好好聊一聊。我唯一能想到的做法是在每個講者演講結束後，請大家站起來，移動到別桌。這有點麻煩，而且大家通常都不想要收拾東西再移動到別的地方。

儘管如此，我們還是決定這樣做。每一場演講、每一次中場休息結束後，我會提醒大家，如果你不認識這個產業的人，將難以推動草飼牛的運動，所以每個人都要移動到不同桌。每桌都是十人座，到了新的一桌，他們有機會向還不認得的人自我介紹，並回答一個關於當天或上一個演講內容的問題。為了達到創造連結的更大目的，我必須願意承受部分人的抱怨，因為有些人會因為要移動東西、不能跟朋友聊天而不開心。我必須用代表未來的他們這個角度來主持這場會議：未來的他們回頭看，會很開心認識了新的人，會很驚訝能與自己不同的人建立連結。我必須主動對抗當下的他們。

一天下來，會議的氣氛一點都不暴躁。事實上，甚至有點歡樂。有一些與會者還來跟我說，他們從來不曾在這麼短時間內，與這麼多新朋友產生如此深層的連結。我們在會議中聽了很多關於草飼牛產業的技術性資訊，但也沒有為了遵循議程而犧牲掉大家彼此連結的機會。當時的我們相信可以兼顧這兩方面，而我們也真的做到了。

這個故事告訴我們，連結不會無中生有。你想要創造出怎樣的連結，就要依此去規劃你的聚會。而我想再次強調，不需要精心複雜的安排就能做到。我曾經聽過有對新人在婚禮上就做了一個巧妙的安排，讓婚宴賓客彼此能產生連結。在入口接待處，他們為每位賓客留下一個線索，去尋找另一位和自己有類似興趣的賓客。例如，去找一位熱愛滑雪的人，對方曾經為了當滑雪教練而辭掉管理顧問的工作。他們知道，若沒有這些指令，原本就互相認識的朋友和家人便會一直待在一起。

有些特別有心的主辦人甚至會鼓勵與會者在活動前就開始建立起彼此間的連結。TED 演講的現任負責人克里斯・安德森（Chris Anderson）最近才剛採用一個新建立的傳統：在他即將於溫哥華舉辦一場大型會議的前幾週，他邀請了幾位紐約的講者共進晚餐，這些講者都在這個「人生最重要的演講」倒數前夕努力寫稿、背稿。這場晚餐前，這些講者各自都和安德森或他的同事有些連結。晚餐後，講者彼此間產生了連結，他們成了一個群體，可以一起探索有時令人感到畏懼的大型會議。這個痛苦又令人害怕的過程，因此變得比較沒有那麼可怕，反而更熟悉自在了些。其中有一群曾透過這個方式聚起來的講者，雖然距離當時的演講已經過了滿久了，但他們到現在還是常常到其中一個人的家裡聚會，因為他們在彼此間找到了連結。

半德國人半埃及人的權威角色

我在前面的段落中鼓勵你要善用作為主人的權力，但目的不是放大自我，而是去保護你的賓客、讓他們感到平等、將他們彼此連結起來。現在，我想分享將這樣的慷慨型權威發揚光大的典範：諾拉．亞布斯特。

亞布斯特是住在紐約市的一位企業家。她出生在德國的一個小鎮，媽媽是德國人，爸爸是埃及人（就是他開了那間只有學生可以消費的酒吧），她的工作就是為那些以手作維生的人建立社群。亞布斯特是手作工作坊平台 CraftJam 的創辦人，她為了工作所需而舉辦聚會，私人生活中她也會辦聚會。非常多的聚會。

她可以說是一個超級聚會舉辦者。她主辦、參加的聚會比我認識的大多數人還要多，而她舉辦聚會時，也特別大方、特別認真。對亞布斯特來說，一年內有好幾次在家裡舉辦四十人的晚宴也不算什麼。她會在世界各地的會議前夕，與人共同舉辦大型晚宴。她固定於週六，在城裡為人舉辦早午餐聚會。她來者不拒，她會為朋友的朋友辦聚會，就算她不認識這些人也無所謂，在這些第一次見面的朋友仍在探索新城市的同時，亞布斯特會提供他們一點暫時的歸屬感。而她在做這一切時，自己就是慷慨型權威的最佳體現——保護賓客、讓賓客感到平等、將賓客連結在一起。

亞布斯特運用她身為主人的權威，以微小卻意義深遠的方式保護她的賓客。在安排有固定座位的正式晚宴上，她會告知賓客不能遲到。「大家可以一起開始熟悉彼此，」她這樣跟我說道，「他們到了某一個時候會產生一種特定的活力，這是一個集體的體驗。」亞布斯特知道，如果讓大家想什麼時候就什麼時候抵達，她就沒有盡到保護那些準時現身賓客的責任。同樣的，如果兩個朋友在一個角落更新彼此近況，完全不理會其他人，亞布斯特也會直接跟他們說：「請用自己私下的時間聊近況。」她在保護那些沒有好朋友在現場，可以在晚餐時間彼此好好聊聊近況的人，當其他人願意和陌生人聊天，這些人才有機會在聚會中也玩得開心。

她對所有賓客都採取同樣的標準，藉此讓賓客們都感覺受到平等對待。有次她舉辦了一場宴會，活動接近尾聲時她請現場四十名賓客繞著桌子走，向各自遇到的其他人分享那一年來，曾經深深打動過自己的各種廣義的文化活動。她堅持每個人只能用六十秒分享，而她展現人人平等的方式，就是嚴格執行這六十秒的規則。不管是她的婆婆、先生的同事，或高中同學，只要六十秒一到，亞布斯特會說「時間到」，大家就必須結束這一輪的分享。

亞布斯特將連結賓客這件事視為她的工作。另外有一次她舉辦了一個派對，當賓客們都紛紛上樓到主要的房間後，亞布斯特站在最高處，用大大的笑容歡迎大家，告訴賓客們全世界讓她最開心的事，就是她愛的朋友們可以認識彼此，所以大家在晚餐前有一個任務：交兩個新朋友。因為她用非常真誠又明確的方式邀請大家這麼做，賓客們都努力去跟不認識的人說話，亞布斯特同時也是給了大家一個藉口這麼做。

亞布斯特幫助賓客彼此連結的其中一個方式，就是讓大家準備好，彼此互相照顧。當她舉辦大型聚會，現場有好幾桌時，她會分派角色給每桌的客人，讓他們有點事做，也有藉口可以跟周遭的人聊天。「倒水部長」負責確保每個人的水杯都是滿的，「倒酒部長」負責確保酒水源源不絕。在另一場晚餐聚會，賓客們以宴席方式入座，左右坐的都是不認識的人，食物盛在一個又一個的大碗上桌，此時她特別邀請客人們「互相幫彼此夾菜，不要擔心自己還沒有食物」。她解釋道：「在埃及，我們永遠都是先幫別人夾菜。如果大家都這樣做，每個人都會有東西吃。你不用擔心自己。」亞布斯特笑著坦承，當需要比較溫馨的氣氛時，她會扮演埃及人的角色，此時扮演埃及人很有幫助；而需要大家保持秩序時，她就扮演德國人的角色，在這種時候扮演德國人就很有幫助。當晚，賓客們雖然稍微嚇了一跳，但同時又覺得有趣，大家紛紛拿起裝滿藜麥沙拉的大碗，互相幫彼此盛菜，大家都四顧查看其他人是不是有足夠的食物。這個小小的活動改變了現場的氣氛，賓客們不再擔心自己，反而放鬆下來，開始照顧其他人。亞布斯特幫助大家建立起照顧彼此的關係，雖然大部分的人才第一次見面。

她了解一旦決定採用慷慨型權威，整場活動從頭到尾都必須持續執行保護、平等、連結彼此的原則。而就是在這種主持聚會的精神，及伴隨而來的反彈下，亞布斯特在她人生最重要的一場聚會——她的婚禮——中遭遇了棘手處境。

亞布斯特花了很多天規劃座位圖，想要安排出最理想的賓客座位。美麗的封閉式帳篷下，擺放著埃及風格的矮桌，桌上鋪著七彩繽紛的絲質桌布。一桌坐六個人，共有三十桌。相較於一般婚宴桌會坐的人數，她安排的各桌人數更少，因為她更在乎團體的緊密感，而不是活力。她嫁給一個多數時間在中國工作的美國人，由於她自己的父母就來自不同的地方，賓客們也來自許多不同的國家。在各桌安排上，她試著讓不同卻能有點互補的人坐在同一桌。她在安排時，會將每個人彼此的互動，以及該桌整體可能會開啟的對話都納入考量。有些賓客則可能不大高興她遵循了德國傳統，將夫妻或情侶分開到不同桌坐。

在當天晚宴的某一段落，穿著一身黑白配色結婚禮服的亞布斯特豔驚四座地現身，她很滿意地檢視她一手打造的成果，並到各桌巡視和賓客們寒暄。她最希望發生的事情成真了：她人生中遇到的不同人們逐漸成為了一個群體。突然，她發現有點不對勁：「我看到一對夫妻，太太就坐在先生的腿上，跟他說她很想他。我當時還很疑惑為什麼這桌不大一樣。光是看看現場的人，我立刻就察覺到整桌的能量都走樣了。」亞布斯特走了過去，不顧這位客人驚訝中帶著不悅，硬是帶她走回原來的座位。

為什麼有人違反了座位安排會讓她這麼不開心？「他們破壞了現場和諧融洽的氣氛，」亞布斯特解釋道，「他們只想著自己和自己的需求，沒有想到整個團體。在團體中，如果大家能想著其他人的需求，最後每個人的需求都能被滿足。但如果你只想著自己，你就違反了這個無形的契約。」她繼續補充說：「我當時很不開心，因為這對那桌的其他人很不公平。」當下，亞布斯特想的不是那位離開原來座位的人，而是那些被她拋下的其他賓客。顯然，其他人都沒有打算起身要求那個人回到座位上——就算本來人數就不多的團體氣氛在這個人離席後已經受到影響。

那位被亞布斯特當眾帶回原位的客人覺得亞布斯特的行為很獨裁，但亞布斯特是要保護被留在原桌的五個人。對她來說，晚餐時間其實只是漫長晚宴的一小部分，是夫妻或情侶唯一會被拆散的時刻，這個環節是經過特別設計，要幫助大家彼此連結，讓不同的故事交織起來。

如果你不同意亞布斯特的聚會指令，你一定不會覺得好玩。但我從來沒有懷疑過她為什麼要這樣控制她的聚會，她永遠都是為了賓客這麼做。

我最喜歡的其中一份聚會文件，是亞布斯特有次寫給一位朋友的電子郵件。對方即將舉辦西南偏南會議（South by Southwest Conference），同時間會辦一場晚宴，她在信中提供對方一些小撇步。她在意的點是什麼，在電子郵件中一覽無遺：

一、你作主，你說了算。就像設計一樣，主辦聚會不是一個民主的過程。架構有助於辦好派對，就像有了限制才會有好的設計。

二、一定要一直幫大家彼此互相介紹，但務必要有耐心。

三、要慷慨大方。大方提供食物、酒水、稱讚和各種介紹。如果大家坐下前有個接待歡迎的環節，一定要備好點心，大家血糖不要太低才能保持心情愉快。

四、一定要排座位，絕對要。一定要是男／女／男／女。對方是同志也沒有關係。讓做不同事情的人座位排在一起，但那些不同的事情可以有互補之處。或確保他們之間有某些共通點，最好是他們有共同感到充滿熱情的事物，或罕見的事物。然後告訴大家，他們彼此有什麼共通之處。

五、每桌的人都要自我介紹，但一定要簡短。名字，再加上他們喜歡的事物，或週末做的事情，或和那場聚會有關的事物。

六、大家在點心時間可以換座位，但最好先安排好流程：告訴大家那一桌每隔一個座位的人可以移動到下一個座位。

我很愛這份清單，它用精華的方式呈現出慷慨型權威的精神。幾乎每個指令中都隱含了兩件事：同情及秩序。

當權威變得吝嗇

我相信你去過很多以超然為宗旨的聚會。有時在會議上，排在你前面的「提問者」剝奪了你提問的機會，因為他的「問題」問到後面一路開展變成了篇幅長達兩頁的獨白，而且主持人都不阻止他繼續講下去。在學校舉辦的迎新野餐，沒有什麼開場宣布活動已經開始，等到後來讓人不禁開始疑惑自己到底是去參加迎新野餐，還是純粹只是人在公園很擁擠的一角。在晚餐派對上，你成為新創公司專家——或至少變得非常了解坐在你旁邊那位一直滔滔不絕的傢伙的新創公司。

但我也相信你去過另一種非常不一樣的聚會：不是沒人理你或丟著你不管，反而處處受到控制、被指揮來指揮去、做什麼都被視作是理所當然，甚至還被騙——而且這一切都是主人為了自己而這麼做，無關其他人。吝嗇型無政府狀態（也就是所謂「超然」風格的聚會）不是慷慨型權威唯一的敵人。

而吝嗇型權威也是一個問題，我們接下來就要講講這個問題。如果說超然型主人的問題是為了自己好而丟著賓客們不管，那跋扈型主人的問題則是為了一己之私去控制賓客。這種主人採用鐵腕手段進行其聚會，而最主要的目的就是為了他自己。雖然沒有一定的準則，但在我的經驗中，公眾聚會比較會出現吝嗇型權威的問題，因為官僚體制需要可預期的結果，導致聚會形式僵化，未能以與會者的需求作為出發點。私人聚會通常比較常出現過於超然的問題。話是這麼說，但我自己也曾參加過吝嗇型無政府狀態的公眾聚會，也去過吝嗇型獨裁運作的私人聚會。什麼都有可能。

最常採用吝嗇型權威的主人，大部分都是那種怕失去控制的人。這種主人為了讓自己感到安心，千方百計地想確保活動如預期進行，最後卻犧牲了賓客。我曾經協助舉辦的一場聚會就是如此：二〇〇九年夏天，歐巴馬政府的全新「社會創新與公民參與辦公室」（Office of Social Innovation and Civic Participation）要舉辦正式啟用典禮。

這個全新的辦公室旨在推動一個全新的概念：有時候，政府的角色不是要直接解決問題，而是負責指揮協調全國致力於解決問題的有識之士。這個辦公室的成立傳遞了一個訊息：歐巴馬總統曾經是社區組織者，他認為在地解決方案及積極的公民參與不能只淪於紙上談兵罷了，他想要成立一個負責並推動這些理念的機構。

當時我們想：用什麼方式啟用這間辦公室最好？這跟啟用財政部底下的一個子機構並不一樣。這間辦公室代表了全新的價值觀，針對好點子從何而來提出新的理論，這樣的一間辦公室值得採用有別以往的方式落成。我們計畫讓歐巴馬總統和一百位來自社會創新產業的領袖進行互動式的對話，這是一場罕見的聚會，領域中的標竿人物都齊聚一堂，而且地點還是在白宮。我的團隊建議採用實況轉播、活潑的金魚缸法對話[4]方式，讓每位與會者都能在限定時間內進出對話圈和總統互動。但當我們把計畫提給負責審查一切對外活動的公共參與辦公室（Office of Public Engagement），承辦人員把所有可能脫稿即興互動、任何會冒一點風險的內容都駁回了。

「我們不知道如果沒有排好腳本，他會說出什麼內容。」這是他們對總統的描述。

最後活動採用傳統的方式進行——大抵都寫好講稿的演說，與會者坐在白宮東廳內，座位是仿造教室型的座位排法。這本來可以是一場推動實際工作、體現其理念的活動——從社區中尋找能解決國家問題的方案——最後卻成了一個嚴肅無趣、由上而下模式的典禮。因為主辦單位不敢冒任何風險，這場活動變成了一個處處受到極度控制的聚會。主辦者運用了其權威，但這樣的權威卻一點也不慷慨大方。他們沒有做到保護賓客的責任，反而感覺更努力在保護自己的飯碗。他們沒有讓受邀的領袖們彼此互相連結，只是讓這些賓客被動地聆聽總統及其他三位講者的演說。對主辦單位來說，我們的提案能帶來的好處（鼓勵領袖們積極參與總統的創新提案），不足以抵過可能帶來的壞處（總統即興發揮可能引發的其他問題）。許多公眾聚會之所以不願採用慷慨型權威都是因為怕冒風險、不敢出一點差錯。

如果膽怯會讓主辦人變得吝嗇，過於自溺同樣也會讓主辦方變得一點都不慷慨大方。我有個在流行產業工作的朋友某次邀請我參加一場華麗的聚會，那場聚會是要慶祝一間酒廠成立兩百五十週年。這場慶祝會處處都是讓活動時髦又令人難忘的細節：

4 金魚缸法對話可用於中型或大型的討論。參與者排成內圈與外圈，內圈即是魚缸。內圈參與者可發言、進行討論，外圈則聆聽觀察、做筆記。

歡迎雞尾酒會、表演者、紅毯、名人、模特兒服務生、令人食指大動的菜單，但這個聚會很快就成為一場自溺災難，雖然從表面上看來非常慷慨大方。

現場只有一種飲品可以選擇：採用該品牌烈酒調製而成的濃烈雞尾酒。除了水之外，沒有其他可選。在我們等待飲料的同時，現場人員不斷強力邀請我們進到主要的用餐區域，因為活動即將開始。我們以為進去後，至少可以吃點東西，中和一下烈酒。但進到用餐區後才發現，得等到簡報之後才會上菜。邀請函上表定晚間七點用餐，但直到快十點才上菜。現場有活動主持人，但他能做的也很有限，顯然他就是照著腳本進行。賓客們安靜地坐在台下，沒有食物也沒有飲料，只能盯著台上，看著主持人播著一支又一支的影片，說明品鑑委員會的工作（誰管那到底是什麼）。我們看著影片介紹七個世代的家族成員對此款酒的貢獻。

就我所知，我們這些賓客中鮮少有人是懷著對這場活動或這個品牌的敵意而來的。然而隨著這個夜晚冗長緩慢地推進，我開始注意到有些賓客在桌面下傳訊息、有人翻了白眼，還有人假裝在啃自己的手臂。現場開始出現些微的躁動，賓客的體驗完全被忽略了。主辦單位要我們坐在特定的桌次，沒有機會走動、站起來或去任何其他地方，賓客們之間也沒什麼辦法聊天。主辦單位的的確確展現其權威，但主辦單位提供的體驗，並不足以令我們放棄自由來交換。

當終於要上菜時，主辦單位的重點都放在炫麗的上菜方式，忘記了面對整場飢腸轆轆的賓客應該要有更實際的考量。一群服務生會手持盤子列隊出現，逐桌上菜。服務生會同時圍住該桌，用法式上菜程序（同一道菜，全部客人的菜同時一起上桌）。但問題是這樣的上菜程序很花時間，而且還有很多很多桌等著上菜。

桌上的菜單讓我充滿期待，而在等待許久後，終於要上菜了。對於熱愛番紅花的人，菜單上有「番紅花馬鈴薯片」、「番紅花蟹肉壽司捲」、「干貝佐番紅花奶醬」、「番紅花雞肉」。另外還有「可可鮭魚」和「巧克力芒果派」。但當我終於拿到菜時，卻很驚訝盤子上的食物少得可憐。當我們拿起叉子準備要開動時，主辦單位卻斥責我們不要吃任何的「食物」，要我們先等品鑑委員會的四名成員到台上說明每道菜，而且每道菜都要和酒一起搭配享用。他們先用法文介紹，接著再翻譯成英文。顯然，對這間公司來說，這四個人全部都到台上非常重要。

最後，終於可以開始吃了。我五分鐘就清空盤面，吃完之後，我還環顧四周看看是否能拿個第二盤。很不幸，什麼都沒有。本來可以辦得好玩有趣的晚宴，最後卻像是對主辦單位的一場嘲弄。

此時，我和其他人理解到這場可怕的晚宴為什麼會變成這樣：這場活動的目的只是在表揚少數人。這是一場由酒廠為了自己舉辦的慶祝會，其他人都只是道具罷了。

整場晚宴空有形式，沒有實際功用。主辦單位沒有將我們融入他們的故事中，而我們也覺得格格不入。

亞布斯特與酒廠各自對聚會都強加控制，兩者的差別在於：亞布斯特施展的權威不是為了自己。在她的聚會上，處處干預掌控很顯然是為了讓聚會更好，是為了賓客而為。她這麼做，不是為了讓自己成為主角，而是為了讓每個人都有機會成為主角、享受聚會、結束時能因為那一場體驗而稍稍變得不同。而在酒廠的慶祝會中，賓客則在不知情的狀況下看了一齣爛戲。有位賓客後來寫信跟我說：「我們為什麼要去參加這場慶祝會？目的是什麼？將我們都串聯在一起的主線是什麼？」他繼續說道：「他們忘記最基本的事：為活動設定一個框架，而那就是我們出席的理由。」

主辦單位既沒有將賓客連結在一起，也沒有保護賓客，甚至沒有保護賓客不要受到主辦單位的騷擾。其實，主辦單位就是這場聚會的施壓者，他們逼來賓自己保護自己。

如果你要控制你的賓客，一定要好好做。如果主人沒有好好運用自己的權力，其他篡位的人可能會很煩人，但你可能很難找到罪魁禍首，你可能根本就不知道那位同是賓客的篡位者的名字。但如果換成是主人濫用權力，大家的怒氣就有了明確的目標。大家都會知道要怪誰。

我如何毀掉那場晚餐

所以作為主辦人，你要怎麼適當運用你的權力？要怎麼不會棄賓客於不顧，同時又能確保你做的一切都是在服務他們？要如何找到平衡點？或者用與我個人更相關的問法：對於當初那場被我毀掉的晚餐，如果能再從頭來過一遍，可以如何改進？

那次晚餐，先生和我一起招待十名賓客。一開始其實是為了招待其中一對夫妻，一部分原因出自他們常常請我們吃飯。（我知道：這不是個好的聚會目的。）我們同時另外邀請其他六位朋友，其中有些人因為工作上認識，但不是很熟；剩下的人則彼此完全不認識。賓客的年齡跨了好幾個世代，從二十幾歲到七十幾歲都有。我一開始想要當個很酷、放任型的主人，我不想一直插手。隨著賓客抵達，先生和我邀請大家入內，為賓客倒了飲料，帶大家到客廳坐，小小的茶几上擺放些小東西可以吃，茶几周圍放了一圈椅子和沙發。

我當時想，互相介紹那些本來就已經有點認識的客人，感覺太強勢、太不自然了，我想要創造一個很放鬆的氛圍。每位賓客都找到了座位，接下來的一個小時大部分就坐在原位，各自分散成一小群一小群地聊天。氣氛有點低迷，有點硬聊的感覺。

我有點意外，因為我以為這群人應該有足夠的共同點，很容易就可以開啟對話。

我開始緊張起來。

我們接著請大家移步到餐桌吃晚餐，這時，其中一位客人把我拉到一邊說：「妳可以幫我們彼此介紹嗎？還沒有任何介紹。」因為我不想要強加控制，卻導致客人們都無所適從。

我決定改變做法，開始掌控全局。我歡迎大家，並請大家一起舉杯。我謝謝大家在過去的一年，各自用不同的方式為我們一家人的生活增添了色彩。然後我開始試著介紹每位客人。我事前沒有準備要說什麼，所以就試著即興發揮。我本來想要稱讚第一位客人，卻反而讓她感到尷尬。我說的話類似如下：「這次聚餐日期在好幾個月前就選定，因為伊莉絲的行事曆總是排得很滿。」對方臉紅了，其他人則感覺有點小小受傷，想說他們都是備選的人選。然後我開始試著介紹一下每位客人，但細節都講錯，還一直被糾正。「他在田納西州長大。」我試著回想。「其實是喬治亞州。」對方回答。有些客人我會介紹職業，但其他人則根據個人特色介紹。我講得很糟，後來還有人直接說：「嘿，你每個人都有講到工作，但就只有賽柏沒有講到。」我變得越來越慌，發現自己不大確定那位客人當時的工作，所以還請他自己解釋。光是這些介紹就花了我四十五分鐘，我先生一直暗示要我打住，但卻沒有用：我沒辦法只介紹一半的人，另外剩下的人都不介紹。到最後，我先生請大家先開始吃飯，我一邊繼續把剩下的人介紹完。

為了自我修正，我從完全沒有安排，變成極度獨裁——從不管賓客的無政府狀態，到最後變成同樣不是以服務賓客為出發點的獨裁者。而且我兩種都做得很差。我其實可以用一些很有創意的方式進行介紹：讓大家彼此問問題；讓夫妻或情侶互相介紹彼此；請每個人回答一個有趣的問題。但上述做法我一個都沒有做。相反的，我沒有多想就直接插手全局。而我介紹的方式既不能將賓客凝聚在一起，也沒能創造大家可以一起聊天的話題。

當晚其餘時間的氣氛都很沉悶，少數幾個人主導了話題。我曾試著重新引導話題，但因為距離前面介紹失敗的前車之鑑不遠，我還是很緊張擔心。我覺得客人離開時，並沒有特別覺得彼此間有建立起什麼連結。話題聊得很零散，大家在吃完甜點後就倉皇逃離，紛紛都表示累了。（客人在晚上九點左右就表示已經累了，這絕不是什麼好的徵兆。）隔天起床，我覺得很困窘又後悔。

那天晚上我試了兩種不同的權威方式，但兩種都錯了。我先是放任大家不管，後來又用不合理的方式操控全局。如果可以重來，怎麼做會更好呢？

我可以在聚會前就開始進行。在聚會前一天寄給賓客的電子郵件中，我很容易就可以加點每一位客人的有趣介紹，賓客們可以自己私下先讀過，大概心裡有個底，知道有哪些人會出席。隨著客人們抵達，雖然人數不多，但我還是可以特地把大家聚起來，用溫馨的方式介紹他們彼此認識，簡短說一下每位客人的好話，就像是亞布斯特在清單中所建議的。

大家到餐桌坐下後，如果我決定要介紹賓客，可以事先好好準備，讓每個人的介紹都溫暖又有趣，更重要的是，介紹詞可以更精準，內容更平等。我說不定還可以提一個關於那位客人，只有我知道的一些小事情。或者，我可以在要開始吃飯之前透過一個問題將大家連結起來，像是：「對於接下來新的一年，大家對自己有什麼想法呢？對這個世界又有什麼想法呢？」然後，我可以好好運用我內在的亞布斯特，確保每個人都回答這個問題。

精簡回答。

第四章

暫時創造一個平行世界

有時候，你需要讓聚會變得更有趣。

截至目前為止，我們談到了如何為聚會找到一個有意義的目的，如何根據這樣的聚會目的向某些人關上這場聚會的大門；還談到作為主人，該如何適當掌控全局，好好照顧你的賓客。以上這些決定能為你的聚會打好基礎。

和我工作過的許多人都不知道要做這些基本工作，我必須說服他們下這些基本功。他們來找我的時候，反而都先問接下來我們要談的這個問題。由於我們已經談過基本功這部分了，所以現在可以開始聊聊這個問題：下一次辦聚會時，要如何讓聚會更有趣？

如果各類線上解惑網站可以提供一個概觀的話，那詢問這類問題的人真的非常多。SheKnows.com：網站「讓下一個晚餐派對更有趣的幾種方式。」線上邀請公司Evite：「讓辦公室派對更有趣的五種方式。」Wisdump：「準備要舉辦一場會議嗎？用這些怪咖點子讓會議更有趣。」天主教青年事工中心（Catholic Youth Ministry Hub）：「讓下一次青年小組早餐會更有趣的十二種方式。」

這些網站所提供的方法有些有用，有些則否。但這類建議卻忽略了一個更重要的問題：一次性的干預或把戲等等與聚會本身無關的活動，沒有辦法就此讓大部分乏味的聚會因而脫胎換骨。聚會的乏味無趣是一種病症，我們必須治療這個疾病。那這個疾病到底是什麼？問題就在於那些主辦單位沒有試著仿效那些最棒的聚會：暫時將我們轉換到平行世界。

所以網路上提到的那些小點子與小把戲，我在這就先不提了。在這章，我們將一同探索如何讓你的聚會徹底變得更有趣：將你的聚會設計成一個僅此一次、不會再出現的世界。

規定的崛起

幾年前，我開始注意到一些特別的邀請函——我自己收到，以及其他人分享給我看過的一些邀請函。就某方面而言，這些邀請函都很傳統，像是邀請人去吃晚餐、去參加研討會或會議。但這些邀請函同時都有個少見，甚至有點刺眼的元素：聚會規則。

有一個團體毫不謙虛地自稱是「影響力人士沙龍」。每個月，十二名互不認識的陌生人會聚在一起煮飯、聚餐。這個聚會的邀請函上附了以下規則：「對話：在當晚介紹的環節開始前，請賓客不要討論自己的工作和姓氏」；「攝影：只有在介紹的環節可以拍照攝影」；「出席：接受邀請後未能出席者，將不會再受到邀請。」（介紹環節其實就是上晚餐的部分。）

另外有一個聚會叫做「天才之家」，這個聚會最初始於科羅拉多州波德的一場實驗，透過將一群企業家聚集起來，讓大家集體動腦以解決其中一個人的問題。這個聚會同樣有自己的規則，包括：「僅用名字互稱：像是姓氏、職業等等的個人資訊，則到最後才揭露。為了能達到純粹的合作，一直到最後揭露個人資訊的環節前都只能用名字互稱」；「有建設性的合作：天才之家講究的是創造力、能付諸實踐並有利更廣大群眾的點子。可以批評，但請用有建設性的方式提出。如果你對某件已經有人說出來的事也感到同意，歡迎『+1』。」

還有一個叫做「傑佛遜風格晚餐」的聚會，該聚會的邀請函提醒：「你不能跟坐在旁邊的人說話，你只能跟全桌的人說話。」

另外有一個位於紐奧良的外地慶生會，邀請函上的規定則相當有趣：「限制自己待在床上的時間」、「別當個離群的小羊，請緊緊跟隨大家」、「狂拍照片，但不要上傳」、「找一個當地人聊天」、「隨著活動進行，再訂下更多規則」、「不要錯過回家的班機。」

還有一場婚禮的邀請函寫著：「邀請您全程投入參與我們的不插電婚禮，請將手機和照相機關機。」

還有一場耶誕派對邀請函上寫著關於「請回覆」的規定：「你是否能參加都沒關係，但請務必回覆。如果不回覆，明年將不會收到邀請。」

有時候，我會覺得這些規定要求太多了，很不合理。你是誰，你有什麼資格要求我要跟誰說話、要不要給人知道我的姓氏、要聊什麼、要不要有獨處的時間，又管我是不是在查看簡訊，管我是不是在更新ＩＧ動態？這些規定看起來像是舊有聚會的古板保守禮儀規範，而且還更誇張。禮儀規範的好處是沒有人會因為這些規定塞爆你的信箱，沒有人會事前告訴你，沒有人會逼你練習。只是如果你搞砸了，可能就不會再被邀請第二次。但這些規定不一樣：主辦單位在事前清楚詳細地規定與會者應有的行為，沒有任何需要靠想像猜測或潛規則的模糊地帶。

我花了點時間才明白，這些聚會並不是要特別強調禮儀的重要，相反的，是對舊有禮儀規範的一種反動。這些規定明確，有時又有點異想天開，而它們真正想傳達的訊息其實是：換掉那些消極的攻擊行為、排他行為、冷冰冰又保守的禮儀規定，將這些換成更具實驗性且更民主的新規定。

關於那些舊時代有錢人對行為舉止期待的小知識

六年級時，我請求父母讓我去兒童與青少年禮儀學校（Junior Cotillion）。我在北維吉尼亞的所有朋友都有去上，我當然也不落人後，雖然當時的我根本不知道「柯第永舞」（cotillion）是什麼。由於我是獨生女，早年都是在美國之外的其他國家長大，父母很希望能讓我參加有其他同伴的活動，尤其如果那些活動看起來很美式，所以他們讓我去上這個幾乎可以說是南方紳士淑女培訓的課程。

全國兒童與青少年禮儀學校聯盟（The National League of Junior Cotillions）最早起源於北卡羅萊納州的小鎮林肯頓（Lincolnton）。一九七九年，一名叫做安・柯文・溫特斯（Anne Colvin Winters）的女士開始禮儀教學課程。溫特斯來自北卡羅萊納州的加斯托尼亞（Gastonia），曾是選美皇后，當時也初入社交圈。後來則成為雷根的總統競選全國幹事，負責大學部分的選票。她在林肯頓開始的小班課程，後來發展成全國性的組織，在超過三十個州共有三百個分部。這個禮儀學校提供學生「為期三年的課程，旨在教導年輕人禮儀並提供練習的機會，讓他們及周遭的人生活更輕鬆愉快」。

學校教導的技能中，包括電話禮儀、收禮後的致謝、介紹、正式場合列隊迎賓、參與團體活動、如何進行有禮貌的對話、稱讚及接受稱讚、運動禮儀、第一印象、各種場合的穿衣守則、家中及公共場合禮儀、餐桌禮儀、正式場合應對進退、各式用餐禮儀（包括美國、亞洲、歐陸）、客人或主人需具備技巧，及其他領域須知的社交行為規範。

為了每個月一次的課程，我會穿上褲襪、海軍藍百褶裙、白色高領毛衣（毛衣下襬塞進裙子裡），以及我最喜歡的花朵圖案背心，然後被載到當地的鄉村俱樂部，學習如何讓周遭的人在我身旁更開心愉快。我的老師是一位南非女性，她將桌子鋪上白色的桌布，教我們正確餐桌擺設，內容細密到酒杯的正確擺法也有。她向我們說明正確寄出感謝函的方式（立刻寄出，並附上一個表達感激的特定細節），在餐廳裡叉子掉到地上該怎麼做（絕對不要撿起來），以及狐步舞的正確舞步。我記得大部分的課程會以正式舞蹈課程作為結尾。（我很怕這部分，因為要跟男生兩人一組學習舞步，我當時一直有個感到困擾的問題，我的朋友都稱之為「手汗症」。）

禮儀學校很好玩，甚至可能改變了我的人生。我喜歡大部分的時間都能跟朋友笑笑鬧鬧待在一起，我當時也是第一次有機會看到鄉村俱樂部裡面長什麼樣子。我也喜歡畢業典禮，因為我們可以在當地的克萊德餐廳舉辦舞會。但這些課程教的東西感覺都不是特別有用，我把禮儀學校學到的東西深藏在腦中的一個抽屜中，抽屜名稱就叫做「關於那些舊時代有錢人期待的行為舉止小知識」。

當然，禮儀一定有其價值，畢竟當初是我說服父母讓我去上禮儀學校的。在特定的社會環境或專業階級中，有一套大家共同遵循的常規與行為很有幫助。這樣共同遵循的常規讓大家可以更容易彼此合作、避免出現讓彼此尷尬的行為，也能盡量避免各種出差錯的情況。

這些禮儀規範的正面特質，在穩定封閉、同質性高的團體中發揮得特別良好。當類似的人聚在一起時，禮儀規範往往不著痕跡，讓人都忘了有這些規範存在。在古希臘時代，當你被邀請去會飲（symposium）時，你知道現場會提供椅子，通常都會排成圓形，可能會在主人的臥室中舉行，而你則要準備好和大家一起暢飲、大聊特聊。如果你是在一九五〇年代在愛荷華州的滑鐵盧（Waterloo）受邀到鄰居家作客，你知道在飯廳用完餐後，大家會一同移步到鋼琴旁，一起唱歌，你和其他人唱的許多歌曲都是在主日學校學的。換到如今的斯德哥爾摩，如果你在八月受邀參加淡水龍蝦派對，你知道你可能會需要記一下飲酒歌的歌詞，準備好一飲而盡 schnapps 烈酒。在阿根廷，當家人們週日下午聚在一起烤肉時，大家當天不會再安排任何其他行程。別傻了。因為他們知道，吃完一盤又一盤的肉之後，大家會坐下來聊天，閒聊完之後再繼續聊——在當地這就叫做「餐後閒聊時光」（sobremesa）。以上這些不同的情境各有要注意的禮儀規範。這些都是一群思維和成長背景相似的人，透過遵循不成文且長期流傳下來的傳統規範時常聚在一塊。

但問題是，現在有越來越多人不是和成長背景、思維都相似的人一起生活在封閉的圈圈裡。回想一下你最近參加過的幾場聚會——工作聚會、課程、商展，坐在你旁邊、和你聊天的人很可能跟你來自不同的地方，遵循著不同的文化規範，可能是不同種族、宗教及歷史背景。因此，你鄰座的人們很可能也有其遵循的禮儀規範，但和你所遵循的不同，說不定你們各自的規範彼此間還有所衝突。我在紐約的阿根廷朋友們每次去參加晚餐派對時總是會遲到一個小時，但他們卻不懂為什麼朋友們都這麼生氣。他們遇到的不是文明的衝突，而是禮儀規範的衝突。當猶太人和基督徒的親家第一次聚在一起過感恩節時，一邊的人依照習慣開始禱告，另一方的家人則安靜地坐著，覺得受到孤立，他們也面臨了禮儀規範上的衝突，更別說是信仰上的衝突了。在未來，還會有更多類似的衝突出現。

禮儀規範VS.一次性規則

由此背景可以更容易了解為何一次性規則開始崛起。隨著現代社會中，人們越來越少待在單一的文化圈，不再只和背景類似的人生活互動，這些訂定規範的聚會也開始出現，而這並不是碰巧罷了。一次性規則說不定就是新版的禮儀規範，而且更適合現代人的生活。如果那些從出生就開始薰陶、潛藏的禮儀規範在封閉的社群中很實用的話（像是住在波士頓的婆羅門或塔米爾人），那清楚明確的一次性規則更適合不同背景的人聚會使用。這些訂定規則的聚會看似好像管很多，但其實帶來了全新的自由與開誠布公的氛圍。一起來看看一次性規則和禮儀規範之間的不同之處，就能理解為什麼。

我小時候上過的禮儀課程有其傳統歷史，最早可以追溯至幾百年前。一七五〇年，卻斯特伯爵四世（the fourth Earl of Chesterfield）寫了一封信給他的私生子菲利浦·斯坦霍普（Philip Stanhope），信中提及的各種建議被視為是現代禮儀的最早起源文字。「你已經習得了知識，」他在信中寫道，「也就是一切的基礎；而你現在必須學習各類不同次要的知識，這些知識加總起來將成為一個偉大又重要的東西。你應該很快就猜到我要說的是優雅禮儀、氣質神態、談吐舉止、禮貌。」其中「優雅禮儀」指的是能夠優雅且自在地使用刀叉用餐，要避免笨拙的態度，吝嗇、沒有教養又讓人感到噁心的習慣；像是抓癢、把手指放進嘴巴、鼻子、耳朵。

而從十八世紀的禮儀發展到兒童與青少年禮儀學校，這個過程中有不少里程碑：像是艾蜜莉．普斯特（Emily Post）的禮儀教學，《羅伯特議事規則》（*Robert's Rules of Order*）的商業禮儀篇，以及其他相關不要在上流社會中搞砸的指導守則。但當我閱讀卻斯特伯爵的書信時，我對於某些基本生活禮儀規範起初如何形成，感到很驚訝。

其中之一是固定不變的思維。不管是公爵對兒子的指點，或我在禮儀學校的課程，內容都充滿強烈的永恆感。這些規範不是針對這場活動、這個月或今年的活動所制定，而是恆久不變的道理。而實踐這些禮儀規範，就是要維持某種傳統。也因為這些規範不會改變，你必須要事先私下練習這些規範，準備好之後到社會上才能立即開始使用。全國兒童與青少年禮儀學校聯盟宣稱：「我們相信禮儀永遠不會過時，我們幫助孩子們建立的這些技巧將能讓他們受用一輩子。」

而這種生活禮儀的態度也非常傲慢，一點也不謙虛。這些規範對不同文化和地區的行事方式差異一點興趣都沒有，更支持唯一一種黃金行為標準，只有能達到這種標準的人才是真正的高尚。在這樣的思維下，多元性或「蘿蔔青菜各有所好」這類的概念也不重要。在禮儀學校，我們沒有學康普頓、東哈林區或阿帕拉契的舞蹈，我們學的是狐步舞。學校教我們的是一種展現禮貌的通用規範。

禮儀的第三個特點就是排他性。禮儀背後隱含的是貴族的價值體系，練習禮儀的目的就是要讓你鶴立雞群，目的是要爬上社會階梯，而不是要打破這樣的層級。如果大家都知道狐步舞和正確擺設酒杯位置的方法，那就無法透過去禮儀學校而變得出眾，沒有辦法像網站上保證的一樣，讓你成為「畢業班上最成功的人」。

如果傳統禮儀的標準是固定的、傲慢又具有排他性，那一次性規則便是要顛覆這些標準，創造更具實驗性、更謙虛、更民主、更令人滿意的聚會體驗。

如果傳統禮儀是要穩固不變的常規，那一次性規則就是要作出新嘗試。有些人遵循著不要在用餐時談論政治或宗教的話題，對這些人來說，這樣的禮儀不只適用於他們自己的聚餐，也適用於所有用餐情境，隨時隨地都應該遵守，也不是只有在選舉年才特別應該注意。但在沙龍聚會時不要講個人姓氏這種規定，在聚會結束之後也就失效了。在那些遵守著禮儀規範的聚會中，特定的行為舉止同時反映並定義了你的身分；在遵守特定規則的聚會中，與會者的行為規範都只是暫時的。禮儀規範強化了某種壓制行為，而以規則為主的聚會則鼓勵大膽創新及實驗。規則可以創造一個想像的、短暫存在的世界，而這樣的世界其實會比我們平常一般的聚會更有趣好玩。這是因為大家都知道規則只是暫時的，因此也願意遵守。

如果禮儀規範代表的是「唯一一種正確的行為舉止」，那一次性規則便完全沒有這樣的概念。它們不像禮儀規範那樣帶有種族與階級優越感，因為這些規定都是新創造出來的，其暫時性同時也是一種謙遜的表現。沒有人會說，暫時不揭露姓氏是一種有教養的表現。他們只是說在這一天的這個時候、和這些朋友在一起、為了這個特定聚會目的，請不要揭露你的姓氏，並讓我們看看這樣做會發生什麼樣的結果。

如果禮儀規範的目的是要將某些人排除在特定聚會與社交圈外的話，一次性規則對於參加對象則相當民主。禮儀規範需要提前幾年先練習、內化後，才能在出席活動時使用，有什麼會比這種規定還更不民主呢？而一次性規則不需要預先準備。所以說，如果有個人剛來到一個國家，對當地文化不大熟悉，可是只要有能力閱讀電子郵件，就能全程參與一場以規則為主的聚會，完全不會因為新來乍到而覺得尷尬；然而，如果換成是參加以禮儀規範為主的聚會，就沒有那麼容易了。一個門外漢也很容易就能遵守傑佛遜風格的晚宴、天才之家的活動，或最近很流行的「沉默晚餐」（silent dinners）。但如果換成是在德國漢堡參加一場晚餐派對，別人打噴嚏之後到底該不該說「保重」（gesundheit），這樣的常識通常要在德國社交圈生活好多年，學習了各種社交潛規則後，才能知道正確得宜的應對方式。如果說潛藏的禮儀規範適合身分背景都相似的封閉社交圈，那明確清楚的規定則適合背景都不同的開放社交圈。正因為規則明確清楚，社交圈外的人也可以公平參與。

禮儀規範有助某些人聚在一起，因為他們的背景都差不多；一次性規則則能幫助背景不同的人聚在一起，因為雖然大家很不一樣，但願意享受同樣的聚會體驗。我發現那些能跨越界線、和不同族群聚會的人，都是那些願意遵守一次性規則的與會者。當他們願意遵守這些臨時的規則，通常都能在暫時的時空中創造出一個平行世界，就如我前面提到的一樣。聚會主辦人可以藉由一次性規則創造出一個暫時的世界，吸引人們加入、嘗試新東西，並讓聚會變得更有趣。

現在讓我們來看看一個實際的聚會案例以及這個聚會運作的方式：白色晚餐（Dîner en Blanc）。

各式各樣的白

當聚會能採用明確的規定，而非潛藏的禮儀規範，往往能創造出很棒的結果，「白色晚餐」就是這樣一個神奇的例子。這是一系列全球性的晚餐派對，從京斯頓、新加坡、吉加利到布加勒斯特，在世界各個地方都舉辦過。這場晚餐派對可能辦在某個城市的某個晚上，參與的人可能多達一萬五千人。這場活動一年只會在一座城市辦一次，但截至目前已經在六大洲共七十個城市舉辦過。白色晚餐吸引了各種背景、種族、語言、性傾向的人參加。大家不用會說一樣的語言，各自有不同的飲食偏好也沒關係。

這一場全球性的活動，最初其實是從一個私人邀請開始。一九八八年，方斯瓦・帕斯基耶（François Pasquier）剛與家人回到他出生的法國，在這之前，他們在法屬玻里尼西亞住了兩年。當時他邀請一大群朋友到他家晚餐，慶祝他的歸來。結果帕斯基耶發現家裡空間不夠大，於是和朋友改約在巴葛第爾公園（Parc de Bagatelle），這是巴黎四座植物園的其中一座。他請每位賓客都帶一個朋友來參加，並邀請大家都穿白色的衣服，這樣在公園裡比較容易找到彼此。那是一個令人興奮難忘的夜晚，大家決定隔年再辦一次，後來又再度舉辦。每年都有很多老朋友出現，再加上越來越多的新面孔。這個聚會的規模越來越大，全靠口耳相傳，每一年都更加盛況空前。隨著巴葛第爾公園逐漸無法容納越來越龐大的與會人數，他們開始在巴黎的各個指標性地點舉辦，像是藝術橋（Pont des Arts）、巴黎皇家宮殿（Palais-Royal）、特羅卡德羅（Trocadéro）。主辦單位為了維持活動的一致性，要求第一次參加的人都要由前一年的與會者邀請參加。儘管有這樣的規定，隨著一年又一年的舉辦，這場年度巴黎晚餐派對逐漸擴展到與會者高達一萬五千人的規模，而且這個活動也開始散播到世界各地。

而白色晚餐之所以能夠擴散到這麼廣，祕密（其實也沒有那麼神祕）就是創造一種有特定規定的形式，讓彼此間沒有那麼多共通點的與會者也能聚在一塊。

在活動指定的那個晚上，數千名當地人優雅地穿著白色服裝現身，大家從頭到腳都是白色的，然後再加點畫龍點睛的小裝飾，像是領結、帽飾、大禮帽、拐杖、天使翅膀、白色手套等等。在舉辦活動當天，大家成雙出席，到城市中指定的數個活動地點集合。參加的人會準備一整籃的香檳、自己料理的食物、玻璃器皿、白色桌布、白色花朵、折疊式桌椅。大家事前都不知道如此龐大的快閃晚餐派對究竟會辦在哪裡，但大家都知道一定會是一場很棒的派對。

通常會以五十人為一團，從集合地點由專人帶到神祕的驚喜地點，和其他數千人一起會合。到定點後，大家就開始布置，在城市中短暫地聚成一片白色螞蟻聚落。與會者攤開白色折疊桌椅，並鋪上白色的桌布。他們會將桌子排成一長排，女士坐在一側，男士坐在另一側。大家接著把自己帶來的東西排好在桌面上：玻璃器皿、瓷器、蠟燭、鮮花、花瓶、餐巾環，以及任何能讓整個夜晚妝點得更美麗的物品。現場不會有紙製品或塑膠製品。

現場也沒有廣播宣布活動開始，沒有主持人引導大家（事實上，主辦單位也嚴禁這些行為）。而晚宴開始的方式是由與會賓客互相暗示，然後大家一起拿起白色的餐巾在空中揮舞，這代表可以開始用餐了。接下來九十分鐘的日落時分，這群龐大的聚集者一起享用三道自家料理的餐點。就如桌椅、蠟燭和其他東西一樣，這些食物都是與會者自行準備，主辦單位也強烈建議大家攜帶自己做的食物。（最近幾年來在某些城市，有些地方也允許大家向現場的攤販購買食物。）大家會帶白酒、粉紅酒或香檳，啤酒罐則幾乎看不到。到了甜點時間，主辦單位鼓勵與會賓客自己做點特別的甜點，像是草莓裹巧克力、單個包裝的馬卡龍等。用餐過程中，大家全程都坐著，沒有人會站著或到處走動。這個時間有時也會有人求婚。

世界各地參加過的人都說，白色晚餐是他們那一整年中度過最棒的夜晚。一位來自紐約的年長與會者形容說：「過去三年半來，我一直因生理疾病所苦。雖然如此，我還是決定每年都一定要參加白色晚餐的活動，就算醫生囑咐我不要參加，我還是要來，因為這個活動讓我整個人的身心靈都年輕了起來。」他繼續說：「真的很難形容人在現場的情緒和感覺，除非你也到現場親身體驗看看。」

隨著夜晚降臨，你會發現每桌都點起仙女棒，象徵活動的下一個環節即將開始。賓客們會站起來，找其他的朋友擁抱、敬酒，然後開始跳舞。而每次都保密的表演活動，則於此時正式開始，像是在紐約某次的電子小提琴表演、在東京的紙傘舞蹈、或海地太子港的鼓與吉他表演。隨著現場大家越來越嗨，氣氛也開始改變。午夜時分，小號聲響起。賓客們會收起桌子、收拾各自的物品，大家一起離開。大家坐下用餐後共經過了四個小時，而隨著活動結束，現場一點聚會過的足跡也沒有。

拿規則當賭注

白色晚餐為什麼能如此成功？可能是因為主辦單位直覺認為若要聚集這麼多各色各樣的人，使用禮儀規範並不合適。相反的，白色晚餐決定用聚會規則來賭一把——而這些規定後來也幫助一名叫做石原久美（Kumi Ishihara）的女性將這股白色魔力帶到日本。

在首場白色晚餐活動舉辦後的許多年，在巴葛第爾公園幾千英里之外的日本，石原有天在 YouTube 上面看到一個紐約快閃晚餐的影片。石原出生在日本的海濱城市鎌倉市，十四歲的時候和家人一起搬到德國的杜塞道夫（Düsseldorf）並就讀當地的日本學校，這樣的背景讓石原一直有種漂泊感。在新加坡和倫敦短暫工作後，她在快三十歲前回到日本，開始兼任瑜伽老師、創意顧問和譯者的斜槓人生。當石原看到那支數千人都穿成一身白的影片時，立刻深受吸引。「看到一群人穿著一身白聚在一起，讓我覺得很驚喜。」石原跟我說道。她愛上了這個點子，這個全球性的活動藉由相同的體驗將各式各樣的人連結在一起。那時候她就知道，自己一定要將白色晚餐引進日本。

首先，她需要說服法國的主辦單位授權她在當地舉辦白色晚餐，但競爭相當激烈。為了維持活動的一致性，法國主辦方設計了一個官方授權的流程，讓全世界其他地區的人也可以在當地舉辦獲得官方認證的白色晚餐。石原說服了兩位在舉辦大型活動方面比較有經驗的日本友人和她一起申請及面試，在兩次的視訊會議面試後，他們成功獲得了官方授權。

相較於歐洲人較為開放的文化，日本人則更為保守，因此接下來，石原必須思考如何將此活動引進日本。她和共同主辦人需要取得日本政府同意，讓他們在公共場所舉辦這場活動，尤其又是一個聽起來的確也滿奇怪的活動。他們要讓數百人對這場晚餐產生興趣，其中大多數的日本人聽都沒聽過白色晚餐的活動。而最困難的，應該是要說服這些素昧平生的陌生人一起遵循一套複雜又不熟悉的規則。

作為日本活動的主辦者，石原必須要執行法國主辦方提供的一長串嚴格規定。石原和我分享其概要內容：

- 如果你收到邀請，必須攜伴（一位）參加。
- 桌子座位一側坐男性，一側坐女性。
- 穿著白色服飾，包括襪子、鞋子、頭飾。

- 請穿著正式且誇張，但前提是品味要好。
- 請攜帶白酒、香檳或礦泉水。嚴禁啤酒、烈酒或汽水。
- 攜帶的正方形桌子邊長須介於二十八到三十二英寸之間，並以白色桌布覆蓋。
- 請勿攜帶塑膠及紙製品。僅允許玻璃製品與瓷器。
- 接受邀請後，務必出席。無論晴雨皆不可缺席。
- 請準備「有質感」的食物，最好是自己料理的菜餚。禁止攜帶速食。
- 活動現場沒有主持人，流程全部都是透過集體提示進行。
- 用餐期間不可站起來。本場活動視同正式晚餐。
- 請用自備的垃圾袋自行善後，不留一絲足跡。
- 各地主辦方一年僅可舉辦一次白色晚餐。

要向日本人宣傳推銷這場活動，勢必會很艱難。石原告訴我，日本人沒有與陌生人一起用餐的文化。在日本，穿著特定服裝很常見，但白色皮鞋幾乎找不到。特定尺寸的桌子則必須要提前幾個月先預訂。大家沒有透過網路報名活動的習慣，也不會為了參加一場派對這麼費事、搬這麼多重物。石原表示，要讓大家承諾參加你的活動就已經很困難了，大家也不習慣要付費參加從未見過的活動。這是石原面臨的挑戰：要讓數千名互不認識的日本人遵循聚會規定，而且還要對此感到興奮期待。

石原花了幾個月，每天在日本版的白色晚餐臉書粉絲頁上發文，「幫大家準備好參加活動的心情」，她說道。她將她在臉書粉絲頁上發文的主題，簡要地翻譯成英文分享給我。「這不只是一天的活動，」石原說道，「是至少經歷了一個月的準備，你買了喜歡的燭台、中意的裙子，營造累積多時的期待與興奮之情。」她將重點放在數個月來準備過程中的不同面向。某天，她寫道這是一場「歐洲風」的晚餐：「這場活動就像是一場晚宴，是一場正式的晚宴，請務必盛裝出席。在晚宴上，絕對不會出現紙盤！」她向參加活動的賓客解釋，活動會有這麼多規定是有原因的：「這是一場隆重的派對，不只是一場輕鬆的野餐而已。」最重要的是，她採用了我在第一章提到過的逾越節原則，告訴大家這是一場特殊夜晚的特殊邀請，一年只有一次，而這次更是日本的首場白色晚餐。「我們選了一個祕密的地點，在日本從來沒有人在這個地點舉辦過晚宴，」她回憶她在臉書上發文的內容，「而這很可能也將是你這輩子能在此用餐的唯一機會。」

在東京，有些人可能會因為特定幾項規定而感到退縮，在世界上其他地方也是如此。在新加坡，有人開始爭辯新加坡食物夠不夠「正式」，引發大家對於「古老殖民者思維」的火大反彈。在波士頓，有個部落客寫道：「嗯，如果我是同志，不管是情侶或純友誼的關係，我是不是就不能跟我的同伴坐在一起？因為這樣會搞亂了座位的整齊對稱感？」在華盛頓特區有人說道：「從來沒有一場活動會讓我這麼想大玩特玩漆彈遊戲。」在紐奧良則有人表示：「這整場活動讓我很想穿件舊的聖徒隊球衣，舔掉手臂上烤牛肉的窮小子三明治沾醬，一邊跳〈Cupid Shuffle〉排舞。」也有人說主辦單位很「勢利眼」，活動「太貴」（每個城市不同，但通常一個人的報名費會落在美金三十五到五十元之間），而且賓客要做的事情實在太多了。在溫哥華，有兩位藝術家則舉辦了反其道而行「臨時、幾乎亂無章法、適合闔家參與的」黑色夜晚（Ce Soir Noir）活動，最後共有一千五百人共襄盛舉。儘管如此，白色晚餐的活動還是一年又一年持續擴散到不同城市，排隊參加的名單只增不減。在東京，等待參加的人數高達一萬一千人；在費城，曾經一度有高達兩萬六千人排隊要參加這場晚餐。

我曾在場旁觀過一場在紐約舉辦的白色晚餐，我可以告訴各位，現場的人群非常多元，與會者比我參加過的大多數紐約派對還要各式各樣，也比紐約大多數高級餐館的顧客還具備多元性。紐約場活動的共同主辦人告訴《Time Out》雜誌：「這個活動最美的一點就是參與的人非常多元，參加的人有各種不同背景，來自紐約各個地方，真實反映了我們所在的這座城市。能參與這樣一個活動，集結了各式各樣的人，大家一同慶祝，真的很棒。你可以暫時先拋開其他事情，最終我們都是這白色人海的一員。」

曾為華盛頓特區白色晚餐寫過報導的政治記者沙恩．哈里斯（Shane Harris）也有類似的觀察。哈里斯稱讚這是一場「一點也不勢利」的活動——這在一個自大、有「嚴格社交行事曆和秩序」的城市來說，相當罕見。他寫道：

我們可能都穿得一身白。但我們之中大部分都是非裔美國人，接著才是白人，然後還有些亞洲人及拉丁裔美國人。我們之中有長者、有年輕人、有同志、有異性戀者。

我看不出來誰是有錢人，誰又是窮人。那位穿著豔驚四座絲質禮服的女士，可能是實習生，也很可能是一間法律事務所的合夥人。

這群人所營造出來的氣氛，和我在許多令人感到痛苦的社交場合所感受到的截然不同。沒有人越過鄰座的人張望，想看到自己真正應該攀談的對象。沒有人問我的職業。這是一場愉快、沒有討厭鬼的活動。

在那些哈里斯似乎比較習慣參加的華盛頓高級晚宴，通常是賓客的衣著各色各樣，但參加的卻絕大多數是白人。而在白色晚餐，只有衣服是白色，參與者各種膚色都有。我覺得這並非巧合。當規則都已經詳細列出，當這是一場只辦一次的活動，你不必知道有哪些沒有明說的規定，不用有特定的出身背景，不用待過特定文化，不用解碼數十年傳承下來的社會潛規則，你只要知道當晚的聚會規則就夠了。這是以規則為主的聚會帶來的好處：如果你願意遵守比較嚴格的規定，主辦人將提供你更多更不同的自由——不管你原本的聚會傳統是什麼，你都能和各種各樣的人聚在一起。

而在石原舉辦的東京場活動當晚，共有一千六百名穿得一身白的賓客在指定時間出現在指定地點。石原形容大家在晚餐開始時揮動手帕的那一刻，她當下的心情：「我們征服了這個地方。」在這場聚會中，她周遭的人大多數都不認識彼此。但正是在這樣的場景下，在那些奇怪、具有約束力卻同時讓人感到解放的規則中，一股美麗又令人敬畏的氣氛將大家凝聚在一起。石原說：「你的心房已經打開，所以你能跟任何人成為朋友。」

派對尾聲，小號聲響起，提示賓客這場晚宴已經結束。「你記得灰姑娘嗎？」石原問道，「午夜十二點整一到，灰姑娘就知道她必須離開。在這裡也是如此，大家自然而然就知道這場仲夏夜晚宴已經結束。」石原說她當時問自己：「這是一場夢還是真實發生過的事情？」而這就是透過規則，以開放且多采多姿的方式聚會的力量。你可以創造出另一個世界，然後時間一到，一切結束，你得再從頭來過。

規則 VS. 手機

就如我們所看到的，在現代社會中，禮儀規範已經難以成為聚會的黏著劑，因為在與會人背景都各自迴異的聚會中，禮儀規範不但沒有幫助，反而讓聚會更加困難，而這還不只是禮儀規範的唯一缺點。面對當代影響力最大又令人成癮的科技，禮儀規範實在是難挽狂瀾。

拜科技裝置之賜，現代人無論喜歡與否，都必須面對聚會時其他人常常人在心不在的現實。人們不斷分心是現代生活的一道詛咒，更是現代聚會的一大毒瘤。大家常常忙到連聚會的時間都沒有，光是要安排聚會就是一場惡夢，要協調大家的時間更是一件苦差事。而且當大家排除萬難，終於相聚時，卻常常人在心不在。

要如何讓大家在你的聚會中投入當下？要怎麼讓大家放下手機之餘，不要一直想著手機上跳出的各種資訊？有研究顯示，人們一天看手機的次數平均是一百五十次，如果是這樣的話，你要怎麼確保大家來到你的聚會後，不會看手機看個五十次？你可能順利把大家聚在同一個空間了，但要怎麼讓大家投入當下？

長久以來，在許多場合，我們遇到這類問題往往就會從規矩習慣、不成文的常規、禮儀規範中尋求答案。我們一直希望大家在吃晚餐的時候不要查看手機，就像吃薯條的時候禁止二度沾醬——這些應該都是不用明說，本來就該知道的事情。（顯然，這兩種常規推動得都不大成功。）但在重度分心的時代，禮儀規範顯然敵不過科技。如果內化、不言明的禮儀規範對來自不同背景、人數更多的群體來說都難以遵守了，那麼會被科技打敗的理由就更簡單了。這世界上最聰明的一群人正竭盡所能打造新科技，要讓禮儀規範在令人成癮的新科技前輸得徹底。

二〇一一年，Google 收購了一間叫做 Apture 的小公司，而 Apture 的執行長崔斯坦・哈里斯（Tristan Harris）也一同到 Google 效力。哈里斯後來到了設計 Gmail 收件匣 App 的團隊工作，他發現了一件事，後來也曾公開提過這個發現：「歷史上從來沒有出現過這樣的情況。在 Google、蘋果、臉書這三間公司工作的一小群設計師（大部分是白人男性，住在舊金山，年齡在二十五到三十五歲之間）對於世界上數百萬人將注意力放在哪裡，有這麼大的影響力……我們背負著龐大的責任，一定要把這件事做好。」哈里斯後來把這個想法製作成一份長達一百四十四頁的簡報與 Google 的同事分享，簡報的名稱是「減少分心並尊重使用者的注意力」（A Call to Minimize Distraction & Respect Users' Attention）。在這份簡報中，哈里斯慷慨激昂地呼籲大家不要再用個人責任與禮儀規範去面對注意力分散的問題。在《大西洋》（*The Atlantic*）雜誌的採訪中，哈里斯認為將不要分心看作是個人的責任，就是「忽視在螢幕的另一端有數以千計的人努力工作，正想方設法破壞我努力想盡到的責任」。Google 指派哈里斯作為公司內部的「哲學家」，他的工作是要反思科技如何影響人類社會。

如果禮儀規範根本敵不過矽谷的程式設計師，那規則又為什麼會有勝算？因為規則清楚明確，也可以成為一場實驗性的遊戲。在限定時間內嘗試某種東西通常都滿好玩的。那些永久存在的限制可能會讓人感到壓迫，但如果只是偶一為之，為了暫時創造出平行世界而執行，大家反而會覺得有趣。

「活在當下」的那段時光

我先生和我曾經在無心插柳的狀態下，創造過類似的活動。我們當時準備搬到紐約，迫不及待探索我們的新家。我們希望能培養持續探索的習慣，不想總是只在幾個熟悉的區域打轉。聊著聊著，我們決定偶爾就找一個整天，去探索一個不熟悉的區域。

很快地，來到第一個執行探索的日子，我們選了哈林區。我們倆曾和朋友諾拉·亞布斯特提過這件事，亞布斯特就是前文提及慷慨型權威的典範。她不請自來就直接說：「我也要去。」一對新婚夫婦原本的浪漫探索小計畫，結果竟演變成一場社交聚會。亞布斯特又說，她會帶一個朋友一起來（沒錯，她也打破了自己的規則）。我們答應了，但其實我們也還不知道實際到底要做什麼。舉辦「活在當下」聚會的那段日子，就此展開。

我們有位朋友是阿比西尼亞浸信會教會（Abyssinian Baptist Church）的成員，這個教會的負責牧師是凱文·鮑次（Calvin O. Butts III）博士。該教會每年有數千人參觀拜訪，其中一個原因是這個教會有個很出名的福音合唱團。由於我們是其中一位成員邀請的貴賓，所以有機會可以坐在樓下的靠背長椅，而不是和其他來參訪的人一樣坐在樓上。在開始布道之前，鮑次牧師在我們不知情的狀況下提到了我們的名字，不僅如此，他還大聲分享我們的背景。大家開始鼓掌，我們的臉都紅了。數十名的教會成員一起歡迎我們來訪。

參訪結束後，我們一邊還念念不忘教會的體驗，一邊前往附近的餐館吃午餐。在餐館，我們談到各自在紐約的經驗，以及這座城市瘋狂的步調。聚在一起幾個小時後，我們開始分享住在這座城市的恐懼和焦慮心情，像是要了解這座城市的社交規則，還有是否有辦法負擔起在這裡生活的消費。我們沒想太多就一路往南走了四十個街區。這場城市探索逐漸變得像是在調查這座城市，於是有人建議大家不應該只看大型機構和餐廳，也應該拜訪私人住家，那裡才看得到城市的活動。可是怎樣才有機會探訪一般住家呢？

突然，亞布斯特想起來她有個朋友就住在附近。她一時興起傳了簡訊給這位朋友，問對方我們是否能路過打個招呼。結果沒料到這位朋友竟然請我們喝茶，而我們也得到機會參觀他布置得相當美麗的家。大家覺得一路這麼幸運實在太高興了，決定繼續探索的行程，這次改往北走，走到紐約市博物館（Museum of the City of New York），我們在那裡了解到紐約市建立的過程——土地如何變得平整、農田如何被鋪成道路、只有特定地點可以蓋摩天大樓。要離開博物館時，我們聽到附近一棟建築物傳來很大聲的節奏聲，這才發現週日下午四點的此時，有一場大型地下舞會正在進行。我們抓了瓶啤酒就開始跳舞，跳了一個小時後，滿身大汗的我們離開派對，前往中央公園。我們發現大家都很放鬆、平靜、充滿活力，雖然我們一整天下來走了很多路，而且我們幾乎都沒有查看自己的手機。晚上七點時，我們決定這天就先到此為止。我們回家後，滿腦子想的都是這天遇到的人、走過的街區、有過的對話。搬到這座城市才三個星期，我們就開始有了這樣的念頭：說不定我們在這裡可以找到志同道合的朋友，說不定我們可以在這座城市定下來。

最初本來是由我和先生兩人萌生的模糊概念，後來卻成為我們在紐約早期最有意義的聚會儀式之一。起先共有四個人參加，後來變成六個人，下一次又增加到八個人，再後來又變成十個人。一開始，沒有任何規則，大家就只是全程一起行動。在那些週六或週日，我們開始用和平常不大一樣的方式聚在一塊，我們會選定一個區域，大家輪流決定這一天要做什麼。一開始一切都還比較臨時，唯一真的要遵守的規則就是要準時出席，全程參與。原本我沒有想到要設立任何規定，這些規定是逐漸自然而然產生的。

我先生和我幾乎是很意外地找到一種聚會形式，幾乎每次使用時都會創造出一些魔法般的時刻。舉辦「活在當下」的那段時光，最初是由一個特定的想法開始，但這系列聚會的架構則是之後自然形成。我們的規定都很自然：選擇一個可以步行到達的區域；邀請一小群人，人數要少到大家可以坐在同一桌用餐；要將天氣狀況考量進去。我們發現，當有一個人負責當天活動，且這個人事前有做一點功課時，效果最好。無論其他人對這個區域事前是否有任何了解，這些事前的準備為大家創造了特定又愉快的體驗。我們也發現當大家願意接受當天負責人的慷慨型權威時，效果最好。

活動最初的動機是要探索及發現這座城市，而不是投入當下。但隨著這系列聚會從兩個人的粗略概念轉化成定期的團體活動，隨著越來越多人想參加，其中包括我們不認識的人，我必須根據幾次下來後出現的習慣制定出規則。大家需要知道他們要參加的到底是怎樣一場活動，所以我將一開始沒有明訂的規則都清楚訂下來，並將這些規定寄給新來的人：

- 如果你要參加「活在當下」活動，請全程參加（共長達十到十二小時）。
- 將科技產品都關機（除非該項設備的使用與當日活動有關）。
- 同意會投入當下，並參與團體互動及當天活動。
- 用餐時，大家要一起聊天。

● 對所有的事物都願意敞開心胸嘗試。

在以上這些規定中，很明顯其中兩項最重要的就是要花一整天跟大家待在一起，以及不得使用科技產品。而這樣的規定極具力量，迫使大家要有一定程度投入當下，這在紐約及充斥各種科技產品的現代社會中，相當難得。大家必須準時出席、全程參與——不能說來就來，說走就走。而當大家知道這些規定時，反而更放鬆了，因為參與者不能再另做安排。他們不能再騎驢找馬，大家都活在當下。由於大家都處在當下，便能盡情享受彼此的陪伴。這些規定讓忙碌又充滿壓力、永遠在分心的人們能簡簡單單地聚在一起。「活在當下」的活動之所以成功，是因為這些規定創造了一種光是人在現場就「足夠」的感覺，因為當你人「在當下」，你就進入了另一個世界。

我們通常會將規則和僵硬的形式聯想在一起，但在「活在當下」的活動中，我們發現這些規定反而創造了緊密感。我們大家各自都不是Google、臉書或Snapchat那些程式設計師的對手，可是一旦將投入當下變成一個單日規則——暫時、謙虛又兼容——這樣的嘗試便能戰勝我們口袋裡那些科技產品以及各自不停轉動的思緒。

我們從這些實驗發現，整團人花十二個小時待在一起，和分別花三次聚會，一次四小時，這兩者間的體驗非常不同。待在一起的時間越長，要面對的現實情況就越多。大家若要閒聊，也只能聊那麼一陣子，大家（包括你）會變累，脾氣開始變差，彼此間的那堵牆會開始瓦解。到了大概傍晚時分，大家會開始分享自己過去的人生故事，在金錢、父母、宗教信仰方面遇到的困境——這些都是一般時候不會輕易開啟的話題。而正是這類對話才真的重要，也讓我覺得沒有那麼孤單。我發現，這座城市裡有其他為了探索冒險而離家的人，但他們跟我一樣，也很珍惜他們的家人。也有些人在工作上遇到挫折，想要討論這些話題，但他們像我一樣，並非總是想要聊工作上的事。還有些人擔心錢的問題，但他們像我一樣，也不希望自己因此而完全不敢冒險。而最簡單的是那些「忙碌的紐約客」，他們不僅願意，其實是非常渴望能將步調慢下來，和朋友，甚至是陌生人共度一些時光。

這些投入當下的規則之所以成功，是因為這些規定並不傲慢跋扈，它們只是這些特定聚會的一套公式。當我們遵循這些規則時，規則會改變我們的行為，也會改變大家看我們、和我們互動的方式。而當我們這一群人在社區走動時，當地人坐在門廊前好奇地看著我們這群奇怪的遊牧團體，看著我們似乎採用跟其他人都不一樣的方式在運作互動。有時我們會和陌生人一起坐下來，和當地酒吧老闆一起聊天。有次，我們還跟一群當地電視拍攝團隊聊了一陣，他們當時正在等一則報導播出。在紅鉤區（Red Hook），當地人還邀請我們在一座修車廠分食沙丁魚罐頭。我們在猶太會堂和極端正統派的猶太人爭辯同志議題，我們也曾在中國城裡最後一座仍持續營運中的道教宮廟解籤詩。在某個充滿魔力的夜晚，我們在介於曼哈頓和皇后區之間，位於東河上的羅斯福島上，一位酒吧老闆邀請我們到他樓上的公寓，一起去觀賞曇花。這盆特殊的植物是他人在中國的奶奶送給遠在紐約的他的一份禮物，而曇花一年只有一個晚上會綻放。（但不是我們去拜訪的那個晚上。）正當我們坐在一起喝著酒，俯瞰威廉斯堡大橋時，酒吧老闆拿出了家族相簿，給我們看他的奶奶的相片。在那些徘徊逗留、聆聽的時光中，我們見證了美麗的瞬間。

為什麼遵守這些規則卻讓我們感覺到如此自由？我的友人巴瑞圖敦．瑟斯頓（Baratunde Thurston）是一名喜劇演員，也參加過好幾次「活在當下」的活動，對此他回答道：

> 一群人一起花一段時間做一件事，這很少見。科技產品讓我們可以隨時隨地到任何其他地方，離開當下的時空。這代表我們永遠都可能在做任何事。所以，主動選擇只做一件事，而且還是跟一群固定的人一起進行，這很不容易。我有時會對這些規則感到焦慮不安。我會想要傳簡訊、上網查東西，或滑ＩＧ，因為ＩＧ已經訓練我一有空檔就滑ＩＧ。

而「活在當下」的聚會則提供另一種填補空檔的方式。因為這些規則，我可以再進一步深度體驗這些時光，我可以觀察到那些如果有手機絕對會錯失的周遭事物，我可以跟身旁的人互動，而不是和距離我幾千英里之外的人傳訊息。而且因為知道自己一整天都要和這一群人待在一起，我可以擺脫那種每一刻都要預期下一刻要做什麼的微微焦慮感。其他正在發生什麼事都與我們無關，我也不必擔心接下來要做什麼。因為我決定此時此刻就要留在這個當下。

這就是這個聚會的重點與魔力。在一個充滿無限選擇的世界中，只選擇一件事做是種革新性的行為。在這種情況下，規則反而令人感到解放。

伏地挺身！

鑽石可能恆久遠，但聚會的規則只適用於此時此刻，而這就是聚會規則的力量。

規則能讓瑟斯頓這樣的人感到解放，而不會覺得壓迫，因為規則是暫時的、謙遜且兼容。規則創造出一個因聚會而生的世界，聚會結束後這個世界也就消失不見，而這樣轉瞬即逝的特質讓主辦者可以變得更有創意。在制定規則時，你並不是在規定未來其他聚會的規則。聚會規則就像是拉斯維加斯，在那裡發生的事情就留在那裡。因此，規則可以為聚會創造出一種實驗精神，而禮儀規範則是這種精神的敵人。

至少這是我在要求幾位泰國高層在同事面前做伏地挺身後，試圖說服自己的話。當時我在曼谷外郊區為二十位顧問主持一場為期兩天的非正式會議。在泰國，尤其是這間公司，顧問間非常嚴格遵守著顧客至上的禮儀規範。也因為如此，整個晚上都隨時準備好接電話、家庭聚餐時中途離席去接電話、婚宴中途離席去傳簡訊、視需要隨時搭上下一班飛機等等，對這些顧問來說都是很正常的。整體上，這樣的禮儀規範幫助這間公司大獲成功。但也正是這個禮儀規範，對這場特定的聚會造成了威脅：旨在公司內部建立顧問間互信的非正式會議。我規劃了一個為期兩天、一天八小時的活動，每個段落都精準規劃到以分鐘計算。每天以兩小時為單位安排的活動很緊湊，顧問們面對彼此，進行有力且誠實的對話，包括那些一直沒有讓對方知道的想法。然後是第一個中場休息，有幾位顧問在中場休息時安排與客戶通話。一如所料，十五分鐘後，這些人都無法立刻結束通話。活動再度開始進行，但其中有四個顧問還沒回來。

他們雖然是因為工作而遲到，卻傷害到整個團體，房間裡的其他人都很生氣。而且這也破壞了彼此間的信任，推翻了前兩個小時所做的所有工作，因為在房間裡等待的其他人都覺得沒有受到尊重。顧客至上的禮儀可說是根深蒂固，我開始體認到自己必須訂定一個明確、暫時的規則，才能對抗這樣強大的禮儀規範。

隨著那些落隊的人一個一個回到現場，個個一臉心虛，其中一位顧問提出了建議。他有點像是開玩笑地說：「伏地挺身！」大家都笑了。我接收到這個提示，決定這就是我們的規則。這四位遲到的顧問，穿著西裝、套裝，打著領帶，腳踩高跟鞋和皮鞋，他們盯著我看的樣子彷彿覺得我瘋了。其他準時回到現場的顧問聽到這個提議後都笑了，並開始鼓掌。在大家都還沒回過神來之前，這四個人已經開始貼地各做十個伏地挺身。

房間裡的緊繃感瞬間釋放，新的規則也由此誕生：如果遲到了還是可以進來，但必須先做十個伏地挺身。當天還有三次中場休息，但到了第三次休息結束後，大家幾乎都是用衝的想準時回來。每次中場休息結束後，有人會如儀式般，時間一到就把主要房間的大門關起來。就算有人只是遲了幾秒，其他人就會開始歡呼，遲到的人便只好就地趴下，為大家獻上十個伏地挺身。團體中的大家集體想出了一個新的規則，暫時取代平常的禮儀規範。由於這個規則有趣又無傷大雅，儘管可能會有點尷尬，但大家創造了一個短暫的、大家都一起遵守的社會規範。而由於這個規則不僅好玩，又是體能上的懲罰，也讓團體氣氛更輕鬆了些。

在這個案例中，顧客至上的禮儀規範對公司整體來說可能是好的，但對這個特定的聚會卻沒有幫助。在大家聚在一起的另一個短暫時空，伏地挺身這項規則幫助抵銷掉公司本來嚴格的禮儀規範，這場非正式會議需要自己的一次性規則。就如同我之前提過的，禮儀規範有其存在目的：維持愉快氣氛、禮貌及良好行為舉止。然而，有時候特定的禮儀規範和某個文化牢牢地綁在一起，反而排擠掉其他行為表現的可能性，其他的行為表現可能更適合用於特定的情境。顧問們遵行的顧客至上原則在很多時候都很適用，但在這樣的禮儀規範下，完全沒有給大家任何空間去照顧到其他同事。在工作上顧及同事與顧客的需求，其實同等重要。而聚會規則讓我們創造出這樣全新的空間。

哈里遜・歐文（Harrison Owen）是一名機構顧問，他同樣透過自身的經驗了解到研討會禮儀的侷限。在研討會中，大家都覺得一定要保持禮貌，並假裝對其他人發表的內容感到充滿興趣，這樣的文化氾濫到與會者常常無法從中好好學習。歐文不是社交工程師，他也不打算讓原本都努力保持禮貌的與會者不再在乎別人的感受——畢竟他們可能有一天會需要其中某些人的協助！他完全沒有機會改變這樣的禮儀規範。他能做的，就是暫時用另一個規則壓過這樣的既定規範。所以他創造了一個暫時的方法，稱作「開放空間科技」（Open Space Technology），他在此加入了一個特定的規則，希望能抵銷不成文的禮貌規範。這個規則是「兩隻腳法則」（Law of Two Feet），內容如下：「如果在這段期間，你在任何時刻發現自己既沒有在學習，也沒有任何貢獻，就移動你的雙腳去其他地方。」

歐文藉由這個規則進行了一項實驗：如果在研討會中，大家發現自己沒有從台上的簡報學到任何東西便可以自由離開，甚至被鼓勵這樣做，會發生什麼事？是不是還覺得會冒犯到別人？講者是否能理解？這樣會改變大家發表的方式嗎？歐文後來寫道，這個規定的目的「純粹是要消除任何罪惡感的產生。畢竟大家本來就會使用兩隻腳法則，就算沒有實際離開，在心裡也會默默這樣做，但現在大家就不用為此感到有罪惡感了」。就像我在泰國的研討會一樣，這樣的規則能抵銷既定的禮儀規範。那些禮儀規範通常都是好的，但在這場特定的聚會中，並不足以排擠掉所有其他的需求。

有時候，規則可以幫助與會者用特定的方式連結彼此，而這種方式在一般情況中可能不被允許。例如，之前位於舊金山一個充滿爭議的祕密社團「緯度協會」（Latitude Society）目前已經解散，過去會設計各種聚會規則，創造一種歸屬感。協會裡有一位很棒的「實作」會議引導師安東尼．羅可（Anthony Rocco），他就分享了一個我很喜歡的規則：你不能為自己倒飲料；一定要由其他人幫你倒。這個簡單的規則（用一種好玩的方式）逼迫大家互動。這個規則拿了一個大部分人都想要的東西（飲料）和另一個一開始可能會有點尷尬的事情綁在一起：和不認識的人互動。他們知道在幫自己倒飲料前要先幫別人倒飲料這個古老的禮儀已經沒什麼人在遵守了，更不可能期待一群陌生人這樣做。所以，主辦人就將這個禮儀變成一個規則。

適當使用規則能讓聚會變得更棒，因為規則能暫時改變大家的行為。舉保羅・勞帝奇納（Paul Laudicina）為例，他擔任全球管理諮詢公司科爾尼（A. T. Kearney）的董事長時，發現董事會有一個不好的習慣。董事會成員會一直想要問更多資訊，想要澄清闡明問題，但這麼做卻導致大家沒法好好討論，無法針對關鍵的決策取得共識。某一次，董事會的談判開始失去控制，大家的火氣都很大，這時勞帝奇納意識到大家之所以一直問問題，是在逃避處理一些很棘手的決定。通常來說，有好奇心是好事，但針對這樣特定的聚會卻不是特別有幫助。身為董事長，他採用了一個新的規則：大家只能問不是要取得更多資訊的問題——意思就是說，問題必須建立在已經提供的資訊之上。例如，「目前遇到的阻礙是什麼？」或「誰對這點有問題？」又或是「要怎麼做才能對這個議題取得共識？」而不是「你可以給我去年第四季的數據嗎？」

勞帝奇納先確保所有董事會成員在會議之前就拿到了所需的資訊，也在事前有足夠的時間可以問問題，釐清相關議題。在禁止大家問資訊蒐集類的問題後，勞帝奇納逼迫董事會的成員進行困難但對議題有所幫助的對話，讓大家可以更明確地表達各自立場，並且進行決策。身為董事長，勞帝奇納有資格採用新的會議規則。但這個規則的絕妙之處在於他改變了大家討論的方式，藉著限制並改變大家提問的方式，他暫時地創造了平行世界，在這個世界中，成員不能要求得到更多資訊。在這個暫時的時空中，每個人都能有所貢獻，而不只是在討論中停留原地，甚至離題。

勞帝奇納不用創造一系列的規則才能暫時將董事會轉移到不同的世界，他發現了一個阻礙對話進行的行為，並由此設計了一個暫時的原則去抑制這樣的行為。

第五章

喪禮絕不要
以流程事項開場

截至目前為止，我們討論了聚會目的，以及如何依據這個目的決定聚會的其他細節，我們也提到如何依照聚會目的去選擇賓客和聚會地點，我們還討論到身為主辦人該如何讓聚會忠於目的。另外，也實驗了不同的聚會形式及規則，讓聚會更有趣。

而最重要的日子終究會到來，此時的重點則要從「準備」轉換到聚會的「實際運作」。對於賓客，到底應該要做些什麼呢？

暖身準備

在活動正式開始前，這場聚會早已啟動了

在賓客得知即將舉辦這場聚會的當下，你的聚會就已經開始了。聽起來好像很顯而易見，但其實不然。如果真的這麼顯而易見，就不會有那麼多主辦人在聚會開始前都沒有預先幫賓客做好準備。在我的經驗中，主人常常覺得當主席宣布會議開始進

行、當賓客在婚禮現場入座，或當大家抵達晚宴派對時，才代表聚會開始了。但在這些情境中，賓客早在這之前就已經開始在想、在準備並期待著你的聚會。就像我說的，他們在發現即將舉辦這場聚會的那一刻，其實就開始了這場體驗。特別有心的主辦者會在賓客知道聚會的當下就開始主持，而不會等到活動正式開始才進行。

賓客們得知即將舉辦聚會到活動實際開始進行，中間這段時間是用來為賓客進行暖身準備的好機會，這是幫助他們踏上一段旅程、進入你的聚會的好時機。如果錯過了這個機會，最後大部分的時間都會花在流程、物品等安排的細節上，錯失了挖掘賓客不同面向、提供他們最棒體驗的好機會。而且，如果你在活動開始前的這段期間所做的準備工作越少，當聚會實際開始後，你要做的事情就越多。

由於許多聚會建議都是來自餐點、布置領域的專家，而非會議引導師，所以這類建議幾乎都著重在準備事情，而不是準備你的賓客。這些建議通常將活動開始前的準備重點都放在硬體方面，而不是人的方面；著重在聚會空間的布置，而非這些空間裝載的重點：人。

例如瑪莎．史都華（Martha Stewart）在自己的網站上就發表了「派對規劃指南」的文章，內容包括一張共有二十九點細項、非常實用的確認清單，提供給想要辦活動的人參考。史都華談到了需要提前數週準備的事項（「決定想要辦哪種派對」）

以及活動開始前倒數幾個小時的待辦事項（「如果酒吧還沒布置好，現在是時候了」）。但我很驚訝史都華的建議中只有三項和賓客溝通有關，而且全部都是物品流程細節：實體信件或電子郵件邀請函；如果是各帶一道菜的聚會，讓賓客知道該準備什麼；請還沒回覆的人趕快回覆是否參加。

在這樣的思維下，你比較像是在把大家趕進圍欄裡，而不是幫助賓客做好準備。史都華對於賓客方面沒有什麼準備，但對於其他事項上倒是有不少提點，像是：「派對前一天：清洗、準備沙拉用及其他蔬菜，將蔬菜拼盤的菜都先汆燙好（並用廚房紙巾包裹）。將所有食材分別裝在密封保鮮器皿中冷藏。」我希望能改變的正是這樣普遍的聚會態度：過分講究蔬菜拼盤，但對於「人」方面的準備卻希望一切可以船到橋頭自然直。我們值得更用心的對待。

蕾榭兒．伊希普（Rashelle Isip）是一名部落客、顧問，也是《六十天內規劃一場完美活動》（*How to Plan a Great Event in 60 Days*，暫譯）的作者。她的建議也很類似。伊希普把籌辦聚會拆解成「規劃完美派對或活動所需的十份清單」，裡面有「主題清單」、「預算清單」、「布置清單」、「音樂清單」等等。她提供的小撇步很有用，但這十份清單都著重在事物流程方面的安排，完全沒有提到要如何為賓客提前暖身準備。這些細節並不是不重要，當然很重要。但這類的建議指南中，花在為賓客做好準備的內容竟然這麼少，這很驚人。

當主辦人將聚會前夕的時間用來為賓客做好準備，而不是都花在準備蔬菜拼盤上的話，會有怎樣的結果呢？接下來請比較一下兩者的差異。

菲力克斯．巴瑞特（Felix Barrett）是倫敦知名劇場總監，在他訂婚的四個月後收到了一封信，信封上寫著「待續」，信封裡面則裝了一把鑰匙。接下來幾個月，什麼消息也沒有。「這是個幸福的折磨，」他後來提到此事如此表示，「突然之間，整個世界突然變得非常超現實，一切彷彿都被籠罩了一層神祕感。」

這不是巴瑞特第一次的神祕體驗，只不過他通常都是那個掌控全局的人。**Punchdrunk** 是英國的一間沉浸式劇場公司，作為這間公司的藝術總監，巴瑞特透過大膽的互動式表演撼動了業界。在他指導的紐約版莎士比亞馬克白《不眠之夜》（*Sleep No More*）中，觀眾的隨身物品在入場時就被收走，一同進場的同伴們會分別被帶開，接下來全程都要戴上劇場提供的白色面具，並會拿到一小杯烈酒及一份邀請函，歡迎觀眾探索這間位於卻爾西的廢棄倉庫的五層樓層。

而現在，情況換成巴瑞特收到神祕禮物。收到第一封信之後，他開始等待。後來第二封信終於寄來：「現在可以開始了。」接著他在公司收到一個皮箱。他後來告訴《紐約時報》，皮箱裡有一張潮汐表、地圖座標、一支小鑷子。他循著座標，最後走到了泰晤士河岸邊。他在那裡挖出一個箱子，箱子裡裝滿照片，照片上都是電腦螢幕上的文字。這些照片的資訊告訴他，如果完成了一系列的挑戰，將能獲邀進入一個祕密社團。

於是接下來幾週，他會從奇怪的信差收到各種詭異的指示，有些來自陌生人，有時是貓咪項圈上的文字，還有藏在遙遠度假勝地的信。每個提示都會有一些挑戰，他要完成這些挑戰之後才能進入這個祕密社團。依照巴瑞特的個性，他當然一一照做了。他有時要完成半馬，有時要爬在船與船之間的繩索上。基本上每一項挑戰都讓他越來越接近取得祕密社團的入會資格。

突然有一天，他被蒙住眼睛綁走，被帶到一間古老莊園，在那裡有三十個穿著連帽長袍的男子等著歡迎他的到來，這些都是他的好朋友。這是一場一生一次的單身派對——是他自己的單身派對。

巴瑞特的朋友們在籌劃他的單身派對時就知道有兩點很重要。首先，聚會在賓客們走進門老早之前就開始了。從賓客知道有這場聚會存在的這一刻起，聚會就已經開始。對巴瑞特來說，在他收到信封裡那把鑰匙的當下，這場單身聚會的旅程就開始了。從那一刻起，巴瑞特的朋友們知道他們已經開始主辦這場活動，一路辦到單身派對當天現場。其次，他們如何主持這段暖身旅程，會影響巴瑞特將如何現身單身派對現場。

百分之九十原則

衝突調解領域的一名同事曾教過我一個令我終身難忘的原則：影響一場聚會成功與否的九成因素都跟事前準備有關。

蘭達．史林（Randa Slim）任職於華盛頓特區的中東研究所（Middle East Institute），是負責二軌對話專案（Initiative for Track II Dialogues）的處長。史林從小在黎巴嫩內戰的烽火下長大，後來移民到美國，在北卡羅萊納大學夏洛特分校攻讀社會心理學博士學位。自此，她成為一軌半及二軌外交[5]中數一數二的實務工作者。在一軌半及二軌外交中，現任及卸任政府官員、來自衝突不同方且具有影響力的公民一起參與對話、貢獻自我，藉此補足正式外交的不足——比起正式協商，在這些場合中

5 一軌半及二軌外交是衝突調解領域的用語。一軌外交是政府雙方正式的官方管道。二軌外交則是由來自衝突雙方的非官方代表，以私人身分進行的互動，目的在補足一軌外交的不足。一軌半外交指的則是由來自衝突雙方政府官員與民間人士，以私人身分出席並共同參與的對話討論，由來自非政府機構的第三方協助進行。

參與者往往能產生更真誠的交流。過去二十年來，史林在中東地區主辦了一些極具企圖心並持續進行中的團體對話。

在其中一個系列對話的計畫中，她邀請美國與歐洲領袖、阿拉伯伊斯蘭及非宗教的反對黨領袖齊聚一堂。這群領袖一年會聚在一起三次，一次為期三天，整個計畫共長達三年。與會者藉此建立互信，並找到各自國家間建立全新關係的基礎。這個團體中包括二十位具有影響力的公民，他們各自代表其政府，但同時也有以個人發言的自由。

在簽證發下來前、在議程確定之前、在任何一個人上飛機之前，在所有一切開始前，史林先花了兩年飛往各中東國家，透過她個人人脈、穩固的個人信譽、流利的阿拉伯語去找到合適的貴賓，並在對話活動開始前為大家做好準備。有時候，她為了與可能邀請的與會者建立信任感，會和對方的家人坐下來一起喝茶，一坐就是好幾個小時。另外有些時候，史林必須說服各黨領袖推翻禁止與卸任美國官員會面的既有制度。她也曾為了展現誠意，特地翻山越嶺前往備受爭議的領地，向對方證明自己也同樣願意冒風險，就像她要與會者做的一樣。史林花了兩年投入很多力氣協助與會者取得參加活動的政治許可，並在對話開始前為與會者做好準備。她知道關鍵是讓這些與會者信任她。「你必須在一開始就鞏固他們的信念，讓這些參與對話者知道你絕對不會糊弄他們。做不到的事情絕對不會輕易下承諾，永遠都會坦誠以對，而且沒有任何暗藏的背後目的」，史林這樣告訴我。她之前說到聚會成功與否，九成關鍵都在於實際聚會前的準備工作，而這就是她想要傳達的概念。她稱之為「對話前的對話階段」。

我們大多數的人並不會為了聚會前的暖身準備，而花上兩年在中東地區飛來飛去。我和各位分享史林的經驗，並不是要大家複製她的做法，而是因為她的做法背後蘊含的哲學，有值得學習之處。

其中一點是要求越大，投入的準備就要越多。對賓客的要求越大（例如說邀請與會者從大老遠舟車勞頓來參加聚會），那在聚會前的準備期就要投入更多心力並注意各種細節。賓客們要冒的風險和付出的心力有多少，你在準備期就要付出同等的心力去照顧你的賓客。

另一點是，若你希望客人展現出特定行為舉止，應該要在一開始的聚會前的暖身準備就種下引子。如果要準備舉辦的是一場企業動腦會議，希望員工到時可以展現出創意，可以試著想想要如何為他們提前暖身，讓員工在會議一開始就能展現大膽的創意。說不定可以在會議開始前幾天，寄給員工一篇關於如何發揮最天馬行空想法的文章。又如果說，你正在籌辦一場關於企業內導師的會議，希望大家能卸下防衛心出席，可以提前寄一封關於三位資深領袖真誠的見證分享，內容可以提到導師帶給他們轉變性的影響等等涉及個人且特定的實例。在史林的例子中，她知道她需要與會者展現出程度已幾近不理性的強烈信任感。他們必須信任整體流程、信任她、信任主辦單位選出的另一方對話者、信任當他們返家後不會有任何可怕的事發生在自己身上。史林沒有辦法在大家現身會場後才培養這樣的信任感。正因為會議一開始就需要大家給予這樣強烈的信任感，所以她必須在準備期就先將信任感建立好。

另一件史林教我們的事，就是不管是在中東的和平會議或週末的舞會上，聚會成功與否，跟賓客現身現場時所懷抱的期待及狀態有關。舉例來說，如果大家現身舞會時都悶悶不樂，只想要安靜地聊天，那舞會就很難開始。同樣的，如果你要辦一場工作會議，希望員工可以誠實分享他們的經驗，結果大家出席的時候都一副冷嘲熱諷的態度或防衛心很重，那這場會議勢必難以進行。當然，你可以在大家抵達現場之後再試著改變大家的心情與狀態，但對主持人來說，會需要耗費更多力氣及技巧，而且還會占用到聚會的時間。如果能在會前就先為大家暖身準備，是再好不過的了。

準備工作不難

我擔心你覺得一定要成為和平協商專家才能辦得了一場好聚會，在這裡我要告訴你，其實一封用心撰寫的電子郵件就足夠了。準備工作可以很簡單，像是設計一個稍微有趣的邀請函，也可以很直接，像是請賓客做某件事，而不是帶東西來。

用米歇爾．拉普利斯（Michel Laprise）為例，拉普利斯是太陽馬戲團的編導，曾經在瑪丹娜的MDNA巡迴演唱會和美式足球聯盟的年度冠軍賽超級盃中場表演中和她一起合作。有一年冬天，在緊湊的巡演季結束後，他決定在自家舉辦年終聚會。但問題是，他連裝飾家中耶誕樹的時間都沒有。他匆匆寫了封電子郵件給賓客們，請大家寄給他兩張過去這一年來曾度過的開心時光的照片。

聚會當晚，當賓客們走進拉普利斯家時，他們發現聖誕樹上掛滿二十四張照片，每張都剪成小小的圓形，那些照片都是他們度過的愉快時光：潛水、站在掛著「售出」牌子的房屋前、演出前身穿雜技服裝。大家圍著耶誕樹喝著雞尾酒，欣賞著彼此的開心時光。「突然之間，大家不再是陌生人或同事而已，那些都是大家私下的一面，這幫助當天晚餐做了一個很棒的開場。」拉普利斯回憶道。

「我覺得這個開場讓大家都覺得自己的本色受到了歡迎，對我和其他人來說，能聽到大家各自感到快樂的事情很重要。」他說道。他沒有特別宣布晚餐或當晚聚會的主題，純粹只是「做了一件代表快樂的事情」，「用這件事作為整個聚會的開場」，拉普利斯表示。

拉普利斯藉由匆匆寄出電子郵件，請賓客們各寄來自己的照片，成功在活動前就開始了他的聚會，而不是在活動正式開始後才進行暖場。他請大家挖出過去一年來的照片，藉此讓大家回顧過去的這十二個月。拉普利斯讓大家在現身聚會前就有機會回顧過去一年的生活，透過這個方式讓賓客在年終慶祝會前進行暖身。他幫助大家提前進入這個狀態，賓客現身聚會時狀態都準備好了。

耶誕樹上的裝飾開啟了許多話題，雖然拉普利斯並沒有特別規劃，大家在晚餐時還是繼續討論著過去一年的亮點。「這是一個洋溢著幸福的聖誕節。」他說道。

拉普利斯知道一件我們時常忽略的事情：邀請賓客在聚會前有所貢獻，這件事會改變大家對聚會的觀感。很多人都會請賓客帶一瓶酒或一道配菜，但卻很少想過我們還能在聚會前再請賓客做點什麼。我們也很少會像拉普利斯一樣請賓客做功課，而且這個功課其實不難，純粹就是要幫助他們進入聚會狀態。

我和組織機構合作時，幾乎每次都會提前寄一份數位版的「作業簿」給與會者，並請他們在活動前填寫好再寄回給我。我會根據每次聚會不同的目的重新設計作業簿，針對我希望與會者事前能如何思考去進行設計。作業簿中有六到十個要填寫的問題。針對一場舉辦在大學關於教育展望的活動，我提出的問題像是：「請分享在你二十歲前，影響你看待世界的某個時刻或經驗？」「在美國及其他國家，有哪些機構採取了大膽、有效的方式培育能解決全球問題的新興世代？我們可以向這些機構學到什麼？」另外，針對一場要改革全國貧困方案的活動，我提出的問題包括：「你最早面臨或接觸到貧窮的記憶是什麼？」「相較於我們五十年前剛開始這類方案時，現在的核心原則有哪些仍維持不變，哪些已經變得不同？」又或是有一間科技公司在剛完成合併後舉辦了一場高層團隊的活動，當時我問的問題包括：「你當初為何選擇加入這間公司？」「你覺得這個團隊亟需解決的問題有哪些？」

我試著在作業簿問題中加入兩個要素：一個能幫助他們連結並想起自己的初衷，因為這也跟接下來的聚會有關；另一個則能幫助他們誠實分享當下正試著解決的挑戰屬於什麼性質。就這點來說，這份作業簿的目的就跟大學入學申請書很相似。當然，作業簿填答的內容能讓我大概了解這個人及這個團體的氣氛，但這個練習同時也幫助對方在聚會開始前好好思考他們重視的事物。然後我會根據回答去設計聚會當天的活動，我也會引用作業簿中的回答去構思聚會當天開場的內容。

作業簿還有另一項功能：在聚會還沒開始之前，就在不經意中創造每位與會者和我之間的連結，這也讓我在活動當天現場的工作變得更加容易。我透過設計並寄出這份作業簿，同時也是向與會者寄出一份投入參與的邀請函。而與會者在填答並寄回作業簿的同時，也代表他們接受了這份邀請。這份關係及信任感，在我們大家踏進活動現場前就開始建立了。

聚會本身就是一場社會契約

暖身準備工作很重要，因為聚會本身就是一個社會契約，在聚會正式開始前的準備期，這份契約經草擬撰寫，與會者也默許同意。

為什麼聚會是一場社會契約？因為這是經過主辦人與賓客間共同同意所執行，大家在時或明定、時或心照不宣的狀況下，決定各自要如何做才能讓這場聚會順利進行。換句話說，就是所有的聚會都帶著一定的期待。有對主辦單位的期待：議程會照表定進行，或會提供食物；對賓客的期待：他們會事先做好功課，準備好並帶著想法前來參加，沒有人會帶著三個表兄弟姊妹一起來參加，大家會跳舞跳得痛快，並邀請其他人一起這麼做。只要有人聚在一起就會有這些期待，而這樣普遍的共識就是聚會的社會契約。

就跟聚會目的一樣，往往都是在發生衝突與不愉快後，這類聚會的社會契約才會默默開始浮現。有次在亞斯本的一場研討會，幾位朋友在晚餐後氣沖沖地回來，因為有人違反了他們所認定的社會契約。原本應該是一場舉辦在某個人家中的大型社交晚宴，當晚活動進行到一半時，卻突然變成一個主辦人工作專案的動腦會議。晚宴的貴賓中，有許多人都不是該產業的專家，或是對於漫長的一天用「工作」結尾不是特別感興趣，但突然之間，他們卻要對專案提出建議。我的朋友們就是非專業的賓客之一，這才驚覺晚宴邀請只是個誘餌，如今都上鉤的他們要幫主辦人進行商業上的決策。雖然晚宴是免費的，但賓客都感覺遭到利用了。你絕對不希望讓賓客覺得說：「嘿！我當初又沒說要做這件事。」

聚會的社會契約經常都是隱形的，就算我們正在執行中也往往不自知。例如，你可能不覺得你上次參加的那場晚餐派對有任何社會契約，但你有帶瓶紅酒、一手啤酒或甜點出席嗎？如果有的話，為什麼你要這麼做呢？因為其中暗藏著如果明說就太俗氣的社會契約：人家做了晚餐，你要幫忙支付一點聚會的費用。同樣的，人脈拓展的社會契約可能會是這樣：我付了四十五美元參加這場活動，所以主辦單位要確保來參加的人會比我自己在當地酒吧遇到的人還要好。聚會的社會契約回答了這個問題：我願意付出什麼（體能上、心理上、金錢上、情緒上等等）以換得所期待得到的？

而主辦活動的眾多責任之一是要擬出這份社會契約，從大家得知即將舉辦這場聚會的那一刻就開始。首先，主辦人有機會為活動設定一個框架，明確又獨特的聚會目的就是要在此刻派上用場。如果是喪禮，我們要聚在一塊「慶祝並追憶」或「哀悼並紀念」？不同的目的會辦出不同的喪禮風格，也會引發參加者不同的情緒與行為。從邀請函的頭幾行文字，就有機會讓與會者準備好，讓他們知道你希望他們以什麼樣的狀態出席。

主辦人也可以為聚會設定一個情境。有次我受邀參加第十六屆年度 #Agrapalooza 的活動，這是一個每年夏天都會在一位朋友的父母家舉辦的活動，每年大家會玩全新設計的遊戲，還會有個喝醉酒才藝表演，而這延續多年的傳統都建立在過去的各種儀式及記憶上。我受邀參加的不僅是一場活動，更是一整個不同的世界。而多年前我也曾被邀請去逾越節的活動，主辦人說這場逾越節對她來說很特別，因為這是她在母親過世後辦的第一個逾越節聚會，從她告訴我的這一刻我就開始暖身準備，我了解這場聚會所代表的濃厚情緒。事實上，就是在設定了情境後，才有機會將逾越節原則（知道這一晚跟其他夜晚為什麼不同）傳達給你的賓客知道。

而主辦人在擬定這項契約時便可以開始闡明這場聚會最根本的交易是什麼，這也是許多聚會的核心，不管我們是不是喜歡這樣想。我絕對不是在鼓勵你讓聚會變得具有交易性質，我是要告訴你，很難有聚會能完全沒有任何潛在的交易。當這項交易沒有謹慎執行，當大家對彼此的期待與各自願意付出的不一致，勢必會出現問題，就像在亞斯本當晚的活動一樣。如果你沒有事前讓大家做好準備，讓與會者知道你會在聚會上問他們關於你公司的問題，如果你沒告訴大家一整天手機都會被收走，如果你沒有提醒他們在聚會上會問問題，請他們分享一個個人故事，如果沒有提前做這些準備，往往會遇到阻力或更糟的狀況。相信我，是真的。所以，事前準備的其中一項工作就是要找到方法（無論是用暗示或明說的方式）去和賓客溝通，讓他們知道接受邀請後即將參加的究竟是一場怎麼樣的活動。

不過有時當我跟客戶或朋友講到聚會的社會契約時，他們會反彈：那神祕感或驚喜該怎麼辦？妳希望我把所有的細節都攤出來嗎？可是其實不必把一切都攤開來說明白才能為賓客暖身。巴瑞特的朋友們就沒有寄給他一份合約，要他簽名表示自己同意被綁架。但在整趟旅程中，朋友們有給巴瑞特一點提示，讓他知道接下來可能會發生什麼事，也讓他有機會決定是否要繼續玩下去。

用命名來暖身

那要如何在暖身準備期草擬這份社會契約，開始建立賓客們對於聚會的期待呢？賓客們知道聚會即將舉辦的那一刻就是絕佳的機會，如我先前所提，也就是收到邀請函的那一刻。

當我們邀請人來參加聚會時，很多人都花太多時間在不重要的邀請函細節上：凸版印刷vs.浮雕印刷；電子郵件vs. Paperless Post線上邀請函；黑白款式vs.藍白風格。這或許就像是瑪莎·史都華的做法：把重點放在準備事物，而不是準備好賓客。

然而，邀請函最重要的部分應該是給賓客提示，讓賓客知道這場聚會對他們有哪些要求。其中一個提示方法就是為你的聚會取一個明確的名稱。

聚會的名稱會影響大家對活動的看法，名稱可以提示大家這場聚會的目的，並讓賓客準備好各自的角色及應該參與的程度。如果你要為團隊辦一個半天會議討論新策略，那應該要叫做「會議」、「研討會」、「動腦會議」還是「點子實驗室」？在這些名稱中，「動腦會議」就比「會議」聽起來感覺需要投入更多的參與度。我後來發現「活在當下」活動之所以成功，部分原因是我們給它取了個名稱，而這個活動名稱幫助來參加的人準備好我們最需要大家所貢獻的：投入當下。

瑞秋．葛林伯格（Rachel Greenberger）是位於麻州巴布森學院（Babson College）的行政人員，負責替學生安排每週面談的時間。她不想將這個時段稱為「面談時間」，因為聽起來很像是義務性的單向互動：學生來找教授尋求幫助與指導。葛林伯格同時也負責一個食物方案，希望學生彼此間能建立連結，不只是跟她有連結而已，所以她決定將每週面談的時間稱為「社群餐桌」（Community Table）。隨著時間過去，這個聚會也開始將名稱內化，學生除了帶著筆記本出席外，還會帶著自己烘焙的食物一起來參加。而這個由她發起的社群餐桌的概念也意外地移植到了紐約，在那裡對食物有興趣的企業家、學術界人士、活動倡議分子、學生等每個月會聚在一起分享並交換各種點子，建立起一個社群。

我工作時也不會把我的會議稱為「研討會」，而是稱為「願景實驗室」（Visioning Labs），採用「願景」是因為我做的工作就是幫助大家找到自己對於工作、公司、人生的願景，而「實驗室」則代表著各種實驗及可能性，這對活動的過程非常重要。我發現，純粹就因為這個名稱，與會者出席時的狀態也很不同。他們的態度會更開放，因為不知道「願景實驗室」確切在做什麼，因此也感到很好奇，而這正是我希望他們在出席時能有的態度與行為，這樣我才有辦法更有意義地幫助他們。

聚會名稱能幫助賓客決定他們是不是以及要如何參與你所創造的世界。在位於紐約州北部有一個名叫瓦賽克計畫（Wassaic Project）的創意社群，身為這個創意社群的共同創辦人，伊芙·比德（Eve Biddle）在負責的駐村計畫中引進「藝術家混合器」（Artist Mixer）時就學到這重要的一課。當時都沒有人來，於是比德決定請教幾位藝術家為什麼會這樣。藝術家們告訴她這個活動聽起來「太像書呆子了」，他們是有自由靈魂的藝術家。對某些藝術家來說，「混合器」或許聽起來像是他們避免的那種出賣靈魂的生活。她聽完之後，將該活動重新取名為「歡樂時光」（Happy Hour），出席率立刻暴增。簡單換個名稱就能改變與會者認為主辦人怎麼看待他們，並了解主辦人對參加者的期待。

除了名稱之外，邀請函中還提供了許多可以用語言為賓客暖身的好機會。而我這裡說的語言並不侷限於文字，可以包括影像與影片，或由這兩者作輔助。不管用哪種方式，暖身的目的是要給出席者一個提示，提示他們這場聚會的風格與基調。例如華特迪士尼公司發出的《STAR WARS：原力覺醒》（*Star Wars: The Force Awakens*）的首映會邀請函，迪士尼向來賓確保「現場將提供陸行艇、沙漠爬行者或其他交通工具的停車位」。就這麼簡單，這份邀請函傳達出的訊息是：這場聚會會很好玩，對象是那些沒有《星際大戰》就活不下去的死忠粉絲。

就像前面某章提到聚會應適當排除某些人，提前清楚明白地告訴賓客誰（不）會參加、（不）會發生什麼事，這些提示都能幫助賓客預先進行暖身準備。舉個例子，有一場辦在紐約布魯克林徹夜狂歡的舞會，邀請函上有行字寫著：「一如我們常說的……帶幾位你身邊最性感的單身友人，把嬰兒推車都留在家裡，這可不是辦在公園坡的派對」——公園坡（Park Slope）是布魯克林裡比較適合家庭居住生活的社區。在這個例子中，這行有點散文式的資訊提供的不僅僅是字面的訊息，這行訊息能幫助賓客知道當天該如何現身派對，就算是那些沒有小孩的人也能從這句話得到一些訊息：這絕對會是場狂歡之夜。

暖身之後，來台 Kindle 電子閱讀器

邀請函只是第一步。在賓客知道聚會即將舉辦後，如果不延續他們的興奮期待心情，真的就大錯特錯了。邀請函達成任務後，在過程中還有很多機會可以與賓客互動溝通，繼續為他們進行暖身。有心的主辦人會知道這些機會，並好好利用這些機會為聚會定調，為賓客進行準備。

我曾看過一場研討會用很有創意的方式達成這項棘手的任務：吸引高階政府官員來底特律參加會議，與會者需要在參加會議前讀完很多資料。當時是二〇〇九年，某

個上班日，我在白宮社會創新與公民參與辦公室的主管收到一個包裹。研討會主辦單位寄給她所有需要事先閱讀的資料，全部資料都存在一台借閱用的嶄新 Kindle 電子閱讀器裡。Kindle 在當時還算是滿新的產品，我不知道主管之前有沒有用過。這位主管每週會收到數百封信件、數千封電子郵件，常常都加班到晚上十點之後才離開辦公室，在她報名要參加那場研討會之前，就已經累積超多待閱讀的資料。可是當這份包裹抵達後，明明就代表待讀的東西又更多了，但她卻看著 Kindle 笑了。沒錯，主辦單位要求她盡到閱讀資料的責任。但透過一點巧思、寄給與會者一台借閱用 Kindle，主辦單位成功吸引到了這位超級忙碌的主管的注意力，同時也傳達出一個訊息：這場會議將跟一般的不一樣。

當主辦單位對與會者的要求特別多，或賓客的態度特別不情願時，這類的暖身準備就格外重要。《紐約時報》記者莎拉．萊爾（Sarah Lyall）曾寫過她在紐約參加過的互動參與式劇場表演，她寫道：

> 我們大家都有人生中絕對不想做的願望清單，裡面都是這輩子絕對不想做的事情，我的清單上有一項就是在公眾場合進行可能會讓人尷尬的活動。像是穿上奇裝異服、在一群人面前發表演說、玩轉酒瓶的遊戲、跟著輕快的表演歌曲拍手打拍子、遊

行、唱歌、拿著麥克風即興發表、將個人的自由意志交付給一個更龐大的力量、轉來轉去地跳兒童舞蹈——這些都是我極力避免的事情。

對以上描述有同感的人，來到我設計安排的聚會可能會感到很害怕。但這不代表這類的聚會就不應該存在，或有這樣傾向的人要來不來參加都隨便他，又或是根本就不要邀請這種人參加。這代表有些賓客對這類聚會可能會和萊爾一樣反感，如果你想要求他們做任何事情，一定要明確表達你打算做什麼，從他們一得知你的聚會（恐慌發作的絕佳機會）時就一路好好照顧他們。

入場迎接

從暖身準備到活動正式開始間，還有一個常常被忽略的步驟：入場迎接。在許多聚會情境中，如果你能牽著賓客的手跨越那道無形的門檻，暫時拋開外頭的世界，進入你的小小國度中，這對賓客來說將很有幫助。

我的意思不是要你下次開第四季度會議時，直接把下屬抱進會議室裡。（這樣會令人不舒服，而且可能還違法。）牽著賓客的手跨越聚會的無形門檻，聽起來很親密又嚴肅，但我說的其實是要協助賓客進入你特地創造的聚會，幫助他們走過這個轉換的過程。主辦人往往沒有意識到在賓客抵達現場和活動正式開始（不管是用響鈴、敲杯子或其他開場的方式）這中間其實有一個空檔，需要被填滿和把握。請好好利用這個三不管地帶。

掌控這段空檔很重要，因為沒有人現身聚會時會如同一張白紙。你可能要連續開七場會議，第四場開得很糟，接著開始第五場會議時，你已經精疲力盡、難以專注。你走進週四的教會小組活動前，才好不容易突破重重車陣，準時把女兒送去上籃球課。就在猶太教的成年禮活動開始前，你收到主管傳來訊息說你的文章被撤掉。如果你沒有為這類的與會者創造一個進場儀式，大家的心思在聚會最重要的開場將會飄向別處。

通道與門廊

如果你要幫助與會者暫時脫離真實世界，進入你的小小國度，一個方式就是讓他們走過一個通道，不管是實體或比喻的方式都好。

正因為知道許多人都很怕在公眾場合中參與活動，沉浸參與式劇場因此變得相當擅長設計這樣的入場通道。我們又能從沉浸式劇場學到什麼，應用在我們更簡單、沒有那麼複雜的晚餐、會議或小組聚會呢？

紐約的「第三軌計畫」（Third Rail Projects）劇團就非常擅長創造這樣的通道。我去看過他們的兩場演出，想向他們學習如何在短時間內將觀眾帶入平行宇宙。我去看的兩場演出《天堂》（*The Grand Paradise*）和《墜落》（*Then She Fell*），導演都為觀眾創造了實體的通道，觀眾可以待在裡面，一直到節目實際「開始」。《天堂》這齣劇是關於一九七〇年代末期一個沒落的熱帶度假村以及那個時代的文化價值觀，在我們進入「度假村」前，先由一位超級活潑的活動總監來招呼我們，我們接著拿到一個花圈及熱帶飲品。然後大家擠進一個小小的密閉房間，房間布置得像是飛機機艙內部。一位空服員向我們說明寫在上方的電視螢幕上的指令，亦即一旦進到「天堂」之後，我們可以和不可以做的事情。《墜落》的靈感則是取自路易斯．卡洛爾

（Lewis Carroll），這是一齣沉浸式劇場體驗，地點位於一個廢棄的倉庫，現場十五名觀眾一開始坐在一個小小的接待區，現場有一位扮成醫生的人，大家各自拿到一瓶看似野格利口酒（Jägermeister）的「魔法藥水」以及用黑繩綁成一串的鑰匙。負責現場的醫生先招呼我們，接著解釋這個房間是一個「閾限空間」[6]，我們即將進入另一個世界。

在這兩場表演中，入場迎接的環節和實際表演之間劃分得很清楚。對我們來說，實際演出還沒有開始。但這兩齣戲的製作單位知道他們要創造的是一個完整的體驗，也知道事情常常在還沒正式發生前就已經開始了。瑪莉娜・阿布拉莫維奇（Marina Abramović）是當今最知名的表演藝術家之一，她對此也有同樣的想法，並創造了可複製方法論，讓觀眾從外在世界進入她的表演世界中。

現代藝術博物館將表演藝術定義為「藝術家的身體即為媒材，藝術家的表演行為即是藝術品」的現場演出，相較於其他藝術，這種藝術形式更重視觀眾與藝術家之間的關係互動。阿布拉莫維奇因其表演作品而聞名，像是一九七四年的《節奏〇》（*Rhythm 0*），她在桌上放了七十二種物品，其中包括一把裝了一顆子彈的槍。在這場表演中，觀眾想用那些物品對她做什麼都可以。在她較為近期的作品《藝術家在場》（*The Artist Is Present*）中，她坐在一張椅子上的總時數長達七百三十六點五個小時，在這段期間，陸續不斷的觀展者依序坐到她對面的椅子上，和她沉默對望。在每個作品中，她就像是那些很棒的主辦人，非常清楚觀眾能夠形塑聚會。

過去這些年來，阿布拉莫維奇也發展了阿布拉莫維奇音樂法，其中包括幫助觀眾體驗表演的暖場準備。觀眾抵達現場後，會被要求將所有個人物品（包括手機）放到置物櫃後才能進入會場。觀眾接著戴上降噪耳機，安靜地坐在椅子上三十分鐘，藉此排除掉讓我們無法投入當下的分心事物。她認為這段時間是清味蕾的小點心，「這段沉默的時間是要幫助他們準備好迎接接下來的體驗。」她這樣告訴我。

公園大道軍械庫（Park Avenue Armory）是位於紐約市的一個空曠表演場地。某次在這裡的一場演出中，觀眾安靜地坐在位子上，看著鋼琴家伊戈爾・列維特（Igor Levit）和他的鋼琴在一座平台上被移動到場中央。三十分鐘後，鑼聲響起，提示觀眾可以拿下耳機。此時，列維特才開始彈奏開場音樂。有一位看過這場表演的觀眾後來向我形容這沉默的三十分鐘的不同階段：一開始先是一陣騷動，大家才慢慢安靜下來，開始適應靜靜坐著的狀態。接著整個觀眾席都沉靜下來，隨著靜坐到一半的時候，你可以感覺到大家對於表演越來越期待。有一位評論家後來形容在等待多時後，

6 liminal space，在建築學中，一個目的地到下一個目的地之間的實體空間，像是走廊、電梯、街道、機場等等。

抒情調的開場有如「催眠般驚奇」。這當然跟他先脫離了外在世界三十分鐘，已經準備好用不同的狀態聆聽有關。

阿布拉莫維奇在她七十歲生日時邀請了數百位朋友及同事到古根漢美術館（Guggenheim Museum）一同歡慶。一進入慶祝會現場，會先受到一列身穿白色實驗服的女士歡迎，她們身上有隨身鏡和一張張金箔，全都沉默地立正站好。我被引導到這些女士前，其中一人給我一張金色貼紙，並指著我的嘴唇。我環顧四周，發現其他賓客臉上都被矩形的金箔紙封住嘴巴。我拿起金箔紙，對著她們舉起的隨身鏡照，然後把金箔貼在我的嘴唇上。接著她們不發一語地引導我坐到一張椅子上，並要我戴上耳機。當時的我並不了解這些步驟代表什麼，但某個層面來說，我也不需要知道。實際活動開始前，大家通常只是漫無目的地走來走去，阿布拉莫維奇則利用這個空檔為每位賓客創造了一個開場儀式。我的嘴上貼著金箔，頭上戴著耳機，感覺彷彿被徵召進了一個祕密社團。雖然當下在現場感到害怕，但我身上卻充滿了身為這個社團成員的符號。

我問阿布拉莫維奇她所創造的這些入場通道，她簡單回答說：「我希望把大家從舒適圈中帶到一個全新的體驗。」她發現當現有的外在世界被移除，並進入一個全新的環境後，大家比較願意嘗試新的體驗。

當然，如果你對於要逼賓客先沉默三十分鐘，或把金箔貼在他們嘴上等等做法感到遲疑，我都理解。但其實在你和賓客一起跨越起跑線前，有很多微小的方式可以創造出一個這樣的門檻。而且你不必是獲獎無數的劇場導演才能做到，在傳統社會中也有許多幫助大家轉換狀態的儀式。這就跟醫生走進診間時，會先脫掉外套再穿上醫師白袍是一樣的道理；和穆斯林在禱告前，會洗手和洗腳是一樣的；或像是日本茶道儀式開始前會先脫鞋。現代聚會唯一不同的是沒有一個特定的通道做法，你必須自己創造。而其中一種最簡單、最自然而然創造出通道的做法就是利用門口。

阿里安娜．赫芬頓（Arianna Huffington）在政治、媒體、健康方面的工作，讓她成為一個有趣又充滿爭議的人物，她同時也是個親切又技巧高超的聚會主辦人。二〇一三年，她主持了一場探索健康議題的會議，後來並從這些想法延伸成立了她的新公司「興盛」（Thrive）。她決定將會議辦在她位於曼哈頓蘇活區的家中客廳，這本質上是一場商業會議，許多與會者彼此都不認識，但赫芬頓選擇招呼歡迎他們的方式是讓大家彷彿蒞臨了婚禮現場。一早，她親自站在門邊半小時到一小時，一個一個招呼到場的與會者。她沒有讓她的幕僚或女兒們來做這件事，她親自迎接來賓，而這個舉動也因此為一整天的活動定調。她想表達的就是：沒錯，雖然這是一場會議，但我們不必因此表現得像是出席會議。這是我家，你們是我的貴賓。

我的小姑要結婚時，當時她未婚夫的蘇格蘭親戚飛來參加婚禮。婚禮前的週五晚上，整個蘇格蘭家庭都受邀至我婆家參加派對。當載著他們的遊覽車抵達家門口，這些蘇格蘭親戚一個一個穿著正式地走下車，我先生和我自動自發地和公公一起站到門邊歡迎大家——總共大概有幾十個人。這個簡單的歡迎儀式讓男方幾乎所有的親友都有機會見到女方家人，而且不是在婚禮儀式結束或婚宴上，而是在最開始之際。就這樣，一個歡迎接待的儀式加速拉近了雙方的距離，也讓大家在那個週末能自在上前跟另一方的任何人聊天，我們也的確這麼做了。這是建立團體感的第一個步驟，發生的時間就在聚會剛要開始的時候。

心理門檻

有時候，現場並沒有我前面提到的紐約劇場表演的實體接待室。有時候，我們沒有辦法站在門廊歡迎每個人。有時候，入場迎接的工作無法實體進行，只能透過心理層面執行。我曾見證我的喜劇演員朋友巴瑞圖敦・瑟斯頓（Baratunde Thurston）完美執行這項任務。

他有次受邀主持一場喜劇演出，當天是一場募款活動兼派對，地點在布魯克林酒廠。當晚的現場空間很大，人聲鼎沸，到處都是喝了一肚子啤酒的人。我看得出來他的處境很為難，現場甚至沒有舞台，也沒有任何架高的平台。大家已經吃吃喝喝一陣子，各自跟朋友在一塊，感覺不會想被打擾，就連音樂也敵不過大家聊天的音量。更糟的是，現場大部分的人並不知道巴瑞圖敦．瑟斯頓是誰，雖然他手上拿著麥克風，大家還是沒有打算停下來聽他講笑話。

瑟斯頓沒有試著大聲講話壓過現場的人，也沒有直接開始他的獨白演出，希望有人會因為同情而開始聽，相反的，他直覺地進入了入場迎接的模式。他不是每場演出都會這麼做，所以一定是因為現場喧譁聲太大，才讓他覺得有必要進行這個轉換的工作。他拿起麥克風（他身上唯一明確可辨認的權威來源），走向一群朋友中最吵鬧的一個，請對方對著麥克風說出他們的名字。對方介紹完之後，瑟斯頓邀請現場其他人一起歡迎他們，並掌聲鼓勵。接下來每一組人都一樣，他會找到整場最吵鬧的五、六個人，突然開始跟他們開玩笑、說笑話，然後其實就是要邀請他們協助他，從一群人變成一群觀眾。在九十秒內，他就得到了全場的注意力。接著，他走回場中央開始演出。

不管你所處環境如何，作為主持人，你可以問問自己能如何創造出這樣的轉換——一個能協助與會者關掉原本的真實世界，吸引他們注意力及想像力的通道。這樣做就如同創造出一條起跑線，更重要的是能幫助你的與會者集體跨越這條起跑線。

再回想一下菲力克斯．巴瑞特的單身派對，他的朋友們在暖身準備及入場迎接這兩項工作都做得很好。他們用筆記及各種任務為他暖身，讓巴瑞特隨時都準備好迎接下一道任務，也越來越能感覺到即將揭曉的將是怎樣的一個謎底。預先為他做好準備後，他們迎接他入場的方式是透過「綁架」並將他帶到現場。我並不是要建議你去綁架你的賓客，我想說的是你應該參考這場單身派對的做法，在聚會開場前的每一個時刻都做好準備。對於這個空檔，很多人常會犯下一個錯誤，認為這段時間「不重要」。但其實很重要。

在日常聚會中，有很多簡單的方式就可以做到這點，像是點燃蠟燭、致上歡迎詞、在同一個時間為所有賓客倒一杯特別的飲品。從賓客抵達會場直到活動正式開始前的這個最後的轉換期，就是一個門檻時刻。在第一聲雷聲響起及第一滴雨水落下之前，大家會快速建立起期待感，一種混雜著希望與焦慮的感覺。然後當開場時刻終於到來時，可以給你的賓客一個訊息：這是一個充滿魔力的國度，歡迎進到這個世界。

錯失的機會

當聚會沒有做好這個入場迎接的工作時，往往就等於浪費掉一個大好機會。像是之前某一場充滿狂熱的政治造勢大會，原本其實有機會產生更多的影響力。

二〇一六年四月六日，來自佛蒙特的參議員伯尼．桑德斯（Bernie Sanders）當時要角逐成為民主黨總統參選人，他在費城舉辦了一場盛大的造勢大會。等著進入「值得相信的未來」（Future to Believe In）造勢大會會場的排隊人龍繞行一整個街區。基於安全理由，體育館裡的許多人都等了將近三個小時，總統候選人角逐者才終於現身。我聽到這件事時心想：這真是一個很棒的機會——三個小時的入場迎接環節，不僅可以為大家準備好參加當天接下來的造勢大會，也可以營造一股桑德斯旋風。但事實卻非如此。

相反的，數千人坐在可以容納一萬兩百人座位的體育館中等待。他們經歷了場館外的外在世界，再幾個小時，活動即將正式開始。但這中間卻沒有太多安排，就算對這些什麼都願意買單的超死忠粉絲，主辦單位也沒有任何安排。我和各個主辦單位合作過，我完全可以想像他們為什麼沒有填補這個空檔。對他們來說，這個環節等同於活動還沒開始，這段時間可能根本沒有被放在他們的「節目環節」中。這段時間被外包給保全單位，而不是主辦單位。

且讓我們想像一下，這段時間可以做哪些事？在幾個小時的過程中，會有幾千名桑德斯的粉絲在現場等待，候選人則不在現場。主辦單位可以找志工擔任會議引導師，讓大家分組坐在一起，或去找一個陌生人聊聊，談談自己為什麼會來到現場，他們認為這個國家目前最需要什麼，以及他們為什麼認為桑德斯是最終的解答。主辦單位可以安排一組八個人圍成一個圓圈，各自分享在美國的經濟分水嶺，處於弱勢一側的經驗。主辦單位可以透過這段時間創造一個運動。有數千人願意全心專注投入，但因為在主辦單位心中，這段時間純粹就是「等待期」，所以便什麼也沒做。他們沒有意識到活動早就開始了。

開場

截至目前為止，你已經在聚會正式開始前幫大家做好暖身準備，並帶領大家跨越聚會的門檻。但活動開場時確切要做些什麼呢？如何有個漂亮的開場？

聚會中，大家往往錯失開場這個大好機會。大多數聚會的開場往往令人印象一點都不深刻，但其實可以不必如此。畢竟，開場能為聚會定調。我有次見到南非歌劇作曲家紐．穆楊佳（Neo Muyanga），他告訴我他聽到任何歌劇的頭十六小節，就知道歌曲接下來的系統與架構，以及他是否會喜歡這首曲子。「一開始的小節一定會建立一個典範，使用像是音量、拍子、進行方式等元素邀請聽眾離開世俗的世界片刻，投入一個平行宇宙。」他說道。聽了他的分享我才發現聚會也是以類似的方式進行，不管開場是否經過刻意設計，都能告訴賓客對接下來的體驗可以抱持怎樣的期待。

在聚會一開始，我們都跟穆楊佳一樣在讀取線索並自問：我覺得這個聚會如何呢？主辦人會好好招待並照顧我嗎？主人很緊張嗎？我也應該緊張嗎？接下來會發生什麼事？這場聚會值得我花時間參加嗎？我屬於這裡嗎？我希望屬於這個群體嗎？所以開場是建立聚會正當性的重要機會。

一開始大家最專注投入。科學家發現人會有「認知處理限制」（cognitive processing constraints），所以我們不會記得一場體驗的每一分每一秒。大腦會有效選擇我們之後會記得的事物。研究顯示，絕大多數的觀眾在聽演講時會記得一開始的百分之五、結束的百分之五，以及最精彩的部分。我認為這個理論也適用於聚會，但我們卻花最少時間在設計開場與結束，常常都是臨時想到這些部分才潦草處理。

別扼殺哀悼者的專注力

如果你想要好好開場，第一個要做的改變就是不要先從聚會的事務流程著手。

我曾經參加過一個好朋友的葬禮。教堂裡擠滿了人，數百位的親友、前同事齊聚在一間漂亮的房間向這位朋友致敬，他在自己的領域出類拔萃，並幫助過非常多人。大家入座後，開始互相打招呼。許多人都曾因為死者而一度關係緊密，但也已經多年沒有再見過彼此了。現場充滿哀戚之情，很多人已經開始在哭。接著牧師站了起來，走到房間前面。

大家都準備好了。我們全都傾身向前，渴望聽到牧師的慰問之詞。牧師深吸一口氣，看了看所有人。「先跟大家講一下，家屬邀請我們待會結束後，到這條街繼續往下走就能看到的活動中心參加喪後招待，」他說道（以上內容是就我記憶可及），「但他們告訴我那個場地的停車位不夠。從這裡走過去並不遠，我請大家盡量將車子停在這裡，稍後一起走過去。」就在幾秒鐘內，原本可以營造出的氣氛都被浪費掉了。我們都很需要牧師的撫慰並聚在一起哀悼死者，當下時機正適合，大家的注意力都在牧師身上。但可能因為他不想要漏掉宣布這件事，便使用這個開場時刻討論停車的問題。這個時刻本來可以創造一個難忘的開場，將一起來悼念死者的大家凝聚在一起，牧師卻浪費了這個機會。他決定先從聚會的細節安排開場。

這位牧師也不是特例。由於我們覺得正式開場前的時間都不重要，很多聚會都用清喉嚨開場。有研討會這樣開場：「在我們開始之前，先公告一下停車場有一輛白色雪佛蘭卡瑪洛的燈沒有關，車號是TXW四六二八。」也有市民大會用各種公告開場。也有那種賓客身穿華服的盛會，一開始先是感謝一長串的活動贊助商。簡言之，我是指那些開場帶著「先把一些雜事處理一下」的想法的各種聚會。聽起來感覺我很吹毛求疵，但對於一場好的聚會，開場真的非常重要。

開場的政治

對於像是喪禮這類的活動，我猜有很多人就算不情願，可能還是會同意我的看法。理論上來說，沒有人覺得喪禮（或其他親密、私人的聚會）一開場應該用來講流程及行政細節，這和我們想像中理想的方式並不一致。但在其他的聚會，像是那些有贊助商或有需要致謝對象的聚會中，很多主持人都會認為自己沒有選擇，沒有辦法不從這些行政流程先開始。

我不同意。我會跟一起合作的主辦單位溝通：不管從這些流程與行政細節開始看起來多麼重要，一旦這樣做就是錯過了將聚會目的烙印在與會者心中的大好機會。有時候，你其實是在破壞你的聚會目的，賓客會知道你實際上並沒有那樣在乎那些你表面上宣稱的事情。

每年，個人民主論壇（Personal Democracy Forum）會在紐約市舉辦年度會議。知名公民活動家、科學技術人員、社區活動籌辦者、公務員等其他對民主現況有興趣的各領域人士會齊聚在一起，共有約數百人出席。二〇一五年的會議主題是「想像所有人：公民科技的未來」。對於這個主題的選擇，主辦單位解釋道：「我們想要帶領大家進入一個未來，在那裡每一個人都會參與，在這個我們共同打造的未來，科技會被妥善使用，針對大家共通的公民問題提出解答。」

這一年活動由其中一位創辦人安德魯．雷西艾吉（Andrew Rasiej）開場，當他將舞台交給其中一位「出席現場的贊助商」代表——一位微軟高層——並讓對方先開始講的時候，一切都變得有點突兀。

你可能會說這有什麼大不了的？問題就在這裡。在最一開始的時刻，大家的狀態都最好，都準備好要受到啟發。他們想知道：這活動到底是講什麼的？誰有主控權？

大家之所以會來，基本上都應該是受到論壇主題的吸引：對於民主可以被啟動、更多人可以參與，不只是有權勢有人脈的人這樣的概念。結果在論壇一開始，主辦單位就複製了阻擋民主及人們參與的主要元素——金錢可以買到特權。他們不是邀請幾位在地社區領袖輪流上台簡短發表，而是由一個企業贊助商來開場，如此做法正是以自身體現了他們亟欲解決的問題。

贊助者的作用是在擴大活動的影響力。但是當主辦人和贊助者不是同一個人時，這代表活動有兩個主導者：主辦人及贊助者。而這兩者關心的重點有時並不一致，這樣不同調的狀態可能在活動的任何一個環節出現，而且往往在開場及結尾時最明顯。因此主辦人一定要了解，將寶貴的時間交給贊助者絕對不是毫無代價或中立的行為。就像是在個人民主論壇的例子中，這樣做可能會導致與會者開始懷疑這個活動真正的目的。

如果你想要參考其他人如何抵抗贊助者的力量，可以參考一下喬治・盧卡斯（George Lucas）的做法。盧卡斯在拍原版的《星際大戰》時，希望電影有個大膽的開場。對此，美國導演工會表示抗議。在那個年代，大部分電影一開場都會放上編劇、導演等名單——在這個例子中，是要謝謝創造出這部電影的人，而非贊助商，以前都是這樣做的。盧卡斯不顧導演工會的抗議，決定完全省略了開場的導演及編劇名單介紹，結果因此創造出電影史上最令人印象深刻的開場。而他也為此付出代價——導演工會因此罰他美金二十五萬元。可是盧卡斯堅持忠於觀眾的體驗，他願意為此犧牲。你也應該這麼做。

冷開場

電視節目製作單位也常常遇到盧卡斯之前的處境，有些因此找到了一個解決之道，而這個方法或許能更直接應用在聚會上：冷開場。

冷開場即是在電視節目開場時直接進入一個場景，而不是先放演員名單。在一九五〇年代，導演開始實驗冷開場的手法，試著在觀眾看完上一個節目後繼續留住他們的注意力，避免大家轉台。《週六夜現場》（*Saturday Night Live*）會用長達幾分鐘的短劇開場，這些短劇有時候感覺像是新聞節目或其他節目的一部分，最後表演者會大叫：「紐約直播，週六夜現場！」這就是冷開場的最佳範例。這個節目知道對於電視節目來說，觀眾的注意力代表一切，一旦先抓住觀眾的注意力，就能處理其他事情，像是致謝或其他細節處理。

每場聚會當然都有其行政處理的需求。大家需要知道廁所在哪，需要知道可以在哪裡用午餐，通常也會有最後一刻臨時的調整需要公布，但大家並不需要在聚會的一開場就知道這些資訊。這不是說不需要花時間在這些細節上，純粹只是不要用這些事情作為聚會的開場。用冷開場開始你的聚會。

奉承並震懾你的賓客

決定了聚會的一開始禁止處理行政事務後，那到底應該怎麼開場？我的答案很簡單：你的開場應該要像是一個愉快版的休克療法[7]。應該要抓住大家的注意力，在抓住注意力的當下，應該要讓與會者同時受到震懾又感覺備受奉承。一定要在他們心中同時種下「感覺受到全然歡迎」以及「很感謝能參加」的矛盾心情。

這種奉承兼震懾的概念，有時候在非聚會情境中反而做得更好。那些寫小說、布置飯店大廳等等工作和聚會非常不相關的人往往對於這件事很擅長，他們知道怎麼讓讀者或客人同時感覺受到奉承又被震懾住。所有的作家都可以和你大聊特聊，關於自

7 針對精神疾病患者，透過電流導致休克，再進行治療的做法。也可延伸指透過極端的政策或措施快速解決特定問題的做法。

己花了多少時間在設計開場文字。問飯店業者大廳設計背後的理論，他們也會告訴你只要有些不同的調整就能創造出截然不同的效果。這些知識各自都是一項專業，而我則對這些不同方法的共通之處充滿興趣。當梅爾維爾（Melville）在《白鯨記》（*Moby-Dick*）用「叫我以實瑪利」開場，當四季酒店（Four Seasons）的大廳用比你還高的花束迎接你的蒞臨時，我覺得這些都是奉承兼震懾的手法。

在這些開場中，我們會覺得有點被震懾住，同時又感到備受歡迎；注意力被吸引的同時，卻又受到療癒。當梅爾維爾自信又直接地採用第一人稱向讀者發言時，他假定你們彼此間有一定的熟悉度，但同時又有種信賴感。他並不是要將小說中的整個世界解釋給你聽，純粹只是要歡迎你進到這個世界中。同樣地，四季飯店大廳裡的花束令人驚豔，高度可能比你還高，這樣的景象讓你感到震懾、感到害怕，也提醒你自己的家中可沒有這樣的布置。但那些花束的確是為你所布置，是要向你致敬。

很少會有比達里歐·切基尼（Dario Cecchini）更了解奉承兼震懾藝術的人，切基尼是義大利奇揚地的潘尚諾村（Panzano in Chianti）第八代托斯卡肉鋪的主人。馬賽樂利亞切基尼（Macelleria Cecchini）是一間小肉鋪，卻吸引了世界各地頂尖的廚師朝聖。當你一走進這間肉鋪會立刻看到切基尼高超的開場藝術，他會擁抱所有進到肉鋪的人，不管是陌生人或認識的朋友。對於首次踏入肉鋪、一臉困惑的顧客，他可能會在對方一踏進店裡時給對方一杯酒、一塊上頭抹了豬油的麵包。大多數的夜晚，在營業時間結束後，他會在肉鋪樓上招待三十位陌生人，大家圍坐在一張長形木桌，旁邊則烤著肉。在大家還沒開始吃之前，他會拿起兩塊滴著血的佛羅倫斯牛排，舉到頭上大聲說：「要吃牛，還是不吃牛！」（To beef, or not to beef!）[8]

他的賓客中有些是老朋友，有些則是碰巧從街上走進來加入，大家都看得目瞪口呆。儘管現場都有員工在旁，切基尼仍親自將烤好的肉盛到客人的盤子上，這個殷勤的侍者剛好在義大利也是位名人。他透過與賓客的互動向他們致意，雖然他可能不會說對方的語言。他會到處走動，看一下每位賓客，和他們握手，停下來聽聽對方的故事，捏一下對方的臉頰，一起開懷大笑。切基尼在他的肉鋪裡充滿活力，而且他也會讓你有同樣的感覺。切基尼是舞台上的主角，但他同時也是你的主人、你的嚮導、你的朋友。他展現了開放及熱情的態度，並喚醒你心底的這些特質。突然間，你會發現自己開始與陌生人互動，開始嘗試小小的冒險，問一些出乎預料的問題，展現出與自己在一般餐廳不一樣的行為舉止。

作為主人，當你要震懾住你的賓客時，你就是把自己和聚會放到賓客之上；當你

---

8 是在玩「To be, or not to be.」的雙關。

要奉承、要向賓客致意時，則是將自己放到賓客之下。而當你像切基尼一樣同時做到這兩件事時，你會讓賓客感覺（在此向喜劇演員格魯楚・馬克思〔Groucho Marx〕致敬）自己彷彿是一個受到重視的俱樂部成員，而他們其實並不屬於這個俱樂部。

要達成這樣的效果有很多方法。我曾經有個老師叫做蘇加塔・羅裘赫里（Sugata Roychowdhury），他在會計課的第一堂課用了一個堪稱傳奇的方式點名。他沒有低頭看著點名冊，喃喃地唸出學生的名字。羅裘赫里走下講台，看著教室裡約七十多位新生，然後他指著學生，一個接著一個唸出他們的名字和姓氏（有些名字還滿複雜的）。這些學生從未見過他，他也沒見過這些學生。他靠著記憶力點完名，我們都為之震懾，他一定在事前花了好幾個小時看了我們的照片並練習唸出我們的名字。這是一個絕佳範例，經過幾個小時的準備，他將「點名」這樣一個聚會中陳腐的環節轉換成戲劇化的開場。

羅裘赫里教授創造了一個難忘的時刻，並傳遞兩個重要的訊息：他非常重視他的課程也非常厲害；如果我們花心思去學習，將能收穫滿滿。

我的意思不是你要成為一個知名的義大利肉販或能背下七十個學生名字和長相的超強會計教授，才能奉承又震懾住你的賓客。接下來要再分享一個這樣的故事，而這個例子則用非常簡單的方式做到奉承兼震懾的手法。

有次我邀請繼妹和她的先生一起吃午餐。他們住在華盛頓特區，我先生和我不常見到他們，但他們某個週末剛好要到紐澤西拜訪親戚。

他們即將抵達的前十分鐘，我先生一臉疑惑地走進客廳，因為我還沒擺飯桌。對我來說，就「只是蘿倫」要來呀——只是和親近的人的一場便飯，不需要太正式。我當時覺得要展現親密感的方式，就是在她抵達後一起擺飯桌。但我先生覺得我們應該要讓她感覺自己很特別，堅持事前擺好飯桌。我們剛擺好飯桌，門鈴就響了。他們到了。在門口擁抱之後，蘿倫走進飯廳，突然一臉吃驚。

「有誰要來？」她問道。

「你們呀！」亞南德和我同時笑著說道。她不敢相信我們竟然為她擺好了飯桌，顯然因此深受感動。我想，她因為我們特地花時間為她準備而感到榮幸，同時也很驚訝我們布置得這麼漂亮。

凝聚你的賓客

經過一開始的奉承兼震懾的「休克療法」後，你得到了賓客的全神貫注。他們想要待在這裡，他們覺得很幸運能夠出席，他們可能會想要在這場聚會中奉獻所有。你的下一個任務是要凝聚大家，將各式各樣的賓客變成一個群體。一個好的主辦人不會什麼都不做就單純希望迥然不同的與會者能自然而然成為一個群體，而是會採取實際行動，讓大家變成一個群體。

最強泥人障礙賽（Tough Mudder）的主辦單位設計了週末障礙賽，提供給喜歡這類活動的朋友參加。在這些關卡中，參加者會跑過布滿金屬絲網的場地、游過裝滿七萬五千磅冰塊的垃圾子母車等等。最強泥人障礙賽基本上就是一種馬拉松，但開場儀式和其他傳統馬拉松非常不一樣。一般的馬拉松基本上是以個人為主，參加者幾乎只專注在自己的表現上。

在最強泥人障礙賽的起跑點，參賽者被要求舉起右手，齊聲複誦活動宣誓：

作為最強泥人，我宣誓

- 我了解最強泥人不是一場比賽，而是一場挑戰。
- 團隊合作與夥伴精神比個人賽事時間更重要。
- 我不會抱怨發牢騷——那是小孩子才會做的事。
- 我會協助其他泥人參賽者一起完成比賽。
- 我會克服所有恐懼。

最強泥人障礙賽和一般的馬拉松不一樣，一般的馬拉松是一群人各自挑戰體能的體驗，而泥人障礙賽則是一群人一起挑戰體能的體驗。活動宣誓內容為參賽者做好心理準備，接下來要在身心上協助彼此，就算犧牲了個人成就也在所不惜。泥人障礙賽的創辦人威爾．迪恩（Will Dean）告訴《富比士》（*Forbes*）雜誌：「最強泥人障礙賽的原則是大家一起跨越終點線才是真正的獎賞。要獨自完成大部分的障礙挑戰幾乎是不可能的事，這也逼著參賽者互相尋求協助。而由此建立的互賴性強化了一股社群感，我們不只致力於自身的成功，也為他人的成功有所貢獻。」迪恩和他的同事知道，如果要讓參賽者從競爭的思維轉化為合作的態度，必須要在活動開場時做點什麼——也就是能有效凝聚彼此的微小介入手法。

活動宣誓是一個可以連結與會者的做法，但其實還有其他的方式。有些最有效的方式是幫助與會者看到彼此，讓賓客看見彼此的存在，這步驟很簡單卻十分重要，我們在聚會時往往忘記這個步驟。在祖魯部落，這樣的做法深深根植在他們互相打招呼並回應的語言中：

打招呼：「沙烏波納。」（Sawubona，意即「我看見你」）

回應：「尼奇赫納。」（Ngikhona，意即「我在這」）

在忙碌的西方現代生活中，我們往往會跳過這個步驟。在很多教會，牧師會邀請會眾將注意力從講道壇轉移到彼此身上，大家互道「早安」或「復活節快樂」。有太多聚會都省略掉這類的邀請，但如果在聚會一開始就這麼做，效果其實會非常好。

編劇兼導演吉兒・索洛威（Jill Soloway）通常在一天的拍攝工作開始前，會讓他們（索洛威偏好使用中性的「他們」來稱呼）身邊的工作夥伴這樣連結彼此。索洛威是製作過《透明家庭》（*Transparent*）、《我愛迪克》（*I Love Dick*）等影集，並曾奪得艾美獎的電視節目製作人，索洛威稱這個儀式為「箱子」。早餐之後，所有演員及臨時演員抵達現場、場景道具都準備好之後，索洛威或某一集的另一位導演會決定進行「箱子」的時間到了。一位製作助理會在場地中央放一個木箱子，箱子旁邊則有很多空間。團隊中的大家一看到箱子便會聚在一起，圍成一個很大的圓圈，一邊拍手一邊說：「箱子、箱子、箱子、箱子！」大家會一直反覆說著箱子，直到所有人都加入圓圈，然後越說越快，直到有人站到箱子上說話。一旦有人站到箱子上，就代表接下來是這個人講話的時間。

大家會分享自己在煩惱的事情——很擔心老朋友的狀況、有家人過世、對於自己演出的感受等等。「大家會站到箱子上，然後分享自己的問題，有人會分享他們的突破，大家會哭、會釋放自己的感受。」在《透明家庭》中飾演喬許的傑・杜普拉斯（Jay Duplass）在接受《好萊塢報導》（*The Hollywood Reporter*）的採訪中說道。「大家在工作開始前先被淨化，並為接下來要傳達的細膩柔軟、卓越表現定下基調。」另一位演員翠絲·琳賽（Trace Lysette）表示，「這就是吉兒工作的方式。」

索洛威相當重視團隊凝聚，甚至連臨時演員都被邀請加入這個箱子的儀式。格里芬·鄧恩（Griffin Dunne）是《我愛迪克》的演員，他記得有一位出現在餐廳場景，在主要場景中坐在離他隔了兩桌的臨時演員，那位臨時演員有天站上了箱子。「這位女士站上去說，她是這條街上一間銀行的經理，她從來沒有過這種被接納、像是家人一般的體驗。」他回憶道。

「我沒有誇張，有客串演員要離開我們的片場時還哭了，」《透明家庭》的演員艾咪·蘭德克（Amy Landecker）這樣告訴 Bustle.com，「他們難過於無法繼續留在劇組，而業界的其他劇組並不會這樣做。」

箱子時間通常維持在二十到二十五分鐘，但有時可能長達四十分鐘才開始彩排，索洛威會給這個儀式充足的時間進行。克里斯丁娜·希爾姆（Christina Hjelm）是索洛威的助理，她告訴我他們如何在合適的時機結束箱子時間，轉換到彩排的環節：

一旦開始沒有什麼人想分享了，助理導演會繞著人群走，看最後還有沒有人要把握機會站上去分享。如果助理導演繞著大家轉完之後還沒有人站上去箱子，他們會接著上去做結尾。結尾通常會講到當天拍攝的特殊指示及大家在片場要記得的安全注意事項。最後，他們會喊出當天的安全密語，下面的人再大聲複誦。片場中很受歡迎的安全密語像是「公羊」和「小雞」。

箱子時間是讓一個龐大團隊凝聚的開場儀式，能清理大家的思緒，並創造出一個像是通道的效果，幫助大家開始進入彩排環節。「這對所有人來說是一個在開始工作之前可以讓大家連結凝聚的時刻。」蘭德克表示。箱子時間也為團隊創造一種真實感——這是製作節目的一個祕密武器，也是其故事線在探索的其中一個價值觀。「我們可以像孩子一樣玩，」索洛威這樣告訴另一組訪問單位，「沒有人會擔心犯錯。」在約二十分鐘的時間內，製作人將一群演員及臨演變成一個群體，讓他們「看見」彼此的存在。

巴瑞圖敦．瑟斯頓有次就將這個讓賓客看見彼此的概念應用在跟朋友的聚會上。當時瑟斯頓要在自家舉辦年終派對，他突然發現所有的賓客都不認識彼此。他是連結所有輪輻的輪轂，所以他決定要讓每位出席的賓客都認識彼此。做法是為所有人創造一個獨特的開場時刻。

每個人到達的時候，瑟斯頓會開始鼓掌並大叫說：「大家注意！大家注意！」其他人會轉頭看，瑟斯頓則會有點調皮地大叫：「現在為您介紹……凱蒂．史都華！」接著他會告訴大家關於凱蒂的一些事情，一些其他人可能會覺得有趣的細節：「我是在一堂衝浪課初次見到凱蒂，結果發現她是全班最會衝浪的人。凱蒂三年前離開肯亞的工作，搬到紐約。她住在附近——耶，布魯克林！——養了兩隻巴哥犬。我最喜歡凱蒂的一件事就是，雖然她的工作超瘋狂，但每次我打電話給她，她都會接。」其他的賓客聽完每個介紹都會鼓掌，感覺有點滑稽，但這些介紹都很有趣、見解深刻，而且出乎大家的意料。瑟斯頓掌握得很好，大家也都非常買單。

在三十秒的時間內，瑟斯頓不僅介紹了賓客，也提供了三到四個能讓其他人得到連結的有趣內容。他沒有把大家直接和各自的職業劃上等號，保留了一些神祕感（不知道那個瘋狂的工作是什麼）。他為每個人都這樣做，每個人被介紹的時候都同時感到尷尬、出乎意料又滿意。

他歡樂又引人注意的介紹，讓現場的賓客都得到了機會能看見彼此，知道關於對方的一些事。派對一開始，這群人本來毫無關係，但在瑟斯頓的介紹後，大家開始建立了一些連結。作為主人，他花時間和每位賓客相處，藉此向大家致意。就像是切基尼，他「屈身」的方式是將賓客捧得高高的。但他同時也讓整個房間的人都停下來聽他講話，這個時候則是將自己拉高到賓客之上。他利用慷慨型權威讓聚會暫停片刻。就跟亞布斯特一樣，瑟斯頓拯救賓客的方式是讓他們不用向其他人自我介紹，而在這個過程中，他也讓每位賓客意識到其他人的存在。

讓聚會中的大家能互相「看見」彼此的重要性，聽起來可能很枝微末節，有時卻可能攸關人命。研究發現，一直到最近，醫療團隊被召集在一起為病患動手術時，團隊成員常常在手術開始前還不知道彼此的名字。約翰．霍普金斯二〇〇一年的研究顯示，當醫療團隊能在手術之前先彼此自我介紹並分享對該手術的擔憂考量，手術併發症及死亡的機率將減少百分之三十五。外科醫師跟我們很多人都一樣，他們覺得不應該浪費時間在「看見、被看見」這類無用的形式上，對他們來說人命更重要，但正是這些看似無用的形式直接影響了手術的結果。雖然手術的過程很精細複雜，但當護理師、醫師、麻醉師都能好好實踐聚會原則時，他們在手術中才能更自在地發言並提供解決之道。

如果你的聚會有觀眾的話，有其他方式可以讓大家意識到彼此的存在。研討會在這點通常做得很差，台上和台下通常有很多垂直連結，但台下與會者之間的水平連結卻非常薄弱。

火花夏令營（Spark Camp）是由五個在媒體圈工作的朋友發起的週末會議，成立的其中一個原因就是希望測試是否能創造出水平連結為導向的會議。這個活動成立的宗旨為「研討會可以改造成有效又有創意的聚會，推動創意發展並為產業面臨的挑戰找到實際解方」。火花夏令營的主辦單位跟瑟斯頓一樣，他們學到如何在活動一開始就運用自己的權威，將與會者變成一個社群。在活動開場的那個晚上，主辦單位直接接手，沒有要與會的七十人逐一自我介紹。跟我之前搞砸的那場晚餐聚會不一樣，這場活動的主辦單位透過事前認真準備進行與會者介紹。

根據會議的紀錄報告，就在開場晚宴前，主辦單位把大家召集起來，然後開始為每個人進行「非常個人又異想天開」的介紹，最後才提到這個人的名字。對此，其中一個創辦人安德魯．佩根（Andrew Pergam）跟我解釋道：

這其實很簡單。我們見過太多活動上，大家會自己寫下精心編排的介紹，用第三人稱的方式列上各種功績，所以我們覺得我們應該幫大家做這件事，但是用能幫助對方脫穎而出的方式做。我們覺得被邀請來參加火花夏令營的是一個有血有肉、完整的人，但自我介紹通常只著重在個人專業上的成就，所以我們希望我們的介紹能帶出這一個人更完整的面向。

主辦單位將與會者稱為「營友」，主辦單位要求當營友們聽出來在介紹的是自己時，就站起來。「你常常會看到大家一直環顧四周，有些人努力在想到底是不是自己，直到最後有人站起來。」佩根說道。主辦單位「花了非常多時間研究與會者」並「找到那個人過去一些模糊的細節，將這個細節和他其他的成就連結起來」。這樣一來，主辦單位不但免除了營友們在幾十個人面前自我介紹的壓力，他們在稍後的活動中也能更自在地去找其他人說話。佩根表示：

大家都因此變得平等，不管是成就再傑出的人，也是由我們來介紹他的背景——搭配我們一時興起的網路搜尋能力。我們透過這個隱微的方式告訴大家：「我們邀請你來，你可以做全然的自己，不只是專業的一面，」同時也清楚明確傳達出：「我們認真看待你的成就——你所有的成就。」我們也常常發現大家彼此聊天時會說：「喔，你是那個會拉小提琴的人！」或「喔，你就是那個在養蜂大會認識你先生的人！」

就算是在演講時也可以凝聚觀眾。舉個例子，艾絲特・佩萊爾（Esther Perel）是一位兩性關係及性治療師，她也是個經驗老到的講者，常常在超過一千人面前演講。

佩萊爾就給了我們很好的示範。除了演講內容有趣之外，佩萊爾之所以那麼受歡迎是因為她會將觀眾彼此連結，暗示大家他們並不孤單。如果有人問佩萊爾關於劈腿、離婚或關係變淡的問題，她在回答前會先環顧觀眾席，問問大家：「有多少人有這樣的經驗？」或「有誰也想知道這個問題的答案？」透過這個簡單的舉動，她將這個一對多的單向演講轉化成一個集體的經驗。

研討會的主持人可以多學學佩萊爾，他們往往太過著重在與會座談者以及要提問的問題。一位好的主持人知道，即使是座談也不會是一個單獨的對話，其存在的情境是在一場聚會中。所以，要改變的做法可能很簡單，可以純粹在討論的一開始先對著觀眾問：有多少人自認是ＡＩ專家？有多少人在這個領域工作？有多少人是第一次思考這個問題？有多少人現在才發現自己來錯場了？

我在執行願景實驗室的時候，不管地點是在政府機構、大學或金融機構，開場的五分鐘內，我一定會說類似下面的話：「我希望大家想像一起織一張蜘蛛網。每個人的手腕都有絲線，和在座其他三十二個人連結在一起。最弱的絲線能提供多少連結，我們就能挖掘多深。我先聲明，沒有一個人是最弱的環節。」大家通常在這個環節會緊張地笑出來。「沒有人會被投票趕出這座島，但任何兩人間最弱的絲線將會決定我們大家能探索的深度。」我把一切攤開來說，並在中場休息或其他轉換的時刻提醒大家這一點：建立一個網絡、建立一個網絡、建立一個網絡。因為這跟他們與我的連結無關。這張團體內心中無形的網，可以讓大家願意冒險、一起構築、進行最大膽的嘗試，不管這是一場關於什麼主題的聚會。

好還要更好

對於某些聚會，像是你固定的週一工作晨會來說，使用奉承兼震懾的手法可能感覺會有點過頭——不過我還是會鼓勵你思考吉兒．索洛威的例子。我自己相信任何聚會都可以至少採用一點點任何一個我提到的要素。

但如果你想要做得更多，如果你真的想要讓你的開場變得更好，以下是一些加分的做法：試著在開場時體現你當初想要將大家聚在一起的原因，試著讓大家在活動最一開始的時刻感受到這場聚會的目的。

丹尼爾．巴瑞特（Daniel Barrett）是布魯克林高地蒙特梭利學校的一名小學老師，他告訴我他和其他老師刻意要學生在開學第一天打毛線。「我們稱之為『動手做』，透過這個方式讓學生一起安靜地專注在一件事上，」巴瑞特說道，「這也能幫助他們寫字，因為這能訓練他們的精細動作技能。」開學日當天，學校會花半天時間帶領這些一年級新生，教導他們蒙特梭利學校的核心原則，其中一個原則就是社群的概念。那巴瑞特又怎麼將這個社群的概念體現在第一天的活動呢？

他拿出一顆棉線球，丟給一個學生，並說一些稱讚對方的話。然後這個小朋友再重複一樣的動作，她拿著自己那端的棉線，將棉線球丟給另一個同學，說些稱讚對方的話。然後大家一直重複這樣的動作，直到整群人一起編出了一張棉線蜘蛛網。「如果我拉一下我這端的網子，所有人都可以感覺到振動，這就是社群的意義，」巴瑞特告訴他們，「你們所有的選擇、所有的行為，或大或小，都會影響其他每一個人。」

巴瑞特找到一個有創意又適合這個年齡的方式去提醒他的學生——他的賓客——他們為什麼要做這件事。一個精心思考設計過的開場可以改變一場聚會的方向，就算這場聚會的長度是以年為單位來計算的也是如此。

第六章

不要在我的聚會
展現你最好的一面

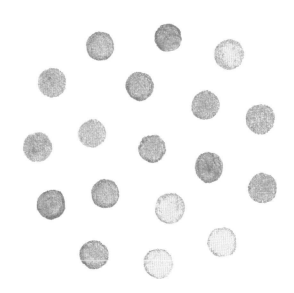

截至目前為止，我們聊過了聚會目的，以及如何利用這個目的進行實用的決策選擇。我也懇求大家作為主人要好好使用你的權力，用慷慨的方式去主導你的聚會。另外也分享了一些例子，講到有些人如何利用一次性的規則讓聚會變得更有趣。此外，還講到聚會開場時不要做的事，及建議做的改變——以及該如何在活動正式開始前為賓客暖身準備。

現在，你的聚會已蓄勢待發，基礎都打好了，活動已經開始。這時你心裡在想的可能跟我很多朋友及客戶想的是一樣的事情：要如何讓與會者展現更真實的一面？要如何讓大家的互動更真誠？我有一些建議。老實說，共有十五點建議。

讓會議（或任何聚會）不要那麼糟的十五種方法

沒有什麼地方比在研討會上更容易看到那些愛吹噓的騙子了。在這些場合，原本可以跨越不同界線、身分、職業進行對話的機會往往都被浪費掉了。這麼多具有影響力的人聚在一塊，但最後的討論卻常常淪於表面。會有這樣的結果，是因為大家都展現出他們覺得其他人期待看到的最好的自己。

如果要挑一個「會議版自我」最猖獗的情境，那世界經濟論壇（World Economic Forum）就是最典型的例子。世界經濟論壇這個機構每年會召開幾次會議，邀請全世界最有錢有勢的人來參加，其中最知名的地點是在瑞士的達沃斯。正因為如此，幾年前，我和一位同事決定試著駭入世界經濟論壇。我們是不是可以在世界經濟論壇活動進行的同時，發起反世界經濟論壇的活動？我們有沒有辦法讓那些善於展現自己完美一面的人們，展現出值得分享的另一面？如果讓這些來自不同背景、各具專業的人士，來此展現出完整的自己，而不只是吹牛版的自我，是不是更有機會好好一起討論這世界上亟需解決的問題？

我們決定選擇世界經濟論壇位於阿拉伯聯合大公國的年度會議進行這項實驗，這場會議召開後，還要過兩個月才會舉辦位於達沃斯的主要會議。這場位於阿聯酋的會議，有部分目的是要為達沃斯的會議進行發想並設計議程。世界經濟論壇會安排數十個「全球議程委員會」（global agenda councils），各個委員會負責的議題從人工智慧到海洋的未來都有，每個委員會應「針對全球議題提供創新想法，並以大眾利益為出發點，發想各項方案及活動」。總共九百名委員會成員會在阿聯酋進行為期三天的會議，討論這一年來各自針對被指派的主題所進行的工作，並鎖定這些議題提出新方向。

委員會成員因其在各自領域的成就及能力而受邀加入委員會，而非其弱點。也因為如此，在會議中，甚至晚餐或中場休息都成為大家炫耀賣弄的時間，不斷輪番一較高下。就算是大家沒有在互相比拚的時候，我從參與過的對話中發現，內容往往都淪於表面知性，沒有一絲真實或展現其情感脆弱之處。這就像是我參加過的許多其他會議：你到現場後，試著向大家展現你有多聰明，會後可能因此獲得一些新的合作機會，但卻難以產生真實的交流。大家通常都會表現得像是自己個人的品牌大使或發言人。但，正因為這不是保險業的會議，而是關於要如何解決人類最急迫問題的活動，這類交流淺薄的互動似乎阻礙了我們達成目標。

那年，我受邀參加世界經濟論壇的領導力新模式全球議程委員會。根據委員會過去一份報告指出，其目標是要了解並創造關於「發揮領導力的情境，以及如何才能作為好的領導者的巨幅轉變」的深度對談。更具體來說，委員會認為當前世界的各種變化「為新的領導力創造了空間」，這個空間的定義為「領導者情感上的能力（價觀、勇氣、自我意識、真誠度）」以及「其社交關係及網絡的廣度與深度」。或許正是因為這個目標，包括我在內的委員會諸多成員都驚覺，世界經濟論壇的文化讓領導者很難發展出這些面向。來自德國的行銷總裁提姆・萊貝雷希特（Tim Leberecht）是我在委員會的一位同事，我們當時在想是不是可以進行一場實驗來改變現況。

各位聽了可能也不會意外，因為我們的實驗內容正是要用不同方式聚會。我們建議在會議正式開始的前一晚，舉辦一個小型的晚宴，受邀者包括世界經濟論壇不同委員會的成員。我們的目標既簡單又複雜：讓大家關掉建立人脈和自我行銷的開關，開始和其他人產生連結——用富有人性又真實的方式交流。

但在人脈拓展的活動要如何開啟一場氣氛緊密的晚宴呢？要如何讓出席時武裝得很好的人們展現出脆弱的一面？要怎麼讓工作晚宴變得更像是婚禮彩排晚餐呢？對於那些準備好要來推銷一個點子或一個組織的與會者，要怎麼讓他們在一個晚上的時間內原形畢露，展現出複雜又多面向的真實自我呢？要如何讓通常散發出自信的人展露出脆弱、自我懷疑的一面呢？

起初，我們把重點放在一般的準備事項：我們在一間餐廳訂了私人包廂。邀請了來自不同委員會共十五名成員，其中很多都是我們不認識但對他們很感興趣的與會者。為了讓當天晚餐有個聚焦點，我們選擇以「（一種）美好生活」（a good life）作為主題。之前我們曾在某次專案用過這個主題，所以知道這個主題的含括範圍很豐富，我們作為主持人，對此主題也有充足的準備。而且我們刻意選用「一種」美好生活（像是：你覺得怎樣的生活是一種美好的生活），而不是「唯一那種」美好生活。

晚宴前一晚，我輾轉難眠。我們為什麼要邀請這些人？如果不順利，該怎麼辦？如果沒有人願意分享，該怎麼辦？如果這個主題不成功，該怎麼辦？我很擔心實際的對話內容，當時的我認為這是無法事先準備的部分。我覺得要協助十五個陌生人進行這樣一場複雜對談的活動，已經超出我們的能力範圍。我們花了非常多時間在其他細節上，甚至包括開場迎賓飲料，但卻沒有花太多心思在對話的實際架構。我們想要即興發揮，我希望創造出親密的氣氛，但我並沒有設計任何可以營造出這種氣氛的安排。

當天，我和媽媽及先生共進午餐，他們也跟我一起來參加這趟行程。我們在阿布達比一間照明昏暗的購物中心吃午餐，我向他們訴說了我的焦慮。大家為什麼要真誠分享呢？我要怎麼決定誰要什麼時候進行分享呢？我進入會議引導師的模式，開始思考可能的架構。我突然想起聚會原則中，最基本但也是最容易被遺忘的一點：我們要為想要的結果進行設計安排。

如果我們不是純粹介紹「美好生活」的主題，而是在晚宴進行到某一個階段時，請每位賓客就自己想像中的「美好生活」敬酒分享呢？嗯，聽起來不錯。但如果大家只是一直不停地講一些浮誇的想法呢？

另一個想法：要不然我們請大家在敬酒時分享自己的故事或人生經驗？有點進展了。但這對大家的要求有點多。

如果沒有人想要敬酒分享該怎麼辦？如果每次的分享之間都拖很久，大家陷入一片靜默該怎麼辦？

然後關鍵點來了：要不然規定最後一個分享的人要用唱的？我聽完我先生這樣提議後就笑了，但他是認真的。這能為晚宴設下輕快的步調，同時加入一點小小的冒險成分。

那個晚上，賓客陸續抵達，大家都不知道接下來會發生什麼事，可是看起來都興致勃勃，也很期待出席活動。與會者包括總統的資深顧問、執行長、記者、企業家、活動分子等。大家分成幾組，每組的性別分配都很平均，年齡層則從二十出頭到八十幾歲都有，分別來自六個國家。我們站在包廂入口處，遞給抵達的賓客一杯迎賓雞尾酒，熱絡地介紹大家互相認識。賓客看到自己的名字出現在卡片上，發現現場有安排特定座位。

大家入座後，我舉起酒杯，謝謝賓客的到來。我介紹了自己和萊貝雷希特，並說明活動的主題及舉辦這場聚會的原因。我們接著解釋了規則，其中包括唱歌和查泰姆樓原則（Chatham House Rule，靈感取自皇家國際事務研究所），這個原則允許與會者分享在私人聚會的經驗及發生的故事，但禁止提到該私人聚會中其他與會者的資訊。我們邀請賓客在敬酒前先講一個故事，故事講完後，請舉杯向這個故事背後的價值與學到的一課致意。然後，我們就開始了。

前三位賓客的敬酒詞都很簡短。第一位用個人故事分享美好生活就是一個有選擇的生活。（「敬選擇！」）第二位分享她在災難援救領域的工作，講到後來情緒也跟著激動了起來，她的分享告訴大家其實可以展現出人性的一面，並真心投入地關心某件事情。第三位則講到他認為構築一種美好生活的三個要素：為自己工作、為他人工作、樂在其中，他在致詞最後說：「三個中做到兩個也不差了。」這時突然有人開始唱起歌：「三個中做到兩個也不差了！」[9]然後大家都笑了。（「敬三個中做到了兩個！」）氣氛逐漸變得放鬆。

大家的分享開始有些停滯，我們趁機休息一下，吃點東西並跟周遭的賓客聊天，我則想著自己應該分享什麼。我在出席這場晚宴時有個明顯的優勢，因為我事先知道聚會的主題，心中已經有了想要致詞的內容。但在那一刻，我才發現原本打算分享的內容一點冒險的成分都沒有。突然之間，我腦中浮現一個美好生活的景象，故事發生在我十一歲的時候。我接著想：我不能跟「這些人」分享這個故事。我的心跳開始加速，通常出現這個狀況時，我都覺得是內心的自己在說：就做吧。我深吸一口氣，顧不得雙手還在顫抖，敲了自己的杯子。大家有些驚訝，沒想到我竟然這麼早就要分享了。

我先分享一種美好生活就是能看到也被看到，接著開始講一個非常私人的故事，在這個故事中，我覺得被看見了。以下是就我記憶所及的分享內容：

我十一歲的時候，月經第一次來。當時我在馬里蘭州的一個朋友家過夜，我不知道該怎麼做。我沒有跟朋友說，第二天回家時告訴了媽媽。在那個年紀，我的許多信念及對事物的評斷都來自其他人的反應，所以我很小心地觀察媽媽的反應。她一聽完就大叫，然後把我舉起來轉圈，開心地笑著，在房子裡跳舞慶祝。那天，我從她的反應得知，身為女性是值得慶祝的一件事。但我媽媽做的不只如此。兩週之後，她為我舉辦一場月經派對。

到這裡，與會賓客開心地笑了出來，並開始鼓掌，連男性賓客也是，我這才鬆了一口氣。我繼續我的月經派對故事，以下是我大概記得的內容：

9 歌手「肉塊」（Meat Loaf, 1947-2022）的知名歌曲〈Two Out of Three Ain't Bad〉。

媽媽沒有邀請我的朋友來參加派對，而是邀請了她的女性朋友，這些年長的女性都度過了這個轉變成女人的重要時刻。每個人都給了我禮物，其中一個人給了我人生中第一條粉紅蕾絲內褲，因為她作為女性最喜歡的一件事就是「打開放內褲的抽屜，看到抽屜裡色彩繽紛」。她們還為我唱歌，其中包括我媽媽最喜歡的兩首歌：「搖滾甜心」（Sweet Honey in the Rock）的〈關於孩子〉（On Children）和「克羅斯比、史提爾斯、納許與楊」（Crosby, Stills, Nash & Young）的〈教導你的孩子〉（Teach Your Children）。在那一天，我知道自己是重要的。我看見了，我同時也被看見了。我的生命受到見證。而對我來說，這就是一種美好生活。另外再給大家一個小驚喜：我媽媽今天有來，她就坐在那裡。

我的母親剛好就是另一個委員會的成員。由於我們的姓氏不同，沒有人知道我們彼此的關係。大家都很驚訝，坐在桌子那一頭的女士，其中有些與會者知道她是世界銀行的貧窮議題專家，但直到此刻才發現原來這位女士就是為女兒舉辦月經派對的母親。這時的我還在因為分享了一個這麼私密的故事而顫抖著，但我當時心想，管他的，希望這個分享能拋磚引玉，讓其他人也願意敞開自我。

大家繼續斟酒，分享接著繼續。一位女士分享她的母親在去世前說過的話：「我花了百分之九十的時間擔心那些不重要的事情。不要像我一樣。」有人提到死亡的話題後，我發現接下來的好幾個分享也談到這個主題。畢竟一想到美好生活，同時也會讓人想到生命的結束，想到生命是有盡頭的。有個人則在分享中表示，她要告訴我們她每天早上都會做的一件「奇怪」的事情，這件事她從沒告訴過任何人。每天早上，她會進行一個「死亡冥想」，她想像自己死了，看著那些她愛的人、她遺留在這世上的人事物，她徘徊在空中看著這個場景。接著動動手指、腳趾，從冥想的狀態回來，深深感恩自己還活著，也可能比先前又稍微更了解自己重視的是什麼。對她來說，要擁有並享受一種美好生活的同時，就是要意識到死亡的存在。這位女士接著舉杯，說了類似「敬死亡！」一類的話，表示她的分享已結束。「敬死亡！」大家都舉起杯子回道。

隨著晚宴的進行，越來越多人說著說著就眼眶泛淚，聽的人也是一樣。這不是因為大家很哀傷，而是因為大家都受到感動。在這個晚上，大家陸續站起來，然後一直會有人說類似「我不知道我要說什麼」或「我本來沒有要說這個」或「我從來都沒有公開說過這件事」。大家卸下了心防，丟掉了草稿。

某位男性賓客以「有些超級英雄會把內衣內褲外穿」來點出，大家聽完都笑了。對於那天晚上我們想試著達到的目標，這是很切合的比喻，我也想鼓勵你在自己的聚會中這樣做。後來，沒錯，最後一個分享的人唱了歌。他用李歐納．柯恩（Leonard Cohen）的一首歌為致詞做結尾，歌詞講的是縫隙讓微光穿透一個房間，就在一個瞬間，嘗試將那些令人消耗殆盡的煩憂都拋開。

這是一個感動人心的美麗夜晚。出席這場晚宴的所有賓客都是聲名遠播的知名人士，但這天晚上，他們將外界所認識的他們留在門外，向我們展現出嶄新、自然又真誠的不同面向。這頓晚餐讓我們知道類似的聚會其實可以達到怎樣的效果。

真實感是可以設計的

在阿布達比那個感動人心的夜晚後，我們決定開始採用這個聚會形式。我們將之稱為「十五個敬酒詞」（15 Toasts），這個數字取自最初那場晚宴所邀請的人數。我們找了一些需要增添點人味的沉悶聚會，在這些活動中採用這個新的聚會形式。在接下來許多活動進行的同時，我們也舉辦了搭配這些活動所設計的「十五個敬酒詞」晚宴。主持人可能是我或萊貝雷希特，或是我們兩人一起，有時也會邀請當初參加過最初那場晚餐並願意引導會議的賓客擔任主持人。活動地點包括南卡羅萊納、丹麥、南非、加拿大和其他地方。這個聚會形式在所舉辦之處都創造出不可思議的效果。於是，我開始在另一種類型的聚會也進行測試：那些與會者「互相認識」的聚會，不論是同事、家人或其他關係，我很訝異這個聚會形式還是行得通。在主持了許多這類的晚餐，看到各式各樣的群體展現出非常真實的一面後，我開始發現某些特定模式能幫助與會者展現真實自我。除了要有合適的環境（我們總是會選擇辦在私人的空間，現場燈光昏暗、燭光搖曳，有療癒的食物和源源不絕的酒），我發現有些方式可以幫助有心的主辦單位鼓勵與會者拋下虛假、精心修飾的一面，展現出真正的自己。

給我「嫩芽演說」而非「樹樁演說」

其中一種做法就是要找到並設計出讓大家發表「嫩芽演說」（sprout speech）的

方式，與之對應的則是大家較為熟知但乏味的「競選演說」（stump speech）[10]。「競選演說」是那種事前準備好、大家用到爛、滔滔不絕的自我推銷內容。我們大家都有自己的「競選演說」，在許多比較正式且重要的聚會上，我們往往會使用這些「競選演說」。

如果「競選演說」（也就是「樹樁演說」）會讓人聯想到一棵樹最堅固、穩穩扎在地面的部分，那相較之下「嫩芽」（sprout）則是一棵樹最新鮮又脆弱的一部分，還待成形的部分。我從「十五個敬酒詞」學到，雖然我們在重要聚會場合中往往會使用「競選演說」，但大家的「嫩芽」才是最有趣的地方——而且可能也是這部分才最能讓大家連結在一起，並因此願意共同嘗試接受更龐大的挑戰。

我們身處的文化仍告訴我們遇到機會時要發表自己的「競選演說」，尤其是在類似研討會一類的場合。但我還是持續遇見反其道而行的各種實驗，邀請那些有絕佳「競選演說」的人暫時把那些講稿忘掉，帶著他們的「嫩芽演說」出席。

在這類較為大膽前衛的聚會中，「天才之家」就是一例。（你可能還記得在講一次性規則那章曾簡短提到這個聚會——而且，沒錯，當代有些有趣的聚會應該可以取個更好的名稱。）天才之家由兩位企業家所成立：托馬・貝多拉（Toma Bedolla）與提姆・威廉斯（Tim Williams）。這兩人對於當時的人脈拓展聚會都感到厭倦，在那些場合中，絕大多數的人都在吹噓自己的公司和工作有多成功，鮮少有人分享失敗經驗。他們決定要做一個實驗，舉辦新型的企業聚會——而這個形式後來在世界各地不斷被複製。

這個新型聚會的形式如下：一群互不相識的陌生人聚在一個房間裡，其中兩或三個人是有問題想要解決的企業家或其他專業人士。要進到這個房間前，必須先申請才有機會向其他人提出自身的問題。而其他來自各個領域的參與者則是提出申請，表明願意付出時間無償解決別人的問題。主持人會密切引導活動的進行。

我參加過兩場天才之家的聚會，我很驚訝主持人竟然能夠讓大家這麼坦然公開地向陌生人分享自己面臨的挑戰，並引導其他與會者研究這些問題。天才之家邀請大家分享自己面臨的問題，凸顯與會者彼此的真實感，而不是讓大家自我行銷。天才之家做的就是組織一個讓大家展現不完美自我（以及企業）的聚會。

我參加的兩場聚會都辦在紐約市共同工作空間的會議室裡。在活動正式開始前，與會者有一點時間可以在靠近辦公室廚房的空間稍微互動。隨著與會者陸續抵達，主

10 stump speech 直譯為「樹樁演說」。Stump 原意是樹的殘幹或樹樁，美國早期候選人到不同地方拉票時，會站在樹幹被砍斷的殘幹上發表競選演說。

辦單位鼓勵我們互相認識，但要我們不可以討論任何關於工作的事情。有一次，我開始和一位一頭金髮、穿著工作短褲的年輕男子聊天，我們很快就發現必須花點力氣才能避免問及對方的工作。我們試著閒聊，他問我最近有沒有去哪裡度假，我記得我問他有沒有養寵物。然後我們都笑了，我們發現自己在聊跟工作無關的話題時都聊得很差。有些問題會一直不小心跑進我們的對話中：「你之前有去過這類的聚會嗎？」「有，」我回道，「因為我……」我講到一半停住，因為我發現自己不能告訴對方我其實是在研究聚會，這樣就違反了不能討論工作的規則。「你什麼時候搬到紐約的？」我問他。「五年前。」「為什麼會來到這裡？」「嗯，我不能告訴你真正的原因。」說到這我們又笑了。但隨著活動進行，我們也越來越熟練。

後來，我遇到了當晚活動的主持人。「你之前有主持過嗎？」我問道。

「有，主持過幾次。」

「你怎麼開始加入的？」

「嗯，我們等會兒再聊這個。」

「等到結束？」

「等到大揭露的時刻。」

「喔。」

終於，有一位看起來像是主辦方的年輕女士邀請我們進入房間，坐到位子上。「只能用名字稱呼彼此。」她提醒我們。隨著我們陸續進到房間，主辦單位請我們拿一個名牌、找一個位子，然後不要提到自己的工作。「你可以聊迪士尼世界，但不要講到工作。」她說。於是我們開始聊迪士尼世界。隨著最後一個人到齊，我們正式開始組成一個「家」。

主辦單位先歡迎我們，並介紹關於天才之家的背景，提醒我們聚會的目的及規則，而這些資訊全都貼在牆上。「在給回饋的時候，可以提供建議，但請不要提到你的工作。」她說道。

當晚會有兩個發表人，每個人約有四十五分鐘的時間可以發表及討論。在頭五分鐘，發表人會向在座與會者分享自己遇到的挑戰。我們會有兩、三分鐘的時間針對這個挑戰提問，發表的企業家則會回答大家的提問。接著每個人會有一分鐘的時間分享「初步想法」。（你可以在這個環節提問，但發表人不能回答。）剩下的時間則會讓與會者及發表人彼此對話，主持人會確保每個人都有機會講到話，並引導我們怎樣給出好的回饋：像是過去成功與失敗的例子、因為「我們都想將今晚活動延續到未來」的聯繫對象、書籍、文章等等。活動最後則是揭露的時刻，每個人會介紹自己和自己的職業。

當晚第一個發表的女士是一間社會企業的負責人，她想要創造更具兼容性的工作環境。她希望藉由大家的協助，幫助自己的公司與雇主們建立真正的夥伴關係，鼓勵他們在雇用人的時候能「打破常規思考」。第二位發表人則是一名年輕男子，他設計了一款旅遊App，讓使用者可以與更廣大的社群分享自己的旅遊指南。他希望我們給他一些建議，如何在預算及人脈有限的狀況下，在這座城市裡創造一群死忠的早期使用者。

在這兩場談話中，我觀察現場的十幾個人開始思考能如何提供協助。在這兩個例子中，我們都需要更多資訊。但隨著我們問的問題越多，這兩位企業家的狀態也因此變得更加脆弱。他們必須給我們更多資訊：「你已經跟多少家公司談過了？」說不定談過的公司還不夠多。或者，我們的建議反而為他們製造了更多的工作負擔：「你有想過和職訓方案合作嗎？」或指出他們的盲點：「你假設企業都沒有雇用這類人的原因，我不確定這樣的假設是不是對的。」但如果他們願意保持坦誠公開的態度，便有可能從一群聰明人中得到寶貴的協助。

這個互動很有趣，而且隨著我們越深入了解每間公司的不足之處，我就越想要幫助這些企業家。如果他們是在人脈拓展的場合遇到我，用平常那樣有點自我膨脹的方式推銷他們的想法，我可能會有點興趣，可是應該不會那麼被觸動到。然而現在看到他們坐在那裡，自願參與這場聚會，又要在一群陌生人面前揭露自己和自己的想法，這一切都讓我對於他們的處境感到同情，也讓我更想要貢獻自己的想法和資源，助他們一臂之力。在某些比較罕見的時刻，當發表人變得比較暴躁或防衛心變強，或不願意進一步揭露資訊時，在場的人其實都看得出來，本來想要提供協助的心也會因而退縮。我彷彿在看一群人集體脆弱地跳著舞。企業家分享得越多，我就越能感同身受，也越想要幫忙。而當他們看起來越強硬、感覺越不需要我的時候，我就越無法感受他們的掙扎努力。

就某些方面而言，這應該很顯而易見。在別人面前展現脆弱的一面，能讓對方同情你。這麼多年來，像是布芮尼．布朗（Brené Brown）等等的學者一直都在告訴我們這個道理。如果說這個道理用來形容人類的行為很顯而易見，但對大部分的聚會主辦人來說卻非如此。聚會主辦人將人們聚在一塊，有時候，像在天才之家一樣，目標很明顯就是要讓大家彼此幫助。但其實每當人們聚在一起時，就是一個彼此幫助的機會，大家可以藉由這個機會做自己平常無法做到的事、發想自己獨自想不出來的點子，或一起透過集體的方式得到療癒。但當我們真的聚在一起時，往往卻隱藏了想要尋求協助的需求，反而展現出堅強卻令人難以感同身受的一面。我們在聚會中遇到那些可以幫助我們的人，也在聚會中假裝我們不需要他們，因為我們覺得自己什麼都懂了。

我的研究所學程就是這種矛盾情境的縮影。在哈佛的甘迺迪學院，一群又一群聰明且充滿熱情的學生來到這裡，他們有很多真的待解答的問題，抱著真實的恐懼，也真心想知道該怎麼解決這世上的許多問題。但最後往往卻淪於彼此威嚇，而非互相幫助。在課堂中，我們應該要學習本來不知道的知識，但我們所處的文化卻教導我們不要在彼此面前展現出愚笨無知的樣子。在大家面前嘗試、探索各種點子很奇怪，因為這些人之中可能有些會是你未來的老闆、工作夥伴或員工，於是展現出自己的強項就變得很重要。在學期一開始，當大家互問：「你好嗎？」我們會裝著一副積極正向的態度笑著回答，不小心就變得跟那些在競選時的政客一樣：永遠不說出真相，永遠都展現出毫無陰暗面的積極樂觀。當我們聊到自己的過去時，常常會像政客在國會山莊那樣滔滔不絕、自我吹捧：我們將跌宕起伏的人生經驗修飾成高潮迭起的精彩故事，用表面貶抑實則自誇的方式分享我們的成就，並推銷自身的個人品牌。

莉莎．拉薩雷斯（Lisa Lazarus）當時是高我一屆的學生，她大膽地指出這是一種很孤獨又悲哀的學習方式。她進一步發起反動，創立了一個名為CAN（Change Agents Now，變革推動者）的小組。這個小組的概念很簡單：甘迺迪學院裡任何有興趣的學生，可以六人為一組每兩週見一次面，一次三小時。聚會時要做什麼都可以，就是不要做跟這兩週內聚會外其他三百三十三個小時一樣的事情。儘管有重重阻礙，至少我們在聚會時將坦誠以對。

我們會跳過生活中所有進展得很順利的部分，直接分享其他不是那樣順遂的部分。我們會述說真實、痛苦的故事——關於被父母拋棄、被惡霸嘲弄、因貧困感到恥辱的種種故事，我們展現出脆弱及恐懼。事實上，我們在這些聚會中一反甘迺迪學院的常規，在這裡，大家更重視弱點而非強項。

我們大致遵循一個著重分享「嚴酷考驗時刻」（crucible moments）的課表，這個概念取自哈佛商學院領導學教授比爾．喬治（Bill George），他同時也是《真北》（*True North*，暫譯）一書的作者。喬治認為嚴酷考驗時刻是我們人生中那些具有挑戰的時刻，會深深形塑我們並改變我們看待世界的角度。那些時刻為我們定義了自己——而這些故事卻很少會在一般的對話中被提起。

我參加的CAN小組每兩週的週三會聚在一起，剛開始的幾次聚會我們會分享自己的人生故事，內容著重在分享這些嚴酷考驗的時刻。大家都知道自己參加的是怎樣的聚會，而我們對彼此也感到好奇。我和CAN小組的其他成員並不熟，透過大家分享的故事——關於童年、做過的艱困選擇、和父母的關係、家鄉、宗教信仰——我開始用全新不同的角度去看待這些成員。我同時也感到很安全，能在這個空間展現自己的不同面向、分享我內心的惡魔。

這個設計架構簡單、目的明確的系列聚會改變了我在研究所的經驗。對我來說，學校變成了一個完全不同的地方。我們卸下武裝的盔甲；打開耳朵、閉起嘴巴；我們學習因各自的缺點去愛彼此。那位海軍軍官的爸爸曾經無家可歸；那位企業家的童年很貧困；那位執行長雖然沒有父親，卻成為弟弟妹妹的第二位家長。我也開始用不同的視角去看待他們的行為。我不會嫉妒或因他們的成就感到備受威脅，我開始能同理他們，因為我知道他們的故事，一如他們理解我的故事。因為在CAN小組的體驗，我在和其他某些非小組同儕相處時也開始會冒點險，嘗試同樣的相處方式。

拉薩雷斯對於同儕有些想法：我們大家都戴了面具，雖然面具有其用處，但脫下面具能幫助彼此更深層地連結、分享彼此的成長、一起完成更棒的合作。拉薩雷斯創立CAN小組至今已超過十年，直到今天，這個小組還是會持續聚會。

請不要分享你的想法，我們正在聚會

另外一個在聚會中能幫助大家展現真實自我的策略，是鼓勵大家分享經驗而非想法。

在阿布達比那晚的活動，我們邀請賓客用講故事的方式敬酒，當時會這樣規定主要是為了品質管控。我們覺得大家都能分享一個關於自己人生的故事，而這樣的分享可能也會比針對一個大家沒思考過的主題即興發揮要來得好。結果，分享故事的做法還得到另一個效果，另一個我們沒有預料到的結果：大家因此連結凝聚在一起。而這個做法會成功，正是因為我們很清楚講明了要與會者分享的內容。大家之所以分享故事，是因為我們一開始就請他們分享故事——我們在提示大家的時候，清楚界定了具體經驗和抽象概念之間的差異。

在很多聚會中，如果與會者被要求分享的是自己的故事，說不定整個聚會便能因此變得更好。在這點做得數一數二好的，就屬「飛蛾」（The Moth）這個組織，「飛蛾」舉辦的一系列聚會就是在推廣藉由說故事來凝聚彼此。

「飛蛾」由來自南方的喬治・道斯・格林（George Dawes Green）於一九九〇年

代晚期成立，當時的格林因為厭倦了擂台詩比賽而成立「飛蛾」。格林本身是位小說家，他之所以去看擂台詩比賽是想要認識其他的作家及藝術家。但這些詩歌無法讓他感到激動狂喜，相反的，他總是相當惱怒地離開會場。「我覺得他們有些問題。」他告訴我。他說：「每首詩都是用這種像誦經般的音調唸出來。詩人一站上台就開始用這種詩歌的語言說話，然後築起一道牆。」對他來說，這個阻隔來自於社會普遍認定詩人是個如仙一般遙遠的角色：「你來自這個由來已久的傳統，你從與神或其他宇宙力量的關係連結中得到靈感。你就像是薩滿巫師一樣傳遞訊息，所以要透過你用一種尊貴的語言、一種幾乎非人類的語言去傳達。」你可能覺得聽起來不錯，但對格林來說，卻令人倒盡胃口。

儘管格林很不屑擂台詩比賽，但他倒是發現了那些詩人有些令他感到驚豔的時刻。通常在開始前，詩人會很隨興地分享創作背後的故事。「我的祖父以前會到州的北部釣魚，」格林想像其中一位詩人回想起多年前的往事，說道，「我記得那時都要很早起。」他發現在表演開始前，詩人使用的語言都是「非常自然的詞彙」，他說道，「觀眾一下就豎起耳朵聆聽詩人說話，因為他們之間沒有任何阻隔，沒有一道牆堵在中間。我總是被這個環節深深吸引。」他開始針對那個時刻進行實驗，設計一種聚會的形式，「飛蛾」就此誕生。二十年後，「飛蛾」計畫在二十五個城市持續進行，至今已發表了一萬八千個故事，現場通常都是座無虛席。

我和格林分享我主持「十五個敬酒詞」活動的經驗，並請教他關於在聚會中講故事為什麼會成功，在什麼情況下會成功的看法。

「一個故事會成功，通常是在展現脆弱的一刻，」他說道，「你有多成功這類的故事不會有用。川普就是這麼做的。」但當你觸碰到脆弱的一塊，「大家會感到療癒。我也經歷過，我完全理解這個人在說什麼。」格林花了很多年研究說故事的藝術。他分析要簡單說一個好故事，背後應具備的要素：

故事是關於你做過的一個決定，不是發生在你身上的事情。如果你抓到這點，找到了自己的脆弱之處，並理解其中的風險和其他一些事情，只要知道了這些，大家很快就能找到好故事分享，而只要他們這麼做，我們就認識他們了。我們認識了他們是有血有淚的人。他不再只是我老闆的同事，而是一個真真實實曾經心碎過的人。喔，我知道那種滋味。

黑暗主題

如果賓客常常帶著自己的樹樁演說（競選演說）而非嫩芽演說出席，如果他們常常分享自己的理論而不是自身的經驗，那主辦單位只好屈服在自己設定的虛偽表象之下。這類的主辦人堅持創造正向積極的氛圍，尤其是在設定聚會主題時。然而那些希望為聚會創造意義的主辦人不會害怕負面能量，而且還會創造空間讓大家分享黑暗及危險的一面。

如果你還記得第一場「十五個敬酒詞」的活動，我們選的主題非常正向——一種美好生活。現在回頭看，我倒覺得這個主題不是很好，而賓客顯然也這麼認為。畢竟，當時不止一個人轉移了主題並提到死亡這個議題。我們並沒有特別請大家分享死亡這個議題，我們兩位主持人自己也沒有提到。但當我們提到生命的喜悅時，似乎有必要也講到生命的另外一面。而當我們這麼做的時候，大家分享的層次有了新的深度。與會賓客開始更加投入，並開始思考自己的死亡議題，或他們所愛的人的生死議題。而這樣的發展也讓當晚的分享互動更加豐富且真實。

萊貝雷希特和我後來在其他場合採用「十五個敬酒詞」時，我們也改變了主題。

「十五個敬酒詞」之敬陌生人、敬信仰、敬快樂、敬間接傷害、敬逃亡、敬邊界、敬他者、敬恐懼、敬風險、敬反叛、敬愛情、敬自尊、敬自我、敬教育、敬那個改變我人生的故事、敬工作的結束、敬美麗、敬衝突、敬修補、敬真理、敬美國、敬在地、敬其他的旅人、敬起源、敬正確的問題、敬破壞、敬第四次工業革命、敬勇氣、敬邊界、敬風險，沒錯，還有敬脆弱。隨著經驗累積，我們發現最棒的主題並不是快樂、愛情等等甜美的主題，而是那些黑暗面的主題，像是恐懼、他者、邊界、陌生人等。是那些能有許多不同詮釋方式的主題，那些讓大家展現脆弱、困惑、未經修飾、道德上複雜的面向。

但可惜大部分的聚會通常都不會採用這類的主題。有太多聚會，尤其是專業導向類型的聚會，往往都採用極端正向的主題，所有的主題都圍繞在目前發展得很好的事物、合作、希望和未來一類的內容。晚餐時沒有空間可以談其他那些賓客真正想談的：有一個機會可以停下腳步，思考那些不一定能振奮人心，但卻發人深省、觸動人心的議題。

當我建議客戶和朋友採用更黑暗的主題時，他們通常會有很大的反彈，激烈程度勝過我提出的其他建議。所以我用一個極端的例子去說服他們，以及你——說服你們為什麼要在聚會中創造一個可以分享黑暗面的空間，這樣的安排不僅是可以接受的，甚至還是必要之舉。我要用的是一位施虐者的例子。

我第一次聽到史黛芬尼・柔伊・沃克（Stefanie Zoe Warncke）這個人，是一位德國DJ告訴我的。他建議我可以跟他認識的一位施虐者見面，因為對方是創造情境及場景的專家。我當時想像要在夜間的停車場和她密會。讓我鬆了一口氣（或者該說有點喪氣？）的是，我們最後約在紐約市一間法式甜點店碰面喝茶。

沃克（大家都叫她「柔伊」）是律師出身，多年來白天在杜塞道夫一間律師事務所擔任合夥人，晚上則在歐洲一個頗大的地牢做施虐者的工作。後來她離開德國，放棄了律師的工作並搬到紐約，在這裡繼續當施虐者。她覺得她的工作就是幫助客戶在一個安全的空間探索自己黑暗的幻想。

「我希望幫助大家用一個安全的方式探索自己的不同面。」她這樣告訴我。她表示她之所以對這個工作有興趣，有可能和她成長的家庭環境有關，以前在家裡的她「並不被允許探索自己的某些面向」。

我問她，為什麼探索黑暗面很重要？「我覺得這會讓這個世界變得更美好。」她笑著說。這聽起來實在太過簡化了，為什麼讓人們展現出黑暗的一面能讓這個世界變得更美好？

她想了一下。「因為我覺得如果大家知道自己真正的樣子，就不需要用憤怒或自我厭惡或類似的狀態去作為補償。」她表示。

沃克講到的概念，在心理學中稱之為「影子整合」（integration of the shadow）。我聯繫了大衛．歐特曼（David M. Ortmann）博士，他是一位心理治療師，同時也是《性局外人：理解ＢＤＳＭ的性慾及社群》（*Sexual Outsiders: Understanding BDSM Sexualities and Communities*，暫譯）的共同作者。我向他形容沃克的工作，並詢問他的意見。他在電子郵件中解釋道：「『影子整合』是榮格心理學的一個名詞，認為我們都有影子特質（侵犯、暴力、非合意性幻想等）。否認這些面向的存在並不是有效處理這些面向的方式，因為被否認或忽略的面向往往會繼續發展（而且通常是在無意識的情況下發展）。ＢＤＳＭ提供一個讓影子特質能有意識地整合的方法。對於沃克，他則表示：「我覺得你的施虐者朋友很了解自己在做什麼，我甚至覺得她在做的事情有療癒的性質。」

讀到這裡，你可能會想施虐者跟你的下一場員工大會或家族聚會到底有什麼關係。我不是要建議你聘請沃克，而是請你注意到她在做的事情，參考看看她的極端版做法，然後適度調整成適合你的聚會的形式。沃克教我們的一課是，擁抱黑暗總比排斥黑暗來得好。我們都有黑暗的一面，這樣的一面總會出現在你的聚會中。如果你將大家黑暗的一面排除在正式流程外，黑暗並不會消失，反而會以無益的方式出現在你的聚會。

陌生人精神

在聚會中，另一個讓與會者展現真誠、脆弱一面的祕訣就是增加陌生人的比例。聽起來令人難以置信，但的確如此。雖然似乎違背直覺，但大家往往在很多陌生人的場合中，更容易分享——或者在主辦單位的協助下，能夠採取全新視角去看待原本就認識的人。

在某一場位於紐約的「十五個敬酒詞」晚宴活動後，其中一名賓客很不開心，因為她帶去一起出席的好友竟然在現場公開分享自己的憂鬱症。她把我拉到一旁，覺得很困惑也有點受到背叛的感覺，她不敢相信好友竟然和這麼多陌生人分享一件從來都沒跟她說過的事情。但其實我們很多人在類似情況中，也會跟這位好友做出一樣的選擇，因為要跟陌生人坦承人生中的一些事情往往更容易。不像至交好友，這些陌生人和我們沒有利害關係。

陌生人的力量在於他們能挖掘出我們的不同面向。和陌生人相處時，我們有一個短暫的機會可以重新調整個人的某種平衡，而這也是我們每個人都一直在做的：在過去與未來的自己間找到平衡、在曾經的我們和即將成為的自己間找到平衡點。你的朋友和家人知道你曾經的樣子，而他們往往也讓你更難嘗試成為可能成為的樣子。但你不是那種會唱歌的人！你為什麼想要當醫生，你以前在學校很討厭生物課呀？我只是很難想像你會去講單口相聲。陌生人不知道我們的過去，在大多數的情況中也與我們的未來無關，在他們身邊最容易進行實驗。他們的存在創造了一種短暫的自由，讓我們可以實驗自己可能成為的樣貌，不管這樣的嘗試和我們過去的形象如此天差地遠。陌生人讓我們可以嘗試自己的全新面向。在陌生人面前，我們能自由選擇想要展現、隱藏或創造的一面。

有些極端的聚會主辦單位對陌生人的力量深信不疑，以至於他們會舉辦完全都是陌生人的聚會——像是牛津大學教授希爾多．薩爾汀（Theodore Zeldin）七十六歲大壽的慶生會。薩爾汀是知名法國史歷史學家及哲學家，頂著一頭狂野的白髮，那年他決定生日派對要邀請自己不認識的人參加。他透過ＢＢＣ公告一個公開的邀請函，邀請任何有興趣的人在特定的日期及時間，前來倫敦的攝政公園參加這場慶生會，慶祝的方式則是在現場和自己不認識的人聊天。

當天有數百人蒞臨現場，每個人的任務就是要和一位陌生人單獨聊天。在每個點會準備薩爾汀設計的「對話菜單」，幫助兩位要開啟對話的陌生人走過六「道」話題。在「開胃菜」下方列出的問題是：「過去幾年來，你的優先順序如何改變了？」

以及「你的背景和經驗如何限制了你，或者對你有加分的效果？」在「湯品」下方則邀請大家問彼此：「你人生中有哪一段時光是在浪費時間？」在「魚類」下方是：「你過去曾經反抗過什麼事情，你現在正在反抗什麼事情？」在「沙拉」一欄下方則是：「你的同情心的極限在哪？」

全新的視角

其實你不用邀請所有的英國人參加你的生日派對才能提高賓客間的陌生人比例。如果你用心安排，就能在一群彼此熟識的賓客中創造這樣的陌生人精神。當我試著在家族及團隊聚會中加入陌生人精神，我發現選對問題及架構就能幫助原本熟識的人用全新的眼光看待彼此。

幾年前，我先生和我去印度拜訪祖父母及親戚，我們決定讓雙方的家人一起聚餐，總共會有十七個人。由於我很熟悉這樣大型的家族聚會，我知道如果我們沒有特別設計的話，表兄弟姊妹會自己聚在一塊聊天，祖父母輩會自己聊，大部分的對話都只會是閒聊。我們會吃吃喝喝，有點睏的時候就為這個晚上畫下句點。這樣的夜晚也不算太差，但我們倆希望這個聚會能更特別一點。

我們決定借用「十五個敬酒詞」的模式，但做點小改變。由於家族裡有好幾個人都能自在地在公共場合唱歌，我們便拿掉了唱歌敬酒的規則，改成要每位敬酒的人選出下一位分享者。我們也借用了CAN小組採用的「嚴酷考驗時刻」規則，邀請大家分享生命中一個「改變你看待世界角度」的故事、時刻或體驗。然後我們又加上了最後一項關鍵條件：分享的內容必須是現場所有人都不知道的故事。就某種程度來說，這是一個滿瘋狂的要求，因為在這樣一個關係緊密的社會裡，親戚比朋友還要重要。但我們期待透過這樣的安排，或許能讓本來對彼此都非常熟悉的大家，有機會用全新的眼光看待彼此。

一個表親先開始分享，他分享的內容大概是：「我孩子們的誕生」。但現場的眾人在消化吸收了規則及聚會目的後，立刻抗議表示：我們早就知道了！這個錯誤的開始以及大家的糾正為接下來的分享奠定了基礎。大家開始分享那些連最親近的人都沒聽過的故事。就算現場有一兩個人知道那個故事，但在那個晚上，講故事的人揭露出那些事件對自己造成的影響，沒有其他人知道。身為遺傳學家的阿姨提及當她青少年時，有人說她是女生，所以不能當醫生。她感到很震驚，反而因此更認真讀書。另一個阿姨是公務員，她提到通過印度行政服務局（Indian Administrative Service）考試、完成正式訓練後，被分派到地區首長的辦公室，連續好幾個月都沒有機會實際到現場服務。後來有一天，她終於自己開卡車出去，因為她不明白為什麼其他人不讓她去巡邏，結果一名當地政府官員告訴她，她永遠都會受到差別待遇，不管她有多聰明，只因為她是女性。

隨著大家輪流分享，我突然發現一件很驚人的事情。我們原本的目標是希望在婚禮那次的嘗試後，繼續讓親戚們有機會凝聚在一起。結果這時又發生了更有趣的事情：爸爸、媽媽、兒子、姪女……所有人在這場聚會中都藉由從未預期的方式知道了更多關於自己家族成員的事情。有一位已經九十幾歲的長輩在分享時，回憶起五十年前發生的事情，當時他在一間很大的公司工作，他發現他寄到電影院的廣告膠卷常常都沒有送到，又或者送到了，卻沒有被播放。他告訴我們他當時如何解決這個問題。這位因為有重聽所以通常很沉默的長者，突然之間在我們眼前化身成一位年輕、充滿活力又有創意的商人。我的外婆不大好意思說英文，請我代為分享她的故事，我在聚會前幾天才第一次聽到她的分享。這個故事內容是她在當時還很保守的瓦拉那西市，如何成為她的種姓階級中第一位申請進入當地巴拿勒斯印度教大學（Banaras Hindu

University）讀書的女性學生。她家中有七個小孩，她是家中長女，很受父親寵愛。她的父親要她去大學註冊，然後開始上課。在外婆第一天上學那天，她父親離開鎮上，去外地參加親戚的婚禮。當鄰居抱怨外婆的父親讓自己的女兒去上大學，違反了性別的常規時，他人不在家，所以也聽不到這些抱怨。當他回家時，外婆在學校的課程都上了軌道，於是他便問那些鄰居他們是不是真的希望他停止讓女兒上學。就算她不應該開始上學，但既然開始了，教育是不是應該中斷呢？那一刻改變了外婆對父親的想法，並教導她改變如何發生（緩慢、由那些有特權的人擔任保護者的角色）。

而當晚聚會最驚人的是大家都願意擁抱這個形式，並願意做出新的嘗試。我們開始用全新的眼光去看待彼此的不同面向。外婆曾是一位勇於挑戰的大學生，祖父曾是一位年輕創新的主管。在印度家庭聚會中，阿姨們往往淪為沉默的養兒育女的角色，但這次阿姨們卻成了自己領域中的先鋒。這場聚會提醒了我，我自以為熟知的人們其實還有好多尚待發掘的不同面向。我們彼此間絕對不是「陌生人」，但我們發現了一個可以創造出陌生人精神的做法。

邀請的重要性

如果你想要嘗試這種類型的聚會，希望大家展現真實的自我，而不是最完美的一面，那就必須事先提出警告。我們從「十五個敬酒詞」的活動中學到，你必須在活動一開始就清楚明白地告訴與會者，希望大家走進房間後能如何參與，並把自己的哪些面向留在門外。而這樣的做法也和我的開場方式一致。

當我在其他研討會或很有影響力的聚會召開的同時，一邊舉辦「十五個敬酒詞」的活動，我通常會在講歡迎致詞時告訴大家，我們想避免特定的氛圍——賣弄自誇的氛圍。由於我們想要避免這類的氛圍，我會邀請大家把生活及工作中順風順水的部分都留在場外。我們有興趣的是那些還不成熟的部分，那些大家還在摸索的部分。我們對事先擬好稿的演說沒有興趣，我們想知道的是還在成形的文字及想法。

而在另一種非常不同的情境中——在家族聚會上採用「十五個敬酒詞」的形式時，則需要另一種不同的邀請方式。通常在這類晚餐時，沒有人會分享什麼新鮮或令人感到驚奇的事。如果想要改變這樣的家族聚會，則需要給大家一點指引。所以，我要大家把那些關於自己已為人熟知的故事留在門外，分享那些可能連自己孩子都會感到意外的不同面向。

當我和企業團隊合作，要在重要會議前先舉辦「十五個敬酒詞」的時候，還有一種有問題的氛圍也是我極力想擺脫的。大家通常都會用尋常舊有的模式互動，同樣的人總是扮演同樣的角色。所以在開場歡迎大家時，我會指出這點，並告訴大家這個晚餐的目的就是要嘗試用不同的方式聚在一起，創造一個空間，讓每個人都能展現不同的面向、扮演不同的角色。我會點出我預期他們可能會有的行為，並邀請大家放下舊有模式，並嘗試新的做法。大家通常都能理解我想傳達的內容。通常，但並非總是如此。

在開場歡迎時提示大家的內容不需要鉅細靡遺，你只需要堅定地暗示大家。在第一場「十五個敬酒詞」活動，我說了類似希望這個晚上更像是一場婚宴，而不是一場會議。當時有人開玩笑說道：「誰要結婚？」另一個賓客則回答說：「今晚結束時我們來投票！」大家聽完都笑了，然後我就知道這個活動已經上軌道了。

之後的每一場「十五個敬酒詞」活動，我幾乎都會說類似的話：「告訴我們一些令人意想不到的事」或「把你的成功事蹟都留在門外」或「分享時不用偷偷塞進一些個人成就」。

我同時也發現，如果與會者的優點被看見，他們通常也比較願意把各種成就事蹟留在門外。大家畢竟還是凡人，尤其在專業領域的情境中，沒有人希望看起來很弱。

但我也發現，如果我作為主持人能先肯定並宣揚他們個人及整個群體的長處，大家的壓力就會被部分解除，不再覺得需要在活動中彰顯自己。我會在一開始說「你們之所以在這裡，是因為你們都非常優秀」之類的話，先肯定大家的傑出表現，然後補充說：「話雖如此，我們今天不想聽你的職涯成就或你到底有多棒，這些我們早就知道了！」

主持人，請揭露你自己

當你要賓客更誠實、公開地分享自我時，只是告訴他們你希望以及不希望他們做的事並不足夠。在聚會的一開始，作為主持人的你就必須以身作則。你必須示範給他們看。

如果你希望幫助賓客展現更真實的自我，你必須先展現真實的自己。我在主持這些晚宴時，我會確保自己在整個活動的過程中都能全神貫注聆聽每個敬酒詞。我會專注聆聽，展現出我希望他們也展現出的樣子。

我分享月經派對時就是這樣做的。在那些我處於比較劣勢的場合，我通常會試著分享一些和我本人表面看起來很違和的故事。為了讓大家更認真看待我這個人，我會強調關於自己的其他細節：讀工學院，或不會煮飯。為什麼我要講一個發生在我十一歲的故事，而且還是關於月經的故事？因為很少有故事能這麼清楚明白地讓我的賓客知道，我願意展現真實的自己並與他們有所連結——而且我希望他們也能同樣這麼做。

月經派對的故事是我臨時想到的，但我有一位荷蘭同事柏納度斯．霍特勒普（Bernardus Holtrop）在分享時的確就是遵照這個原則。有一次他和我（以及其他許多人）一同協助引導一場會議，這場會議中有數百位企業領導人出席，大家聚在一起創造出能彼此信賴的圈子，藉此互相支持協助。我在這場活動中就看到他實際這樣分享。霍特勒普和我們分享了他其中一個小撇步：他說，如果要讓在場的大家願意展現脆弱的一面，我們作為會議引導師必須分享更個人的故事，要比我們期待客戶分享的故事還要更私密。我們自己願意分享的程度，會為整個團體設定出一個標準，客戶願意分享的深度，會比我們所分享的再少一點。也就是說，我們必須也成為參與者。

風險管理

當你請大家再更深入分享他們通常不會告訴別人的事情時，對於你鼓勵的冒險行為，你也必須進行風險管理。意思就是說，有時候你要鼓勵大家多冒點險，有時候則是要安撫那些不敢冒險的人。

「十五個敬酒詞」的唱歌規則就是一種鼓勵大家冒險的做法。對於那些一直不分享的人，我們設計了一個懲罰（風險）環節，藉此平衡掉整體的風險計算。大家必須斟酌哪樣比較糟：早點分享敬酒詞或唱歌。唱歌的規則也為當晚活動結尾創造了好玩的戲劇效果，因為突然之間，會有三到四個人發現自己可能要唱歌，於是在前一個分享結束後就猛力地敲自己的杯子，深怕自己變成最後一個分享的人。

主持人必須照顧到不同個性的人的需求，這點也非常重要。就算是再外向的人，也沒有人喜歡在沒有選擇的情況下被迫分享一個極度私人的故事。選擇籠統的主題之所以會成功，其中一個原因是在這個主題之下大家有很大的自由空間可以選擇想要分享的深度。雖然我們要求在場的大家都要參與，但我們會讓與會者決定想要分享的內容以及分享到底要多深入。而這樣的選擇度就決定了大家是會願意敞開來參與或痛恨這類活動。

林龍（Leng Lim，音譯）是一位同為會議引導師的同事，同時也是聖公會牧師，他用游泳池來比喻大家各自不同的舒適程度。他會主持各式各樣的聚會，有些在商學院，有些在他的農場。他跟我說，他在所有的聚會中都歡迎大家展現親密感。但他倒是很清楚表示要讓每位參與者選擇自己想要分享的深度。

「我會放滿一個游泳池的水，」他表示，「一端比較深，一端比較淺。你可以選擇自己想要去的那一端。如果你想要分享最深層的祕密，你可以這樣做。或者也可以只分享表層的那面，但把自己弄濕代表要展現真實的自我，所以請帶一點能展現真實自我的東西。」林龍表示，給大家一個「展現親密感，但深度可以自由選擇的邀請」很重要。讓每個人都可以選擇要分享什麼、要揭露多少的自己，這是「十五個敬酒詞」成功營造出緊密感，但又不會感覺太過咄咄逼人的關鍵。

第七章

引發好的爭議

講夠了溫暖這件事，現在來談談熱度。

常常會有主辦單位找我，希望聚會可以展現出更多真實感，但他們更在乎創造趣味和熱度，而不是溫暖及舒適的氛圍。有技巧的主辦單位除了知道要怎麼讓大家分享並彼此連結，也知道要怎麼在活動中製造能帶給大家更多收穫的矛盾爭議。

上一章談到如何透過彼此的共通點，讓與會者之間的關係變得更緊密，這章則要探討如何善用那些在聚會中區別彼此的東西。要如何讓氣氛更火熱？我認為爭議——適切的爭議，並由好的主持人來調配時——可以為聚會添加能量及活力，也有助於釐清聚會真正的目的。這樣的爭議能幫助你利用聚會找到許多重要問題的解答：你想做什麼、你的立場是什麼、你是誰。好的爭議能創造出一場有意義的聚會。

不要避免討論性、政治及宗教

你可能跟我一樣，從小到大都聽人說在聚會上不要討論性、政治及宗教等議題。

這類避免談論有趣卻危險議題的規勸很普遍，但我個人覺得這項超爛的建議就是造成許多聚會平庸又無聊的一大原因。

自古以來，人都不想惹事，而禁止爭議搗亂聚會的正式禁令，最早至少可追溯到一七二三年。當時，共濟會（Freemasons）是個正快速發展的祕密社團，其中一位成員詹姆士・安德森（James Anderson）牧師為「英格蘭第一總會」（Premier Grand Lodge of England）草擬了第一份憲章。此憲章明令禁止「做或說任何會冒犯人或導致無法輕鬆自在進行對話的行為，因此行為將有害組織和諧，更與值得讚揚的組織目的背道而馳」。共濟會建立並推廣了一個錯誤的聚會標準：標榜彼此的不同並沒有好處，永遠不要破壞和諧氛圍。

超過一百五十年後，在一八八〇年，湯瑪士・艾迪・希爾（Thomas Edie Hill）在其著作《希爾的社會與企業行事指導手冊》（*Hill's Manual of Social and Business Forms*，暫譯）持續展現出這樣的思維，並作出建議：「一般情況中不要討論政治或宗教議題。你大概無法轉變對方的想法，對方也無法改變你的想法。討論這些主題只是激起對方的情緒，更不會得到任何好結果。」一九二二年，艾蜜莉・普斯特在其書《禮儀》（*Etiquette*，暫譯）中則認為應避免所有負面主題。「談論那些你覺得你的聽眾會覺得愉快的主題，」她這樣寫道，「不要進一步觸及到病痛、不幸或其他令人感到不愉快的主題。那種機智過人的男性或女性最容易樹敵。」

難怪這麼多聚會都顯得浪費時間又令人呵欠連連。

這類的建議至今仍延續著，在媒體、網路問答論壇上比比皆是。在 Quora 上有一個討論串的標題寫著：「為什麼討論性、政治、宗教是一件無禮的事情？」一個自稱「從六歲」就開始讀禮儀指導守則的女子回答道：「禮儀的目標是讓人感覺自在並受到歡迎，所以為什麼要挑釁呢？」職涯網站 Glassdoor 上有一篇文章則警告「政治、性、宗教」是最應該避之唯恐不及的三個主題：「在你犯下可能危害職涯發展的大錯前，先讓我們告訴你，為什麼在職場上應該避開這三類主題。」

有趣的是，現在連很多自認為沒有遵循這類建議的人，其實都默默遵循著這類規範。許多主辦單位雖然不認同這類建議，但實際上卻遵循著這樣的精神，在舉辦聚會時往往偏好能增進和諧而非製造爭議的選擇。那些以思辨作為創校成立宗旨的大學，現在在邀請講者時，卻常常因為部分學生認為某些講者爭議太大，而決定不邀請這些講者。曾任美國前總統小布希任內國務卿一職的康朵麗莎．萊斯（Condoleezza Rice），就曾經因為學生抗議而被迫取消在羅格斯大學（Rutgers University）的畢業典禮致詞；曾任國際貨幣基金總裁的克莉斯汀．拉加德（Christine Lagarde）也曾取消在史密斯學院（Smith College）的演講。美國前第一夫人蜜雪兒．歐巴馬

（Michelle Obama）就說得很好，她主張並鼓勵學生「要奔向——而非遠離——噪音歧見」。（但這裡講到的噪音應該不是社會學家查爾斯·莫瑞〔Charles Murray〕受邀至米德爾伯里學院〔Middlebury College〕演講時，學生製造出的那種噪音。當時有學生用肢體擋住莫瑞，不讓受邀至此的他進到建築物裡，還在過程中弄傷了主辦單位的其中一名女性教授。）

而且不只是在校園如此。幾乎所有我參加過的研討會或業界聚會都會安排座談，而幾乎我看過的每一場座談會都很無聊。挑選座談會討論主題的人通常會選那種最溫和不過的主題——像是關於合作或夥伴關係、繁榮或搭起橋梁、新的視野或成長等等的主題。而如此一來，他們其實就是在遵循著共濟會那種不要做任何會「破壞和諧」的規範理念。當座談會主辦單位挑選主持人時，似乎都會選那種受到艾蜜莉·普斯特派別訓練過的主持人，他們會圓滑地帶過，避免對談中出現任何「不愉快的感覺」。你上一次聽到座談主持人問很刁鑽的問題，而不是做一些好接的球給與談人，是什麼時候的事了？你上一次看到兩位與談人對一個值得爭論的主題，真正進行爭辯討論，又是什麼時候的事情了？座談會就跟大學一樣，是以進行辯論自豪的場域，但現在卻只是極力想避免爭議發生。

當我和客戶合作的時候，他們常常告訴我想要舉辦一個「市民大會」型的活動，讓大家可以發表意見，講出真實的想法。但到了活動當天，如果我沒有盡力爭取到主導權，活動往往就會陷入舊有的陳腔濫調，只是為了讓負責人覺得安心，以為一切都在掌控之中，一切都維持原樣。而當我向主辦單位提出挑戰時，他們往往會告訴我在團體場合中挑起爭議實在太冒險了。

所以，我們到底要如何讓聚會有點熱度，但火焰又不會大到整個燒起來的程度呢？我們要怎麼創造能讓團體獲益的好爭議呢？

不只是摔角手專屬的鐵籠格鬥賽

有時候，把氣氛和諧看得比其他一切更重要時，只會讓聚會變得很無趣。不僅如此，有時候甚至更糟：和諧的目標會一路滲透影響聚會的核心，最後變成冒牌的聚會目的，反而阻礙了聚會真正想要達到的目的。我曾經和一間氣氛和氣禮貌的建築事務所合作過，當時就發生這樣的事情。

「普里亞，我們需要讓氣氛更熱絡。」我的客戶很緊張地在我耳邊低聲說道。當時他看著一場關於事務所未來發展的會議，原本規劃希望大家能熱烈討論並對此議題開始爭辯，可是會議卻淪為一場禮貌又愉快的討論。我那時負責協助一個建築師團隊思考他們事務所的長遠願景。早上的時段，我們花了時間想像各種極端情境，像是世界上再也不需要新的建築物了，或是在某個未來，他們最大的客戶是天主教教會，又或者有天他們改成提供訂閱制的服務。這些刺激與會者思考的做法都經過特別設計，目的是要營造出一場能直指辯論問題的討論：他們希望維持實體的建築事務所，還是想要轉型成為一個體驗設計型的公司？

大家對此問題有很激烈的歧見，所以才決定找我來協助主持會議進行。但隨著會議進行，卻看不出來大家的歧見。所有的與會者都面帶微笑，友善又有禮貌。有個合夥人每每獨排眾議，想要試著觸碰一下表面底下的爭議點時，通常又很快就縮手了。

我試著重新調整大家討論的方向，從讓大家團結一致的點導向分歧點。「再回到安妮剛剛的論點。」我會這樣建議。但這是一群很有經驗又世故的團隊，我發現他們很善於遵從這間公司的常規：避免任何會再火上加油的事情。我知道與會者私下對這些議題的真實情緒，但卻一直無法讓這些情緒浮上檯面。於是，我知道必須嘗試新的做法，不然整場會議開完只是徒勞一場。

我的客戶本身不是建築師，而是這間事務所的主管，在這位開明客戶的協助之下，我們趁著午餐時間大家都不在的空檔開始謀劃。趁著大家不在，他和我重新調整房間內的布置，找了一些毛巾，然後在 YouTube 上找到一些電影《洛基》（*Rocky*）的音樂。我們正在準備一場地獄鐵籠的比賽。

建築師們回到會場後，發現現場有兩張巨幅海報。一張海報上面的人叫做「頭腦」，另一張上面的人則是「身體」。兩張海報上都是摔角手的實際身體照片，而頭部則分別找了兩位建築師的頭像，倉促之下後製貼上。我們選了兩位有魅力、風趣，口才又好的建築師。這兩人一看到我們做的海報後，立刻爆笑。我們出其不意，讓他們沒有太多機會思考。

於是，我跳到場中央，宣布即將要進行一場鐵籠比賽。我接著說明規則：每位摔角手在第一輪會有三分鐘時間提出自己那方最有利的論點。「身體」那方要討論的是，為什麼事務所在接下來的一百年應該持續專注在實體的建築物、投注在蓋建築物這件事上。「頭腦」那方則要提出為什麼事務所要變成一間設計公司，這是一個越來越流行，但說不定倏忽即逝的概念，這類設計公司的工作包括設計一間醫院裡的圖示，或規劃機場的流程，但不一定會建造任何東西。這是一個關於要隨著時代轉型或堅持核心能力兩者間的選擇。

我不確定大家是否會買單，而我也可以感覺到建築師們正在思考他們的同事是否也會參與。我努力保持活力，讓自己的聲音聽起來有自信，希望趁大家仍在猶豫之際，繼續進行這場活動。

每位「摔角手」會被指派一位來自重整團隊的教練，並會拿到一小條白色毛巾。每位教練會站在自己的選手背後，開始為選手按摩肩膀，並低聲說出戰略。兩位「摔角手」接著開始轉轉頭，一副好像真的要開始打鬥的樣子。當時沒有人知道我們說的「鐵籠賽」到底是什麼意思。他們會真的打起來嗎？現在到底是什麼狀況？

到這裡，我告訴團體中其他人各自的角色。他們必須聆聽兩位摔角手的論點，選擇能說服自己的那一方。然後我補充了一個對觀眾來說最重要的規則：他們不能保持中立，一定要選出自己支持的那一方。每輪結束後會有五分鐘的時間，教練可以在這個空檔建議摔角手下一輪的論點。到第二輪時，每位摔角手另外會有三分鐘的時間複述自己的立論。

我慫恿觀眾們發出點聲音——不管是歡呼或嘲弄都可以——讓摔角手感受到群眾的支持。第二輪結束時，觀眾有機會做出最新也是最終的判斷，決定到底要支持哪一方。我再次提醒大家，每個人都要選擇一方支持，因為我知道這群人喜歡模糊差異。最終，三位獨立裁判（這三位是行政助理，他們在場進行行政方面的協助）會做出最終評判，決定誰才是這場建築叢林格鬥賽的贏家。

所有人都非常興奮地討論著。當我們放出《洛基》的音樂時，大家都笑了，這時代表「身體」這一方的摔角手站起來，開始對著代表「頭腦」方的摔角手做手勢，有點開玩笑地嘲弄對方。一切就緒。接下來二十分鐘的時間，多虧兩位建築師摔角手願意投入參與，這群原本沉悶、保守又斯文有禮的群眾開始變得熱絡，大家大聲叫著、發出噓聲、有時笑、有時嘲弄選手，並聆聽著兩位建築師針對兩種非常不同的未來各自做出有力、有趣、機智又截然不同的立論。當有些建築師猶豫不決，想要在兩位摔角手的立論中取一個中間點時，本來稍早還彬彬有禮的同事這時大聲說：「你要選邊站！」這場比賽極具對抗性，雙方激烈爭辯，而這正是我們需要得到的效果。

好吧，告訴你，最後「身體」方贏得勝利。

這群人遇到的問題正是我們許多人也會遇到的：出於良善的立意所以不想要冒犯任何人，但卻因此導致大家淨說些無關緊要的話。大家沒能公開分享、討論想法。因為如此，他們無法進行豐富又真誠的對話，表達出彼此真正的不同之處，並一起做出大家都會支持的重要決策。大家因為不想惹怒其他人，而不願意說出真正重要的想法，如此一來，這群人其實迴避了他們自己最在乎、最想要找到解答的問題。大家只是一直逃避著事關事務所及其個人未來的議題。

在很多聚會中，我們往往因為害怕被炙熱的辯論燒到，乾脆選擇完全不要惹事。爭議中永遠都帶有風險，因為情況可能一下子就突然急轉直下。但避免風險卻會導致我們浪費掉許多機會，錯失那些可以透過大家在乎的事物，真正彼此連結的機會。以負責任的方式掌控好的爭議——針對我們通常會迴避的議題，透過安排好的架構，小心地處理——這是作為主辦人最艱困、複雜又重要的責任。然而，若能好好執行，也將能創造出一場能帶來許多改變的聚會。

好的爭議不會憑空出現

你可能會想問：什麼是「好的爭議」？

好的爭議能幫助大家更仔細檢視自己在乎的事物，過程中會有一些風險，同時卻也能獲得真實的收穫。擁抱好的爭議就是接受和諧不必然最重要，也絕對不是一場聚會中唯一的價值。好的爭議幫助我們重新檢視我們在乎的事物：價值觀、優先順序、無可取代的事物。好的爭議鼓勵更多生產創造，而不是一味鞏固現狀。好的爭議能導向比現狀更好的結果。好的爭議能幫助社群更進一步思考，能幫助我們成長。在爭辯的過程中，好的爭議有時可能會搞得很混亂，但一旦成功運作，就能釐清並濾淨，也是對抗胡說大話最有效的解藥。

然而，就我個人經驗中，好的爭議很少會憑空出現，需要經過設計並安排架構。因為幾乎從定義而言，爭議之所以會出現，就是因為大家對某個議題夠在乎，在乎到會為此辯論，而大部分的聚會要不是過於平和，不然就是過度激烈。一種情況是沒有人會說出他們心裡真正的想法；另一種情況我稱之為「感恩節問題」（Thanksgiving problem）：大家都壓抑著不滿，最後演變成一場涕泗縱橫、互相叫囂的混戰，最後搞得表弟宣布他決定以後都要自己在家和朋友們一起過感恩節。比較容易產生好的爭議的情況是主動導入爭議，但小心設計其架構。

要在聚會中設計出這種架構，一種方法是仿效前面提到的鐵籠格鬥賽：我們透過儀式化，把檯面下的爭議攤開來講。我們在這場聚會中又暫時創造了另一個平行世界：一場摔角賽，在這場摔角賽中，大家可以對爭議誠實進行辯論，表達各自感受的同時又不會搞到撕破臉。我們借用了前面章節談到的一次性規則，讓整個活動變得很好玩，畢竟鐵籠格鬥的重點就是要打鬥。如果在日常的情境與常規下，人們無論如何都不會開始辯論的話，那我們就必須暫時改變這個情境及常規。我們認為能安全地改變常規的方法，就是使用儀式。

DoSomething.org 這個組織在舉辦年度社會公益鐵籠格鬥賽（Social Good cage fight）時，就是這麼做的。（宣傳海報：「看看業界領袖如何在非營利組織最大膽的主題上一決勝負：一個機構沒有資格宣稱自己推動了整場社會運動——海外志工強化了白人救世主情結——社群媒體宣傳只是另一種懶人主義行動——『提高大眾意識』什麼屁用都沒有。」）他們將「社會公益」領域中被視為禁忌的主題直接攤開來，讓觀眾（及講者）公開檢視。

許多社會都有其各自版本的鐵籠格鬥賽，藉由儀式創造出一個容許衝突與爭議的空間（並藉此將衝突與爭議從其他地方移除）。每年在秘魯的瓊比維卡省（Chumbivilcas Province），村民會聚在一起打架，藉此慶祝耶誕節（和平王子的生日）。這個地區沒有可靠的司法體制，打架成為在一年結束前表達並解決紛爭的一個方法。在瓊比維卡省，一月必須是全新的一章。在南非的曲弗迪村（Tshifudi），溫達族男子固定聚在一起參加一個叫做木桑威（musangwe）的傳統摔角比賽，參加的部分原因也是要解決並化解長久爭執造成的緊繃氣氛。五十六歲的老師席利其．德韋納（Tshilidzi Ndevana）同時也是一名父親，他是木桑威比賽的負責人，自己的擂台名則是「毒藥」。他告訴《紐約時報》：「如果社區裡發生了什麼問題，大家開始爭吵打架，我們會告訴他們說：『等一下，不要吵。我們把這件事帶到木桑威，到那裡解決。』」

邪典電影《鬥陣俱樂部》（*Fight Club*）就捕捉了一九九〇年代後期，三十幾歲美國男人普遍感覺自己失去了男子氣概的心情。《鬥陣俱樂部》裡有一個週六夜的儀式：一場能讓這些男人解放自我的地下聚會。就如同其中一個角色說到的，在這個聚會中，他們不必「成為IKEA築巢本能的奴隸」。《鬥陣俱樂部》體現了所有現代男人在白天的工作及家庭生活中不應該展現的樣貌：打架、逞兇鬥狠、感覺到痛楚、造成痛苦。這部電影借用了一個由來已久的概念，那就是在面對自我較為危險的面向時，將這些面向從日常生活中抽離出來，創造一個安全的空間來釋放這些黑暗的能量。而在以上這幾種不同形式的「鬥陣俱樂部」中都有嚴格的規則、做法和儀式，有開頭、過程及結尾。沒錯，這些都是實體的「鬥陣俱樂部」，但它們做的事情跟我們的小小鐵籠格鬥賽想達到的是一樣的：透過一個安全、受管控、有建設性的方式，將衝突公開化。

當你在思考要如何舉辦聚會時，有時候將爭議儀式化可能是個好方法。但我也要先告訴你，這個做法不是每個聚會都適用。很多時候，做些獨樹一格的事情並不是個好點子。有時候，要安全地帶出熱度的關鍵是找到群體中的熱點，然後直接將大家的對話引導到這個議題上，同時也透過一些規則來進行管控。像是某次我要協助十幾位領導人討論當下政治上最為分歧的議題，而我那時就是這樣做的。

熱點圖、安全空間、基本規則

有一天我突然接到一通電話，問我是否能協助主持一場位於英國，而且沒人願意出席的會議。這是一場為十幾名歐洲主要公民領袖所舉辦的會議，這些領袖都投入同樣熱點議題的工作，但各自採取的角度天差地遠。對於這個議題，這些領袖基本上的立場一致，但彼此間有段又長又複雜的歷史，內部也存在很多政治問題。大家之所以被召集起來，是要反思一個共同合作過的全球方案，這個方案基本上被視為失敗之作。但據我所知，沒有人願意承認這個方案失敗了，至少彼此間不願坦承這件事。我有三週的時間思考要如何主持這場會議。

主辦單位不確定到底要保持客氣，把那些只是表面同意的動議跑一遍，或者應該把事情攤開來講，試著解決某些更深層、牽涉人際及策略的爭議議題。一方面，主辦單位覺得假裝一切都沒事，讓這個團體繼續這樣維持下去比較好。另一方面，他們在達成整體目標方面不大成功，或許是時候該放開來好好處理這件事了。我之前沒有接觸過這個領域，也不認識這些人，所以我就依照平常的做法。每當我想要創造好的爭議時，我就會製作熱點圖。

幾乎所有的團體中（包括陌生人）都有些特定領域的對話會創造更多熱度，熱點可能來自衝突、禁忌、踰矩踩線、權力差異、虛偽、身分衝突等。我的一部分工作就是找到這些可能的熱源，並決定要怎麼處理。在教會裡，熱源可能是信眾中的同志婚姻，但也可能是關於十一稅及捐獻款項要如何使用。在新聞編輯部裡，熱點可能是關於哪些報導可以放在頭版或網站上最棒的位置，但也可能是關於尚未公布但大家都已經心裡有數的裁員人選。在大學的行政部門，熱源可能是該如何處理特殊錄取申請者，或為建築物重新命名。當議題影響或威脅到人們的恐懼、需求或自我意識，就會產生熱點。或當這些議題觸碰到權力來源時，也會形成另一種熱點。小心地處理這些議題，你的聚會就有機會為大家帶來改變，因為你可以從一般的對話內容往下挖，觸碰到價值觀的基礎。

如果你要處理這些熱點，首先必須知道這些熱點在哪。因此，你需要一張熱點圖。在製作熱點圖時，可以問自己（和其他人）以下問題：大家在迴避哪些他們覺得自己沒有在迴避的事情？最神聖不可侵犯的事物是哪些？有哪些事情是不言而喻的？我們試著想保護的是什麼？為什麼？

在建築事務所的案例中，我在聚會前透過好幾次一對一的訪談及不同對話得知，他們最需要正視的熱點是關於事務所的身分認同：未來他們想成為一家怎麼樣的事務所？在這場政治會議中，我也採用相同的做法。他們的熱點有哪些？哪些又值得再深入挖掘？我開始著手進行工作。

首先，我透過電話訪問每一位領袖。我試著與每個人建立關係及互信，並挖掘出他們認為目前行不通的地方，以及各自認為的核心議題。兩個想法因此浮現：首先，大家對於核心問題本身就有著基本上的歧見。有些人認為在於目標本身，有些人認為在於將與會的這些人，有些人則覺得整體目標與反對這個目標的人各占了一半因素。第二，這些領袖間存在著巨大的權力落差，因為他們各自所屬機構的規模、資源、知名度等都有差距，這些差距都影響了他們彼此間的互動。

不出我所料，相較於那些影響力比較大的機構，影響力比較小的組織對於現狀的發展感到更不滿。但所有這些不滿都是透過其他形式的鬥爭發洩：手冊上的語言、分享數據、誰可以站在講台上，或要發表在哪個國家的報紙上，大家在這些其他事項上爭來爭去。這些看似微小的事情在這個團體中其實象徵了更大的議題，所以每件小事都變得很重要。

在初步電話訪問後，我製作了一份數位版的作業簿，在作業簿中我用問題延續電話中的討論，請與會者指出他們心中認定的核心議題。我請大家事前填完作業簿，並交還給我，然後告訴他們所有人的答案都會以匿名的方式在聚會中被唸出來。這和先前保密的電話訪談不一樣，與會者在填寫作業簿的同時，也知道他們寫出來的答案會被公開分享，儘管是以匿名的形式。我透過這個轉換點，在過程中提升了風險層級。作業簿中有些問題是要了解關於與會者的個人歷史，藉此幫助他們與自身的核心價值觀連結：「請分享你早期生命中曾影響你很深的某個時刻，而且這個事件就某種程度而言或許也導致你投入這個領域的工作。」但大部分的問題主要是在鼓勵這些領袖說出目前行不通的事情：「關於這個流程或專案，如果你要說一件政治不正確或禁忌的事，會是什麼？」或是：「你覺得這個團體目前最急迫需要討論的事情是什麼？」

每個人都花了時間填寫完作業簿，而且幸好大家都很公開坦誠地回答這些問題。我有了足夠的素材可以將大家的想法及擔憂帶進會議室，並主持這場討論（但不是鐵籠格鬥賽），我希望能製造出一種好的爭議。

依照我的風格，照慣例我堅持要在會議的前一晚舉辦一場晚宴。我不想要一走進會議室就直接切入爭議議題，我希望他們能先暖身。我們為這些領袖舉辦了一場「十五個敬酒詞」的晚餐，並以衝突作為晚宴的主題。我希望正常化這個詞，並讓他們知道這個詞也有一些正向的元素。一開始，大家似乎對於這個主題感到很困惑，但很快地便陸續開始分享。（很多人都不想唱歌。）隨著整晚大家的陸續分享，從中可以看到各式各樣的衝突：和家人的衝突、和朋友的衝突，但最能引起共鳴的是另一種衝突：內在衝突。有幾個分享都揭露了這些領袖過往不為人所知的面向，這是很重要的一課。對隔天的聚會更重要的是，這個晚上的分享提醒了大家，他們都是複雜又多面向的人，還有很多事情他們自己都還沒有答案，尚待探索。而這個好的衝突或許可以帶領他們邁向新的方向。

正式活動當天，我決定將這一整天都設計成整個團體的對話互動。這些行程繁忙的領袖們要同時出現在同一個地區就已經很難了，更別說是聚在同一個房間，而這群人的一個特點是大家往往在私下才會坦誠對話。我想看看這群領袖是否能試著公開坦誠並熱烈地討論他們所面臨的狀況。

為了達到這個目標，我在活動一開始先設定基本規則。我問大家以下問題：

在這場聚會中要怎麼做才能讓你感到安全？

這個群體需要做些什麼，才能讓你願意在今天的對話中冒點險？

花點時間問這類問題能進一步為與會者暖身，讓他們願意在對話互動中冒險，並可能因此更投入地聆聽彼此。讓大家參與制定規則的過程，而不是直接由我公布規則，這樣的做法也是在點出過去他們會議中某些讓其他人不願敞開投入的行為——由於過去出現過的行為，所以我們現在要制定新的規則來培養新的行為。此外，讓大家參與制定規則也能給予這些規則存在的正當性，這樣一來，會議引導師就可以說：

「這些是你們自己說要制定的規則。」

在制定出這些基本規則後，我接著進行第二階段的點名：我開始唸出作業簿的回答。我依照問題和主題整理了大家的回答，並盡可能隱匿回答者的身分。我開始唸出大家的個人故事。很常會出現的狀況是，許多與會者會分享人生早期發生過的重大故事，其他人都沒有聽過。這些故事提醒了所有人前一晚活動結束後大家的感受，這些故事幫助大家和前一晚的感受連結起來。雖然與會者回答了一系列的問題，我卻花了非常多時間唸關於禁忌問題的回答。我提供每個人一本便利貼和一枝筆，請他們記下任何讓他們留下印象的字詞。我在唸的同時，也注意到大家都忙著在便利貼上快速做記錄。這個步驟讓他們在這段時間有點事情可以做，也能幫助他們記住這些字詞。

我唸完後抬起頭。這些領袖們都坐直了，全神貫注，有些人臉上有奇妙的表情。

我沒多說什麼，直接邀請每個人分享他們記下的其中兩個詞彙，這相當於再次進行「點名」。在這二十分鐘內，這個社群內過去從來沒人說過的話，現在卻不斷在大家耳邊響起。有幾個詞彙被不同人重複提到，顯示這個詞彙在團體中引起了共鳴，就像是撕下了OK繃。我們沒有試著用對話達到目標，而是一開始就把真心話都攤在檯面上。活動開始後才經過九十分鐘，而從現場氣氛已經可以感覺到大家既期待又彷彿鬆了一口氣。

接下來一整天的討論都圍繞在大家有共鳴的禁忌上。我們花了一天時間讓與會者把自己的假設攤開來分享。我在接下來的六個小時中窮盡我所會的各種技巧來引導大家討論。我們會一次聚在一起九十分鐘，然後中場休息，然後再聚在一起，然後再休息，就這樣一路延續到午餐。當某些人開始想要主導話題，我會請他們暫停，適時點出規則，然後試著請其他比較沉默的人參與討論。當兩位與會者針對某個重要主題開始劍拔弩張時，我不會直接平息緊繃的氛圍，如果我覺得當時的狀況與整個團體有關，我會讓他們正面迎擊這個問題。有一次，兩位與會者之間發生過的特定事件又浮上檯面，其中一個人說了類似「沒關係，我們私下再說」之類的話，但團體中另一個人（不是這兩位當事人）指出這個事件其實反映了團體中好幾個人之間存在的某種關係，她覺得如果大家可以一起討論，會很有幫助。其他人也同意，所以我協助引導了這兩個當事人當著所有人的面處理他們的問題。

我不斷鼓勵大家再挖深一點，直搗表面談論事物下的假設。當氣氛開始變得緊張時，我會請大家慢下來，試著幫助大家往「冰山底下探索」。與其看著水線以上發生的特定事件，我會問大家那些時刻揭露了他們哪些最根本的信念、價值觀與需求。我會試著潤飾他們說的話，讓其他人也聽得下去。這樣一來，其他人就算不同意，也至少可以理解。

一整天下來，我試著建立這整個群體看見彼此的能力，而不只是互相以禮相待罷了。就像是鐵籠格鬥的例子一樣，要透過創造好的爭議達到這樣的目標。我在不同環節都會不斷查看一下整個團體及個人的狀況，看看他們做得如何。當他們需要中場休息時，我們就休息一下。這一整天不時有笑聲，也有緊繃的時刻，通常還是在同一時間出現這兩種元素。在某個點，有一位比較新的成員對於對話的走向感到擔憂，她說了類似：「為什麼我們要花時間討論這些負面的東西？我覺得這沒有什麼效益可言。」我停下來，沒有辯解，並開始等待。就在那一刻，一位比較年長的領袖很友善地看著她，並說了類似以下的話：「喔不，這是一個突破。過去二十五年來，我們從來沒有討論過這件事。」

透過正面面對熱點，與會者開始看到不同的可能，以及彼此互動更有效的方式。

他們開始更了解在哪些地方進行合作是有道理的，哪些部分則沒有必要。他們也把積累想說的話一吐為快。

隨著活動進行，我發現有幾位與會者變得更願意冒險。他們向團體中的大家分享了自己寫在作業簿中的話，他們把之前在電話中和我分享的保密內容也大聲說了出來。這天結束後，大家同意要全部再聚在一起更深入地討論這些對話。這是一個好的開始。

有哪些禮物？又有哪些風險？

在任何聚會中尋找這些熱點，本身就是件冒險的事。但是當你在尋找熱點時，如果可以設計一套流程或架構，通常有機會創造出很不錯的效果。話雖如此，這並不代表每個聚會都要尋找這些熱點。只有當我認為可以藉此獲得一些好的效果時，我才會在聚會中採用好的爭議這個手法——當好的效果勝過伴隨而來的風險及傷害時。你對自己的聚會也應該做類似的評估。

在為這本書進行研究時，我遇到一位名叫艾達．班奈德托（Ida Benedetto）的女士，她會舉辦祕密的地下聚會，幫助與會者安全地冒險，做一些平常不敢做的嘗試。班奈德托和她的合夥人N．D．奧斯汀（N. D. Austin）自稱是「踰矩顧問」，並共同創立了一間叫做Sextantworks的設計工作室。他們舉辦的活動包括「夜鷺」（Night Heron），這是位於紐約一間水塔的違法地下酒吧。班奈德托與奧斯汀同時創立了一個叫做「提姆西大會」（Timothy Convention）的假會議，這是一個一年一度的類快閃大會，地點就在紐約著名的華爾道夫飯店（Waldorf Astoria hotel）。在這個大會上，一百名身穿半正式禮服的陌生人湧入飯店，開始進行完全「無傷大雅的踰矩出格行為」，像是「為飯店客人進行客房服務」、「在奇怪的地方穿著浴袍出現」、「為你的整個團隊取得華爾道夫的刀叉」、「向飯店客人蒐集到兩張名片」、「在飯店工作人員更衣間拍團體照」。班奈德托與奧斯汀被稱為「紐約最瘋狂的地下活動策劃人」，而他們的活動則令人「永難忘懷」。

這些活動看似輕浮，但班奈德托這樣安排的背後其實蘊含更深層的意義。在籌劃每場聚會前，她會問自己兩個問題：會有哪些禮物？又會有哪些風險？她覺得她舉辦的聚會都是為了滿足特定一群人的特定需求。但她從經驗中學到，如果要得到禮物，就必須冒一定程度的風險。「要願意冒險才能得到真正的禮物。」班奈德托這樣告訴我。她對風險的定義是「對一個人現狀的威脅，可能會影響到現狀的穩定度」。有風險，才有得到禮物的可能。

在班奈德托的聚會上，風險通常是與合法性及人身安全有關：像是違規進入廢棄的建築物內。但也可能是心理上的：每場提姆西大會都跟打破一個小小的禁忌或社會常規有關。事實上，整場聚會透過改變大家原本認為是踩線、不能做的事情，藉此幫助大家「跨越邊界」並「改變與這座都市的關係」。

同樣的，當你決定要將一些好的爭議帶到下一場聚會時，也可以自問一下班奈德托的問題：觸碰這個議題會得到的禮物有哪些？風險又有哪些？值得嗎？我們有辦法小心處理嗎？

第八章

接受一切終有結束的一天

到這裡，時間已經有點晚了。有些賓客感覺還可以再玩個通宵，有些則看起來有點睏了。畢業班最後一名學生上台領了證書。這是研討會的閉幕式，大家開始翻找自己的行李牌，希望可以快點領到自己的行李。這是家族聚會的最後一次早餐，吃完早餐大家就要互相道別了。要怎麼為聚會畫下句點呢？要怎麼收尾收得高潮精彩呢？要如何親切又愉快地道別呢？

請好好跟我分手

之前我們曾經講到很多聚會都沒有開場。大家往往沒有熱烈開場，忘了顧及人們需要好好被歡迎入場的需求，相反地，很多主辦單位經常從行政細節、各式公告及感謝贊助商一類的事項開場。現在，我們則要談到和開場相對應的時刻，面臨的問題還是一樣：聚會通常都沒有一個結尾。講到聚會時，很多人都像是那種不好好分手，純粹就再也不打電話的爛人。爛人可能會告訴自己說，這是出於善意或想要低調分手。

但與會者就像是情人一樣，值得被好好分手。

主辦單位之所以會略過結尾，不是因為他們人很差，而是因為他們以為結尾會自然而然就自己生出來，像是聚會的其他環節一樣。他們以為結尾就像日落一樣會自然發生。有次，我主持一場位於明尼阿波利斯的聚會，隨著聚會逐漸進入尾聲，我領悟到結尾和日落一點都不像。如果像日落一樣的話，那結尾應該要出現。

我當時和其他引導師一起主持位於明尼阿波利斯，一場為期兩天的研討會。這個研討會是由一個基金會所舉辦，基金會會有外部評估員評估基金會資助工作的影響力，我們的任務是要改變他們的評估方式。聽起來很無聊，但在非營利組織的領域中，這是一個很重要又極具爭議的主題。改變評估員評估的內容及評估方式，將會改變他們的研究結果。會改變哪些工作被視為有效，哪些則無，這樣的調整更將影響基金會所資助的計畫。這個基金會已經準備好拋開既定假設，這代表長期而言，他們可能會停止和特定非政府組織合作，或開始投入新的資助方案。改變評估的方式及內容最終將會影響他們在更廣義的美國慈善生態圈中，作為資助單位的身分認同及角色。

在兩天的研討會中，我們的工作就是改變這些評估員之前受訓所認定的價值。我們不只是要教導他們新的做法，而且還要讓他們認同，甚至相信這樣的做法。

我們這些會議引導師投入了所有的準備時間在會議內容中。我們設計了角色扮演，安排了複雜的對話交流。我們想到辦法主持技術上的對話討論，而這些主題我們自己其實也似懂非懂。所有的一切（每個場次、每次轉換、每個中場休息）都經過精準設計，規劃出精確的時間長度。所有的一切，除了活動的最後十分鐘。一如日落，我們以為結尾會自己降臨。

不知不覺，兩天的會議咻一聲就過去了，已經到了最後一個場次。還有七分鐘，活動就要正式結束了。我們三個人先前並沒有明確講到要如何結束這場研討會。主要的會議引導師站到講台上，看著她的手錶，然後宣布可以一起搭車到機場等等的事項。與會者都一臉專注地轉向她，等待她接下來要說的話。現場有一股期待的氣氛。她看著大家，以為活動已經很明顯地結束了，但大家還是繼續盯著她，等待著什麼。「好的，謝謝大家！」她說道。大家還是繼續盯著她。她又再試一遍：「好了，結束了！」最後，在又一個尷尬的停頓後，與會者發現真的什麼都沒有了，於是便開始交談，各自拿了包包後離開。

這個研討會沒有做結尾就結束了。我們沒有好好利用大家在過去兩天所吸收的一切，我們沒有評估大家是否都採納了研討會中想傳達的想法，我們沒有提到他們要怎麼將研討會的內容融入日常生活，例如用新的方式重新訓練研究員。更基本的問題是，我們讓時鐘（而且也只有時鐘）去界定我們的結尾。一場聚會有兩個最關鍵的時刻，而在這其中一個重要時刻，我們什麼都沒有準備，僅留一片空白。就算當時與會者試著挑戰這個空白，用臉上的神情央求我們再多給一點東西，我們還是拒絕用更有意義的方式做結尾。

告訴各位這個故事給我的唯一慰藉就是，我知道我不是特例。像是那場晚上十點一到就匆匆淨空的派對，純粹就只是因為邀請函上說派對到十點結束。像是那場下午三點半，最後一個場次結束就草草收尾的研討會一樣，純粹只是因為議程上沒有其他安排。像是在早上八點三十二分結束的班導時間，只是因為鐘響了。在我們的各種聚會中，主辦人常常被動地讓活動草草收尾，沒有安排特定的結尾方式，真正好好的和大家說再見。有太多的聚會都沒有做結尾，純粹就只是停止了。

為什麼做結尾很重要

我曾經遇過一位即興表演的老師叫做戴夫．索爾（Dave Sawyer），他告訴我們好演員和高明的演員之間的差異不是他們怎麼登場，因為每位演員都會思考並設計他們的登場時刻；這兩者間的差異在於他們怎麼下台。好的演員會用戲劇化的方式登場，他們會在角色的狀態內並講出自己的台詞，當表演結束後，他們覺得自己的工作已經完成，於是便匆匆下台。高明的演員則會花同樣多時間思考要怎麼離場。高明的主持人也會這麼做。因為高明的主持人就像高明的演員一樣，他們知道結尾會形塑大家的經驗、意義感和記憶，就像開場一樣。

紐・穆楊佳可以從聆聽歌劇的頭十六個小節就知道自己會不會喜歡這齣歌劇，還記得他怎麼說結尾這件事嗎？歌劇第二重要的部分就是「樂譜的最後四頁」。他解釋道：「在這個部分，作曲人必須證明樂團一開始表演旋律的合理性，指揮則需要將這個平行宇宙，這一個才剛剛被神奇地創造出來的宇宙，將之推入深淵，讓聽者回到現實。」

聽起來好像很難，是吧？但這個標準其實沒有聽起來這麼不合理。就像是穆楊佳聽的歌劇一樣，你在自己的聚會中成功地創造了暫時的平行世界，你有責任幫助賓客把這個世界關起來，協助他們決定想帶走什麼經驗，並再次回到現實之中。

你可能會想問，那實際上要怎麼做呢？其實可以像某位教授的驚喜龍舌蘭酒派對一樣簡單。

麥可・史密斯（Michael J. Smith）是維吉尼亞大學的一位教授，他知道怎麼做結尾。他負責大學的政治與社會思想學程，這是一個為期兩年、非常扎實的研討課程，一班二十名學生會進行非常扎實的政治哲學研究。課程最後要繳交一份論文，學生花費超過一年的時間撰寫這份論文。最後幾週通常很煎熬，大家常常都要熬夜通宵趕論文，這通常也是學生從以前到現在經歷過最扎實密集的訓練。

每年，史密斯教授都會叫學生把所有細節都精雕細琢後的最終版論文，在四月的第二個週五下午五點，交到他的辦公室。大部分的教授會在辦公室門外放一個箱子，學生們把裝訂好的論文放進箱子後就可以離開了。但在這個指定的時間，史密斯教授則為學生們安排了一個驚喜，他會站在辦公室裡，手托著一盤龍舌蘭酒等著他們。你走在走廊上，往他辦公室的方向前進，手裡拿著準備繳交的兩份論文。但你沒有直接把論文塞進信箱裡，相反的，史密斯教授會用一個驚喜派對等著你，歡迎你進入後論文的人生。透過這個簡單的結尾，他轉化了這個繳交論文的步驟，創造出一個學生永難忘懷的時刻（包括二〇〇四年這一班）。

接受吧

要好好為一場聚會做結尾，首先要做的第一步比較不是實際執行面，而更偏向精神層次：你必須接受你的聚會也有終了的時刻。你必須接受你的聚會的生命是有限的。

這聽起來可能很奇怪，或其實非常顯而易見。誰沒有辦法接受他們的聚會要畫下句點呢？人們來來去去，主人要和大家道別。誰沒有辦法接受尾聲？

再仔細檢視一下。在很多聚會上，在無可避免準備要收尾的某一刻，總會有主人或賓客或兩者一起徒勞地試圖延長聚會的進行。我們常常覺得這樣的嘗試滿可愛的，有時候也的確如此，但這樣的行為其實顯示了聚會沒有明確的結尾。我們再三逼婚禮樂隊重複演奏那「最後一首曲子」，這樣一來，倒數第三或第四首歌就帶有送客的意味，然後剩下的幾首曲子就像是氣球般緩慢地洩氣。我們一直不讓晚宴賓客離開，純粹只是因為有個最不想回家的人還想繼續待著，沒有顧及有一兩個人其實已經開始打盹。我們在會議後創立 WhatsApp 群組，誓言要「讓這樣的精神維繫下去」。我們承諾要延續那些其實應該放手的事物。

接受聚會有其盡頭，也是聚會的藝術之一。當我們有意無意試著延長聚會時，我們不只是拒絕面對現實而已，我們也剝奪了這場聚會有一個好的結尾，一種有機會永存人們心中的結尾。

我有次懷著一個奇怪的想法去見兩位禪宗和尚，這兩位和尚的一個專長就是幫助人們正視自我對於結尾會有的逃避抵抗心理。我那時在想，他們是不是也能教教一般聚會主辦人一些東西。

禪修老師羅伯．裘多．坎貝爾（Robert Chodo Campbell）與寇辛．帕萊．艾利森（Koshin Paley Ellison）創立了紐約禪修關懷中心（New York Zen Center for Contemplative Care），也是這所中心的指導老師。他們以創新深沉的做法幫助人們面對死亡，並因此受到矚目，並處理個案、提供禪修訓練。我知道你在想什麼。誰講到死亡了？我只是想辦一場更棒的野餐。但我透過經驗不斷發現，大家之所以無法好好做結尾，是因為想逃避畫下句點這件事。而花最多時間思考我們為什麼會逃避結束這件事，以及可以如何接受這件事的人，就是那些也花了不少時間思考死亡的人。

禪修關懷中心提供各式各樣的服務，從冥想課程、針對病患及失親者提供的沉思期照護學生培訓到安寧照護訓練等都有。但禪修關懷中心所有的服務都圍繞著一條主線，就是要反抗現有文化逃避死亡及終點的態度。舉個例子，在美國有越來越多人想要將喪禮辦成慶祝會，而不是一場哀傷悼念的儀式。在二〇一〇年的一項調查中，百分之四十八的人表示他們偏好「慶祝生命」的儀式，而百分之十一的人則想要一場「傳統的喪禮」，另有三分之一的受訪者表示他們連喪禮都不想辦。慶祝生命的概念乍看好像前衛又無私，但這兩位和尚認為這樣的想法剝奪了大家真正去體驗死亡歷程的機會。在這個中心，他們採取的是反其道而行的哲學，盡一切可能幫助人們面對生命結束這個課題。例如，當社群中有人去世了，和尚會適時鼓勵家屬親自清洗遺體，並為死者穿上壽衣，扛著死者下樓，而不是搭電梯。他們鼓勵大家去面對死亡，而不是逃避這件事。他們也讓人們理解自己其實可以面對死亡。

在禪修關懷中心，有一門為期九個月的「安寧照護基礎」訓練課程。一班大約有三十到四十名學生，課程目的是要教導學生如何採用「憐憫同情的態度去處理生命的轉換」。這些學生當初報名課程就是想要學會更自在地面對生命終點這件事，所以當有些學生逃避上最後一堂課時，一切便顯得更加矛盾。兩位和尚告訴我，每年這門課從頭到尾的出席率通常都很固定，然而到了最後一堂課時，總是會有一些學生未能出席——年復一年，總是只有最後一堂課會出現這個狀況。「有人會生病，有人要緊急趕工編織，真的很神奇！突然冒出這些事要處理。」寇辛這樣跟我說道。他的學生都叫他寇辛。「總是有三、四個人必須參加小孩的球賽，可是之前他們都會出席。」

學生常常會希望老師可以延長課程。「幾乎每個班，每次到了最後一週時，大家就會討論並問我可不可以把課程再延長兩週。我每次都回說：『不行，結束了。你們報名九個月的課程，九個月已經到了。』但每個班都還是會這樣做。」寇辛說道。兩位和尚從來不會同意這些請求，「因為生命的重點不在延長。生命是有限的。有開頭，有過程，也有結尾。對於一個團體來說也是如此。流程走完後，剩下的時間要幹嘛？只是在拖時間。你們為什麼不想要這個團體結束呢？」他問道。

寇辛和裘多知道學生會有這樣的狀況出現，所以會幫助他們做好心理準備，共同迎接這門課程的結束。在九個月的課程進行到一半時，他們會讓全部的學生一起討論自己的「中年」。「再次環顧四周，感覺一下，看看你的各種關係如何改變了，」他們可能會這樣說道，「我們正在中年的階段，再過四個半月，這個團體就會迎接死亡。所以你在接下來的四個月，對於這些關係需要做點什麼？你離開的模式是什麼？你的習慣是什麼？」他們用這個團體本身以及身為團體一分子的經驗，幫助學生檢視自己「結束事物的習慣」。

他們為什麼要這麼做？「因為萬物皆有終了。」裘多表示。「沒有什麼不會結束。就某種程度來說，我們的工作就是要告訴大家這個事實。不管你喜不喜歡，總是會有結束的一天。不管是去安寧病房見你九十八歲的祖母；不管是一週，還是一天，總是會有結束的一刻。毫無疑問。我們不會讓大家懷抱著會有奇蹟發生的想法。」他表示。他們會對一千名醫生發表六十分鐘的演講，要大家轉向旁邊的人，在靜默中看著對方的眼睛，試著短暫並深層地與對方連結，接著引導大家想像對方變得衰老、虛弱的樣子。然後兩位和尚會問：「對於這位你才剛認識的人，剛才的練習對你的認知和你們的關係有什麼影響？」寇辛說：「不可思議的是，有人會開始哭。」以其中一位和尚的話來表示，他們教導醫療專業人士和一般大眾的關鍵重點是：「你要如何讓他們歡迎一切，不要推走任何東西？」

兩位和尚在普通的課堂出席這件事上，看到大家對於結束的抵抗，就像是人們面對死亡會有的抗拒態度，這點很有趣。我聽著他們的分享，意識到他們結束訓練課程的做法，也正是所有聚會主辦人要結束任何聚會必須進行的任務：幫助大家抵抗想要逃避結束的心情。作為主辦人，你有責任安排好結尾，幫助與會者面對而不是逃避結束的到來。

最後的提醒通知

如果做得好的話，開場和結尾通常會互相呼應。在你準備開場前，應該有一段入場迎接的環節，所以在結尾前也應該幫助賓客準備迎向尾聲。而這個環節不像入場迎接，更像是最後一次的提醒通知。

在全世界各地的酒吧，酒保都會大聲宣布最後關店前的提醒通知。為什麼？目的是要幫助你準備結束在酒吧內的這段時光，讓你有機會解決你在酒吧內任何尚待處理的事情，不管是要結清帳單，還是點最後一杯酒，又或是跟那個男子要他的電話號碼。宣布最後通知這個步驟，讓酒吧裡所有的人都知道這個夜晚即將畫下句點。我相信很多聚會（不管是家族聚會、工作上或其他的聚會）一旦採用了發布最後通知的概念後，都能獲益良多。

如果最後的提醒通知能讓我們的晚宴、研討會、工作會議都變得更好，那我們何樂而不為？其中一個原因是在酒吧時，結束營業的時間是法律規定、無可避免的事實，每一個人都適用。在其他的聚會中，大家各自有不同的體驗，主辦人通常不願意採取一個適用於所有人的結尾。

注意力敏銳的主人會發現活動氣氛逐漸趨緩，說不定有幾位賓客正在揉眼睛，或者開始在座位上動來動去，又或是座談會上已經沒有人要再發問了。主辦人面對的問題在於，雖然有些人累了，都已經開始恍神，但還是會有其他人看起來一副還可以再繼續幾個小時也不會累的樣子。在舉辦聚會時，其中一個最有趣，也是看法最分歧的困境，就是在這樣的情況中該怎麼做。你一看到有少數賓客累了時，就會立刻讓整個團體解散嗎？你會在派對還如火如荼地進行中就做結尾嗎？又或是你會讓賓客引導你該怎麼做呢？

我們家對於這個議題的看法分歧，因為我先生強烈主張大家想待多久就待多久，我則是強烈偏好提前為聚會畫下句點，讓賓客有藉口可以離開。我們剛結婚的時候，我常常會在請人來吃晚餐的場合突然說：「非常謝謝你們今天來！」藉此結束聚會。亞南德剛開始對我這個舉動感到飽受驚嚇。對我來說，我是在解放我的賓客；對他來說，我是在趕對方走。他家的習慣是你永遠要等賓客先表示出他們要離開的訊號，而我家的習慣則是除非主人要你離開，否則就一直待下去。

所以，我們最後找到了自己版本的「最後提醒通知」。一旦我發現上完甜點後的對話開始沒勁了，我會停下來，感謝大家跟我們一起共度這麼美好的夜晚，然後建議大家移步到客廳，再一起喝個最後一杯。我們給那些已經累了的賓客一個離開的機會，但先生和我會強調我們更希望大家可以繼續待著。邀請大家去客廳是一個軟性的結尾，就某種程度而言，就像是聚會的最後提醒通知。就像是你可以要帳單結帳，或者可以再加點一些酒。那些已經累了的人可以離開，也不會感覺很無禮，想要繼續待著的人也可以繼續留下來。在轉換地點並送走一些客人後，派對繼續下去。

最後提醒通知不是結尾，而是出場歡送的開始。最後提醒通知可以用說的方式宣布，就像我們在晚餐派對做的一樣。但也不是非得要用說的。達里歐．切基尼在主持完一場烤肉大餐後，會搖牛鈴，告知賓客晚宴即將結束。我知道有些主管會特別要求助理在會議結束前五分鐘來敲會議室的門，告知他們（以及在場的其他人）會議即將結束。此刻的敲門並非代表會議結束了，而是向大家示意可以準備收尾了。

何時結束？由誰決定？

或許你就跟我先生一樣，不大願意用任何方式暗示賓客是時候該離開了。但如果我先前提到的最後提醒通知有說服到你，就算只有那麼一點點，那我接著要說的是時間點非常重要。沒有明文規定的最後通知，要什麼時候宣布才好呢？

在沒有任何議程的非正式聚會中，何時該進行最後通知就變得特別複雜。一方面來說，你不會想要打斷氣氛，當個掃興鬼。另一方面，也不該等到大家都精疲力盡了才宣布。

伊莉莎白・安森夫人（Lady Elizabeth Anson）擔任英國女王伊莉莎白二世的派對籌劃人長達半世紀，她建議舞池裡還有至少二十個人時就要結束派對。當然，她說的是某種特定形式的聚會，但這個數字背後有其道理。如果等得太久，感覺比較像是你被活動主導，而不是你在主導活動的進行。她有次告訴《紐約時報》說：「如果你讓活動虎頭蛇尾地慢慢結束，那就毀了。」她最大的遺憾就是有次在特定賓客的命令下，在樂隊表演完表定最後一首曲目後，又要他們再演奏一首曲子。「我整個職涯中曾犯過一次錯誤，就是被說服讓樂隊再次演奏，」她說道，「真的是大錯特錯。」

所以問問你自己：對你的聚會而言，你的「舞池中剩下二十人」的時刻是什麼？在轉換到「最後提醒通知」的時候，整場活動是不是還在你的掌控之中，還是已經變成是活動在主導你了？當聚會還在如火如荼進行時，到何時你會決定要結束？活動要進行多久，你才會覺得達到令人滿意的程度，但又不會冗長到覺得活力都逸散出去了？

而又應該由誰來決定何時要進行最後的提醒通知？

在我們婚禮的前一晚，我們舉辦了一場夜間才藝秀，很多賓客都上台表演，這個想法取自印度傳統音樂 sangeet，通常會搭配親友一起跳著編排好的舞蹈。大家的表演一結束，趁著氣氛還熱鬧，現場直接變成一場舞會。當時舞會進行到一半時，幾個朋友要我們播放一位朋友為我們製作的影片，那支影片在前一晚的簡短晚餐彩排時曾經播放過。當時我環顧舞池，大家看起來仍非常愉快地在跳舞。幾位賓客很希望能在那個時候播放影片，其實我們並不打算再放一次這支影片，但我還是答應了，我當時心想：「如果這是大家想要的……」我們把音樂轉小聲，然後開始看影片。我原本想說一起看影片應該會很好玩，大家可以休息一下，之後再繼續跳舞。但看完十五分鐘的影片後，原本很嗨的氣氛都冷卻下來，此時大家已準備好要收尾，於是這個晚上就這麼結束了。因為我讓其他人有機會意外發出最後通知，於是讓出了自己做結尾的機會。

另一方面，有時候或許應該由賓客決定何時結尾。我曾經和團隊夥伴協助過許多場進行到很晚的晚宴，活動最後自然發展出了自己的生命。有次，我在新加坡協助一個晚宴的進行，這個團隊當時想要挖掘出一些更深層的衝突。或許是因為時間晚了，或酒精作祟，又或是賓客狀態疲憊，到了晚上十一點半，正當我準備好要為活動做結尾時，賓客們開始分享真心話。當時我已經開始進行最後通知的步驟，在這場活動中採用的是一個「退場」流程，我請每個人用一個詞分享他們的感受。此時其中一位與會者打斷我，說道：「我覺得我們終於開始有點進展了。如果我們現在去睡覺，然後一覺醒來神清氣爽，大家洗個澡後再踏入會議室，現在在這裡開始揭露的一切都將消失不見。我想提議大家繼續對話分享，不要現在就結束。」有幾個人都點點頭，所以我便將做結尾的決定權交給這個團體。我們又重新開始，繼續分享了九十分鐘，活動一直到凌晨一點半才結束，整群人精疲力盡，但情感上卻得到了重大突破。

結尾的組成要素

你做了最後的提醒通知，大家都準備好要結束了，活動也漸漸進入尾聲。那實際上要怎麼做結尾呢？

強而有力的結尾有兩個階段，與賓客的兩個不同需求相呼應：內在與外在。內在指的是花點時間理解、記憶、體認並反思剛才發生過的事情，並最後一次以團體的狀態再次連結凝聚在一起；外在則是準備好和彼此道別，重新回到這個世界。

內在：創造意義並最後一次凝聚在一起

雖然不是所有的聚會都需要，但如果能讓大家停下來，思考一下剛剛發生的事情，將會很有幫助。聚會的時刻有機會改變生活中許多其他的時刻。而為了要達到這個目標，在活動尾聲花點時間思考活動的意義非常重要。剛才發生了什麼事？這又為什麼很重要？

不管一場聚會是否提供了一些空間讓大家創造意義，每位賓客其實自己都會做這件事。我覺得這場聚會如何？我要怎麼和其他人談論這場活動？高明的主辦人不會讓賓客獨自走過這個流程，反而可能會找機會引導賓客，讓大家以集體的方式重新回想並思考。

舉個例子，TED 會議的主辦單位常常會在一場為期數天的會議尾聲，請喜劇演員用十五分鐘做結尾。（我們的開場大師巴瑞圖敦．瑟斯頓也非常會做結尾，也曾受邀為 TED 會議做結尾。）這位喜劇演員的工作並不容易，他在這一整週都必須仔細聆聽，並站在數百名同樣聽過這些演講的觀眾面前，發揮其幽默感及洞察力，擷取這一整週最精華的意義。當一位媽媽在晚餐時問孩子們今天發生了什麼事情之外，還問他們今天的「玫瑰」與「刺」（一天中最棒和最差的部分）分別是什麼，她便是在幫孩子們創造意義。當「樂團大競技」（Battle of the Bands）結束後，一個樂團回到台上表演觀眾先前已經聽過歌曲的組曲版，他們其實是在幫助大家消化先前的整場體驗。

不過，回顧只是「內在」的一個面向，另一種方式是最後一次連結團體中的大家。安排一個環節，不是為了回想剛剛在這個聚會中做過的事，而是思考我們在這個聚會中是怎樣的人。

「文藝復興週末」（Renaissance Weekend）就是能在尾聲好好連結彼此的其中一個聚會。這個活動最早可溯及一九八一年，當時菲立普．拉德和琳達．拉德（Philip and Linda Lader）這對夫婦辦了一場轟趴，邀請了他們認識的幾位最有趣的思想家。當時他們倆覺得自己在工作上越來越孤立，都各做各的。他們想在跨年夜做點不同的事情，於是邀請了來自全國各個不同領域的朋友及認識的人，總共六十個家庭，一起到南卡羅萊納州希爾頓黑德島共度一個週末。他們請每個朋友都準備一點東西和大家分享。他們持續每年舉辦這場活動，但隨著長期參與這場聚會的其中一對夫婦——柯林頓夫婦——開始受到全國矚目後，這個聚會也開始變得知名。二十五年之後，這個週末聚會變成了一個由執行長負責的組織，舉辦了一系列的活動，每年在全國舉辦五次的週末活動。而這個組織的新年聚會已經改移到南卡羅萊納州的查爾斯頓舉行，目前參與人數已逼近一千人。

主辦單位表示這個活動的目的是要在包括種族、宗教、年齡、職業及政治等各種分裂的議題上建立一道橋梁，鼓勵大家聚在一起以尊重彼此的方式交流意見，無論你是否同意對方的觀點。這個組織非常堅持所有與會者彼此間都平等，並將此價值融入聚會的架構中，他們要求所有超過六歲以上的與會者（沒錯，六歲！）都至少加入一個座談，並廢除主題演講的環節。每一次，所有的議程都是從零開始打造，根據該特定週末與會者所關心的議題而定。「如果我們發現有三個人提到羊駝，那我們就會討論關於羊駝的事。」文藝復興週末的執行長艾莉森．蓋爾斯（Alison Gelles）這樣告訴我。

大家在為期四天半的活動中會建立起一種特定的緊密感。這是因為大家是以家庭為單位出席，每位家庭成員都被視為活動的貢獻者，加上大家被鼓勵展現自己的不同面向。蓋爾斯告訴我，當你要一位國家安全專家不要討論國家安全的議題，而要他分享從愛中學到什麼，有趣的事情便因此發生，對分享者和聽者來說都是如此。

在大費周章創造了這樣的緊密感並共同探索後，文藝復興週末又是如何串起這場活動的集體體驗？主辦單位如何連結這個群體？如何最後一次確認這個新產生的歸屬感？

答案是主辦單位採用了一個特殊的結尾橋段，叫做「如果這是我的最後一席話」。這個環節大約會有二十位與會者參與，每個人都有兩分鐘的時間告訴大家，如果這就是他們生命的盡頭了，他們要分享什麼。有人會唸詩，有人分享自己的信仰、告解心中的猶疑，或回想或大或小的悲劇經歷。「這很激勵人心、很能觸動人，有悲痛不幸的分享，這個環節凝聚了大家。」蓋爾斯說道。值得注意的是，藉由邀請與會者思考肉體實際的死亡，主辦單位其實也微妙地提醒了大家思考這個團體也有象徵性結束的一刻。最重要的是，在最終解散前，這群人用戲劇化的方式展現了自己。這是我們聚在這裡的樣貌：開放、脆弱、深思熟慮、有趣又複雜。創造出一個群體，對於創造意義而言非常重要。

外在：分開並重返真實世界

主辦單位邀請與會者回顧稍早活動，並讓大家最後一次連結凝聚後，便可以進入第二階段的結尾，也就是轉換並回到原來的世界。第二階段的重點問題是：我想從這個世界帶什麼回到原本的世界中？

你的聚會跟真實世界越不同，就越需要創造一個強而有力、明確的結尾，幫助賓客重返真實世界。你的聚會凝聚力越強、群體感越緊密，就越需要幫助賓客準備好接受這個群體解散的一刻，協助他們加入或再次加入其他的群體。

參考看看「和平種子」（Seeds of Peace）的例子。和平種子是一個夏令營，目的是要減少中東及其他地區的衝突及苦難。自一九九三年以來，每年七月，來自以色列、巴勒斯坦、埃及、約旦、印度、巴基斯坦等特定衝突地區的數十名青少年齊聚在緬因州的歐提斯費爾德。在為期三週、經縝密規劃互動規範的夏令營中，這些青少年聚在一起，看看自己和那些他們本來應該不能信任，或應該憎恨的人，大家是不是能一起創造出一個平行世界。

在和平種子，主辦單位是營隊輔導員，其中有許多人以前也參加過和平種子的活動。和平種子和許多其他的夏令營一樣，現場有湖，可以划獨木舟，有藝術活動，還可以踢足球。但每天也安排一百一十分鐘緊湊、經引導的小組討論，來自衝突不同方的青少年聚在一起進行更深度的互動。

在營隊的過程中，這些青少年開始轉變他們對彼此的想法，其中有不少人都是第一次見到「另一方」的人。在第三週的尾聲，當他們上巴士準備要回家時，許多人從理論上的敵人成為真實生活中的朋友。輔導員也肩負著很重要的責任，他們必須協助這些孩子們在回到家之前擁有足夠的技能，能重返截然不同的真實世界。

重返（reentry）是衝突調解領域的一個用詞，指的是幫助某個人在對話泡泡中經歷了劇烈體驗後，再度回到原來的生活情境。這個詞也用在軍人從戰地返家，或犯人服完刑期重回社會的情況。但其實就算是最平常的聚會，也會需要一點重返的元素。作為主持人，你可以幫助你的賓客思考要帶什麼樣的體驗回到真實世界。在和平種子的例子中，這些青少年既然已經是一顆「種子」了，他們要如何在充滿敵意又混亂的真實世界中栽種自己呢？

和平種子的主辦單位在營隊結束的三天前開始重返的儀式。在晚間才藝表演結束後，營長萊絲莉．路文（Leslie Lewin）走上大禮堂講台，進行結尾致詞。講到一半時，現場燈光突然熄滅，表面看似技術上的問題，但現場突然播放「金屬製品」（Metallica）樂團的〈沙人來了〉（Enter Sandman）。在黑暗之中，數十位輔導員衝進房間內，頭上和手臂上都綁著藍色與綠色的螢光棒。他們瘋狂跳著舞，然後衝到大禮堂後方，朝著湖邊奔去。就在那一刻，兩位主要的營隊負責人會跳到台上，向困惑的孩子們解釋接下來即將發生的事情。其中一個人會說：「歡迎來到色彩遊戲。接下來幾天，會有一系列極具挑戰性的活動。你們很快就會被分成兩隊，但你們還是要繼續遵循我們作為一個社群所支持的價值觀。你們在加入綠隊或藍隊之後，是時候開始嘗試一些新的事物，拋開原有的成見。」營隊的隊員們都不知道，重返外在真實世界的過程就此展開。

接下來兩天，隊員們會參與一系列的競賽，從攀岩、獨木舟競賽、才藝秀，還有一個叫做 Hajime 的競賽。在為期兩天的色彩遊戲中，主辦單位刻意將這個隨機訂定的新身分（藍色或綠色）加諸在每位種子隊員上。「多年之後，當你與和平種子的畢業生聊天時，他們通常會說色彩遊戲是其中帶給他們最多改變的一場體驗。他們絕對會記得自己是藍色或綠色，還有他們那隊到底輸了或贏了。」其中一位主要輔導員凱爾．吉布森（Kyle Gibson）這樣跟我說道。

色彩遊戲最終會有一場頒獎典禮。大家聚在湖邊，等待冠軍揭曉。勝利的團隊能先跑進湖裡，其他人再接著加入。全身都濕透後，大家會跑回房間，最後一次拿掉身上的顏色（同時也是色彩遊戲的身分），換回原本深綠色的和平種子T恤。

色彩遊戲的每一個環節設計都是要幫助他們重返真實人生。除了是好玩的競賽之外，這系列的遊戲也告訴他們可以像是換T恤一樣，如此簡單地轉換身分。

當晚，隊員們穿著和平種子的T恤再次聚在一起，「大家又回到平等的狀態」。一位輔導員會首次明白地向大家解釋在參加色彩遊戲過程中所建立的身分感，他們會說類似以下的話：

看看你們的身分很快就建立起來了，在這一群人之中，你可能兩天前都還沒有說過話，但現在他們將從此成為你記憶中的隊員。想想過去兩天你們如何奮戰到底，現在則再也沒有綠隊了。這是一個團隊建造的過程，有一個很有價值又能支持大家的目標，但也別忘了，我們這麼快就在這個建構的身分下團結起來。

輔導員接著將這個概念連結到真實社會：「人們會以群體的方式思考。可能是良善的力量，像是藍隊和綠隊，也可能是邪惡的根源，大家很快地就因憎恨或不信任感而聚集在一塊。」他們利用色彩遊戲提醒隊員們在這個夏令營中學到的其中一個核心觀念：身分是如何被創造出來的。

營隊最後一晚的最後一個環節叫做「種子的生活」。輔導員會講到回家，以及回家之後的挑戰。已經是第二年參加夏令營的隊員們之前已經歷過重返的歷程，他們會以小組方式引導討論，幫助種子們思考類似以下的問題：

回家代表什麼意思？

你的感受是什麼？

什麼讓你感到焦慮？

你對什麼感到興奮期待？

你覺得可能會面臨哪些問題？

在這個環節中，種子們回顧過去幾週的活動，開始整合體驗以及即將重返的真實世界。隔天早上，巴士都陸續抵達之際，隊員們最後一次「整隊」，而在過去三週半，這個儀式他們每天都會做三次。大家開始意識到要分別了。有人會分享，第二年參加的學長姊們會唸詩，然後終於畫下句點。多年來，營長都會朗誦一首寫在營隊淋浴間後方的詩。

我在夜晚遇到一位陌生人，他的光不再閃耀。於是我停下腳步，借他一點我的光。
暴風雨隨後來襲，撼動了整個世界。暴風雨結束後，我的光也滅了。
但陌生人又回來了，他的光依舊閃耀。
他給我寶貴的火焰，再次點亮了我的燈。

此時，隊員們都解散了，大家開始上巴士，準備到機場。很多人哭著抱在一起，互道再見。他們知道再過大約一個月就會再見到其他的種子們，這個想法可以幫助他們在返家之後維持住現在的這個身分。隨著巴士駛離，營隊的鈴聲又響了最後一次。

找到連結的一條線

和平種子聽起來很美，但可能和你的日常聚會比起來還是太遙遠了。如果你的聚會邀的不是以色列人和阿拉伯人，只是你的朋友呢？

極端案例的聚會互動其實和一般活動的互動沒有太大差別。極端型聚會的優勢是比較容易看出那些互動方式。無論你的聚會再怎麼平凡，如果你創立了一個群體，暫時營造出一個平行世界，那你就必須思考要如何幫助與會者「拆掉布景」，回到原本的世界。不管你要用暗示的方式或挑明了講，都應該幫助他們回答以下問題：我們集體在此有了這場體驗，那我們希望在這場聚會之外展現出什麼樣的表現呢？如果我們再度見到彼此，我們對於要怎麼討論在這裡發生了什麼事，有哪些共識呢？這場體驗中，有哪些部分是我想帶走的？

在一場員工旅遊中，當只有一部分的人參與，你要如何幫助這些員工回到公司，幫助他們重回副總裁、助理、研究員、實習生的行列中？

在一場家庭聚會中，你有機會和表兄弟姊妹凝聚，而這樣的凝聚是你的另一半也在場時比較難達成的，那當下一次包括另一半的所有人都再聚在一塊時，你們彼此間要如何互動呢？

幫助賓客重返的其中一個重點，是幫助他們找到能連結聚會世界與外在真實世界的一條線，那條線可能以口頭或書面文字宣示的形式存在。像是有些會議就已經開始在結尾時這樣做，他們讓與會者有機會可以在群體面前公開宣示未來會有怎樣不同的改變，而且通常真的會有一面牆讓大家可以把宣示內容寫在上面。那條線也可以是每位賓客寫給未來自己的一張明信片，明信片上就寫著自己的地址，由主辦單位在一個月之後一起寄出。那條線還可以是一個實體的象徵，透過某種方式連結兩個世界，像是我的母親在「朋友圈」（Circle of Friends）這個聚會所做的。

我十五歲時，母親提議我和就讀同所高中的另外十一個女生，每週在我們家的地下室聚會，目的是要幫助我們思考身為女性的自我認同及轉變。她希望能借用自己作為人類學家的經驗，幫助我們經歷充滿焦慮緊張的轉換過程。

我的母親或許可以只跟我說她想對我說的話，但她發現以一個群體的方式這樣做更有力量。她知道我們這個團體中的大家每天都會在學校見到彼此，這個情境和她在地下室放了十二顆枕頭的情境非常不一樣。在那六週，我們十二個人凝聚在一起，分享祕密和不安全感，學習呼吸法及其他生理練習，希望能幫助我們在學校站穩腳步。在最後一場聚會，我的母親給了我們一人一條色彩鮮豔的螺旋狀手環。我當時沒有多想，我們純粹就只是把手環戴上。

第二天早上，我戴著手環去學校。我遇到聚會中的其他女生，看到很多人也戴著自己那條手環。這個景象讓我更有自信，知道自己並不孤獨，也提醒我要練習大家在一起學習到的事情。那條手環成了那些特別的夜晚跨越到真實人生的一道橋梁。

二十年之後，曾經參加那場聚會的一個朋友潔娜．皮羅格（Jenna Pirog）回想當年聚會帶給她的影響。這個聚會由許多不同元素組成，其中一個部分是每次都有的冥想時間。對皮羅格來說，那個部分的記憶最深刻：

身為三十五歲的女性，我可以理解當年北維吉尼亞高中的社交互動氛圍。現在回頭看，高中發生的事情相較於我後來在大學、職場遇到的狀況溫和許多。

但身為一個十五歲的青少女，躺在迪帕家地下室的枕頭上，那就是我所知的一切。年少的我對於自己要如何才能融入團體感到焦慮，那個冥想團體的成員來自我們那個年級中各式各樣的女生。有一個女生可能是全校最受歡迎、最受喜愛的人，我記得我當時超想跟她當朋友。另外一個女生成績非常好，我太害羞了，都不敢跟她說話，很怕她會覺得我很無聊。其他女生看起來很會跟男生打情罵俏，或清楚她們長大之後想做什麼。

但那時我們躺在迪帕家地下室的地上，後來又一起在廚房吃餅乾，我發現我們其實都一樣，我們都很平靜，我們全部在此都是為了同一個目的：學習如何冥想。這件事給了我們一個聊天的話題，大家可以一起分享的有趣話題。

「朋友圈」聚會中發生的事情後來也延續到我們其他的生活中。在我母親的地下室這個暫時的平行世界中，大家一起做著這些奇怪的活動，讓我們回到學校後還創造了新的連結，這兩個世界透過「重返」這條線而連結在一起。

派對小禮物就是另一種常見版的橋梁，雖然比較通俗一點。但因為這些小禮物已經成為基本配備之一，所以效果通常比較差。因此，它們代表了一個可以讓人煥然一新、重新思考的好機會。下次，當你有機會發送派對小禮物的時候，不管是在小朋友的生日派對，或類似工作活動等比較不尋常的場合，問問你自己：我要如何利用這個禮物將倏忽即逝的此刻轉化為永久的記憶？有次，我協助客戶引導了一場位於底特律，氣氛特別高壓的會議。會議結束後，客戶給了我一個運輸貨櫃的一小塊回收碎片。那場會議是關於她夢想在那座城市一個荒廢的地區蓋一間旅館，她希望能吸引投資並活化該區，同時也凸顯那些在底特律長大的人們的故事。那塊碎片躺在我的桌上好幾年，提醒著我那個想要重建一座城市的夢想。

現在，即將進入尾聲

你已經進行了最後提醒通知，也營造了一個做結尾的時刻。你已經幫助賓客往內看，並幫助他們準備好往外向前邁進。你們大家相聚在一起的時光幾乎要結束了，即將面臨這場聚會的最後幾分鐘。你要怎麼做？要如何結束得精彩？

先來談談你「不該」做的事情。我知道要改掉用行政細節和致謝等等瑣事來開場很難。但現在即將進入尾聲，那些致謝及行政瑣事可能被壓抑許久，你可能想要改在結尾時做這些事。

絕對不要這樣做。

就像你不會用行政細節開場，也絕對不要在結尾時做這些事，包括致謝。有次，我受邀主持兩位好友的婚禮。在婚禮彩排時，我們站在新娘家裡的客廳，現場有她的父母、公婆、未婚夫，大家一起走過一起設計的儀式流程。最後幾分鐘，我突然發現他們的筆記上寫著「公告」兩個字，於是我便問他們這是什麼。新郎說了類似：「嗯，結束之後，我們想要說，現在請跟我們一起到大廳享用美食！」

我聽完嚇到。

對新郎而言，他認為這個結尾詞很慷慨大方（我們要招待大家吃東西了！），同時也很實際（要到哪裡才能找到食物）。但就像開場，結尾也是展現力量並塑造記憶的一個時刻。好的結尾很重要，結尾做得好可以鞏固你想要賓客帶走的感覺及想法。

我試著說服朋友們，儀式一結束之後，賓客就會看到食物在哪（是在隔壁房間）。他們理解了我想要傳達的想法後，我們決定在結尾時用新人接吻、將新人介紹給整個社群，最後搭配歌曲戲劇化地離場，隨後緊接著走出來的是雙方父母和其他賓客。多年後，那位新郎告訴我說：「我現在絕對不會用行政細節做結尾，我的簡報裡甚至連一張『謝謝』的簡報都不會出現！」我聽了當然非常興奮。

我不是說你不能謝謝大家。我只是說在聚會時，不要用謝謝作為活動的最後一件事。有一個很簡單的做法可以解決這個問題：把這件事放在倒數第二件事來做。

我兒子的音樂老師傑西．哥德曼（Jesse Goldman）就非常支持把行政細節列為倒數第二件要做的事。哥德曼是一位深受喜愛的老師及創作歌手，他每週會上六堂幼兒音樂課，課程長度為四十五分鐘。當課程要做結尾時，他會先彈最後一首曲子的第一個音符，這是他自己版本的「最後提醒通知」，透過這個方式讓孩子們知道要結束了，然後他會停下來，在一邊還彈著這個音的同時一邊宣布：還沒有繳交支票的人請記得繳交；下週停課；有人忘了帶外套走。他刻意在最後一首曲子的第一個音符和第二個音符間宣布這些事項。說完之後，他會繼續彈完再見歌曲。這是一個低調卻非常厲害的做法。

最後提醒通知、行政事項宣布，然後是戲劇化的結尾。我們大家都可以學學哥德曼，找到自己版本的做法，好好利用那第一個音符和第二個音符間的空檔。

最後再提一點：一旦找到一個合適的地方塞進感謝詞，請試著不要很直白地感謝，試試看改用致敬的方式。

在太多的聚會中，賓客之所以知道活動要結束了，都是因為有人會站起來，然後滔滔不絕地致感謝詞。這樣做的問題是聽眾的眼睛往往會變得呆滯，尤其是當他們照本宣科的時候。這不是說聚會上不要公開感謝任何人，只是除了時間點外，還得想想該怎麼做。

不要運用感謝的時間去說明對方的工作及職責，這些事情放在 LinkedIn 上就好了。「感謝由瑞秋負責的製造團隊，他們讓我們得以繼續運作下去；感謝影音部門的史考特；行政後勤的莎拉。」賓客中沒有人在乎你聚會的組織圖。試著向那個人致敬，而不是向他們的職稱致敬，這樣能讓你的感謝詞變得更具意義——不管是對那位被感謝的人或你的賓客，都是如此。

我曾參加過一個叫做「晨舞」（Daybreaker）的活動，這是在全球數十座城市舉辦的晨間舞會。數百位與會者非常清醒地在早上六點聚在一起，在去上班之前先狂舞一番。大部分晨舞的活動都舉辦在祕密的地點，我參加的那場辦在先驅廣場（Herald Square）著名的梅西百貨（Macy's）地下室，我那時在活動的結尾見證了一個超棒的感謝做法。

這場派對的橋段包括聖誕老公公和聖誕老太太來訪、紐奧良銅管樂團和霹靂舞者的演出、發光的毛衣，還有一個人裝扮成巨大的藍色光明節陀螺。在長達三小時的派對尾聲，其中一位主辦人芮達・亞格沃（Radha Agrawal）拿起麥克風，請大家坐下。她先一一唱名感謝梅西百貨的團隊成員，並讓我們意識到梅西百貨冒了不小的風險舉辦這場活動：主辦單位中有許多成員前一晚為了清場，整晚都沒睡。為了讓三百位陌生人參加這場活動，他們冒了很大的風險，還要信任大家不會從百貨公司偷走任何東西。亞格沃提醒我們，大家必須願意冒險才能做點與眾不同的事情，而她也希望我們將學到的這一課帶回我們的真實人生中。

她讓致謝變得有意義，她表揚的不是大家都知道的前置工作，而是那些在活動前不為多數人所知的準備工作。而且她還把那些致謝變成給我們這些與會者的一課，這樣一來致謝詞聽起來就不會像是例行公事。雖然她包裝並提升了這些感謝詞，但她並沒有用致謝作為結尾。相反的，她在結尾時發給我們一人一張紙，上面是一首詩，而這也是晨舞活動通常會採用的結尾方式。她非常了解一個新鮮又不落窠臼的結尾非常重要。

我的最後提醒通知

這本書即將進入尾聲，我不想在告訴你不要在結尾進行致謝後，自己卻用致謝詞做結尾。所以，我想在結束前先暫停片刻，向那些協助我創造「這場」聚會的人們致意。

我的經紀人柔伊・帕格納曼塔（Zoë Pagnamenta）從一開始就對我及這本書抱持著信心。我不屈不撓的編輯傑克・莫里西（Jake Morrissey）協助我反覆調整稿子，直到最終定案。珍・法蘭森（Jane Fransson）則是協助我組織安排的主要幫手，是我最棒的啦啦隊和捍衛我的人。我的寫作小組成員——安・布拉克維斯（Ann Burack-Weiss）、明蒂・富莉洛夫（Mindy Fullilove）、莫拉・史皮傑爾（Maura Spiegel）、傑克・索爾（Jack Saul）、凱莉・哈汀（Kelli Harding）、吉姆・吉伯特（Jim Gilbert）、賽門・佛汀（Simon Fortin）——他們在那些週五早上提醒我要保持「混亂群體」的精神。我親愛的朋友與家人——蘿倫・里佐（Lauren Rizzo）、魯克米妮・吉里哈拉達斯（Rukmini Giridharadas）、湯姆・佛格森（Tom Ferguson）、莫・穆蘭（Mo Mullen）、凱特・克諾提里斯（Kate Krontiris）、路易斯・亞拉裘（Luis Araújo）——謝謝你們仔細閱讀手稿。濕狗狗農場（Wet Dog Farm）的工作人員則讓我看到這本書可能長成的樣子。里弗黑德（Riverhead）的全體團隊——尤其是凱蒂・佛里曼（Katie Freeman）、珍恩・蒂琳・馬汀（Jynne Dilling Martin）、莉蒂亞・赫特（Lydia Hirt）、凱文・莫菲（Kevin Murphy）——你們在所做的一切中都展現出熱情、創意、對作家的支持，我很感謝能和你們合作。我專業領域的社群，尤其是艾咪・福克斯（Amy Fox）和莫比斯執行領導力團隊（Mobius Executive Leadership），你們讓我保持敏銳又開放的態度，展現出力量與愛。我的六位家長，謝謝你們總是為我加油。我的先生亞南德・吉里哈拉達斯（Anand Giridharadas）從這本書種下種子到完稿收割，一路上都陪伴著我，沒有你，我沒有辦法完成這本書。已故的哈洛德・「哈」・桑德斯（Harold "Hal" Saunders）則教導我和世界各地的許多人，當你用不同方式聚會，一切都能改變。

回想你的聚會目的

做結尾時，可能會有一刻可以回溯本書一開始講到的：聚會目的。通常可以用一種隱微的方式提醒大家這場聚會最初發起的原因是什麼。

我的朋友艾蜜莉跟我分享了一個她自己因為非政府組織志工工作而前往牙買加的故事。有一天，她和其他人一起舉辦泳池派對，對象是來自鄉村的小朋友。活動即將進入尾聲，但當時並沒有規劃一個「結尾」。艾蜜莉對這點感到擔憂，因為在她前往牙買加不久前，我才跟她提到做結尾的重要性。而令她更擔憂的一點是因為這是很有影響力的一天，比其他一般的泳池派對更重要。雖然牙買加是一個島國，但現場很多小朋友之前都沒有游過泳——這是過去殖民所遺留下的惡果，因為以前加勒比地區的殖民法禁止奴隸游泳，怕他們會趁機逃走。艾蜜莉和其他的志工及小朋友很明顯都因為這天的活動深受感動，而現在活動即將結束，可是卻沒有一個結尾。

一輛校車已經在外頭等待了。艾蜜莉知道，幾分鐘之內孩子們就會列隊走出，搭上四小時顛簸的巴士之旅回家。所以她盡可能找到其他的志工，要大家在走廊列成一排，等待孩子們走過去。隨著第一批孩子們走進走廊，志工們開始歡呼鼓掌，和孩子們擊掌、擁抱。

「孩子們看起來都很驚訝、不知所措，但同時也很開心能被這樣歡送，尤其是這群人他們才剛認識，卻已經建立了很緊密的關係。」艾蜜莉這樣跟我說道。這個結尾體現了這場聚會的目的：告訴這群孩子，他們很重要。

我的公公則在他教的一堂課結尾，在沒有受到我的壓力影響之下，用極具力量的方式再次點出這門課的目的。我的公公在華盛頓特區的喬治華盛頓大學商學院任教。每學期期末，他會為學生準備好三張簡報，一張簡報上寫著「工作與生活平衡」，一張寫著「意義」，第三張則是一首詩，他會大聲唸出這首詩。最後一堂課一開始，他不會回顧這門課上過的內容（這門課講的是管理顧問），反而是警告同學們顧問界的誘惑，以及如果沒有在一開始就找到這個工作的意義與平衡，將會非常危險。

「我建議他們不要等到都出現危機了才正視生活平衡這件事。」他這樣告訴我。「正因為我了解人生不可能每一刻都保持平衡，我鼓勵他們去思考目前的優先順序，這樣一來，在未來十八到二十四個月中，他們的生活將能保持平衡，讓一切都在掌控之中。」他表示道。然後他會表演一個撲克牌魔術，表演結束後，他會告訴學生雖然看起來像是魔術，但其實只是運用了技巧，所以他希望大家把他課程中的技巧練到精通，直到看起來像在變魔術。然後他會唸一首愛爾蘭詩人約翰．歐唐納休（John

O'Donohue）的詩〈新的開始〉（For a New Beginning），鼓勵學生「沉浸在開始的恩典中」。最後，他會在尾聲請學生靜默一分鐘，用跟這門課開場一樣的方式做結尾。

一門顧問課要做這麼多？我聽他說過，年復一年，學生們都很受感動，往往會有很多人在結尾時哭了。（他也常常獲頒教學獎。）我問他，為什麼最後一堂課要做這些事。他說這個結尾的方式不只是要提醒學生齊聚在這裡上這堂課的目的，同時也是要提醒他自己作為教師的目的。他說他之所以教學，是因為他喜歡投資在那些「即將踏入社會、具有品格的公民身上」。他的課程內容剛好就符合這個更大的目的，所以在花了一整個學期介紹各種關於管理顧問領域的內容後，他希望提醒大家他自己和學生們為什麼要上這堂課。

結尾的時刻也可以用來將聚會和更廣泛的群眾做連結。艾米．康寧漢（Amy Cunningham）是一名位於紐約的殯葬業者，當一場喪禮結束時，她會刻意將家屬的哀傷與其他所有哀悼者的心情做連結。她告訴我，她通常會在儀式結束時說：「願平靜的能量給予你和世上所有哀悼者一絲平靜。」她將個人的苦痛與世界上更廣泛的苦痛做連結，藉此同時觸及個人及更廣泛群眾的體驗。

退場線

你可能還記得開場那一章曾提到門檻的概念，你畫出一條線，並幫助賓客跨越那條線。在做結尾時，也可以採用類似的概念。

隨著賓客即將離開你創造出的世界，是時候畫出另一條退場線，並幫助大家跨越。一場好的聚會在最後尾聲時，會用暗示或明喻的方式畫出一條線，提示大家一切都結束了。這個最後尾聲的結尾應該留下一個標記，同時也讓大家的情緒宣洩。形式可以有很多種。

退場線可以用實體或象徵的方式呈現。在畢業典禮當天，普林斯頓大學（Princeton University）的學生會在典禮結束後通過費茲蘭道夫大門（FitzRandolph Gate）。在此之前，學生都會被警告在畢業典禮之前絕對不可以通過這道門，否則可能無法畢業。大家遵守著這個關於無法畢業的傳說，然後在這特別的一天跨越這條線，透過這個方式很明確地凸顯出這一天是多麼的與眾不同，而他們的大學時光也結束了。

在哥倫比亞某些地區，村民還是會做一個人型娃娃來紀念過去的一年（Año

Viejo），有時會在娃娃裡頭塞乾草或煙火，這個娃娃代表了大家想要燒掉的過去一年不愉快的事物。他們會幫娃娃穿衣服，取好笑的名字，然後在跨年夜燒掉這個娃娃。不管有沒有這個人型娃娃，一年終將結束，但退場線凸顯了這個結尾，並轉化為一個合適的尾聲。

退場線也可以透過語言表現。在我的實驗室工作坊的最後一個環節，我通常會請大家圍成一個圓圈，然後我會呼應開場的內容。在這個工作坊的開場，我大聲唸出大家事前在訪談或作業簿中分享給我的內容摘要。而在結尾的版本中，我們需要的不是大家在事前分享的內容，而是實際發生在工作坊的內容。一整天下來，我一直做筆記記錄大家說的話，並寫下特定的詞彙、坦承的事情、靈光湧現的事物、笑話、俏皮話等我覺得能展現特定重要時刻的精華。然後在做結尾時，等所有其他與會者都分享之後，我會請大家都站起來，看著彼此並聆聽。我將一整天下來，大家說過的片段內容及各種詞彙大聲唸出來。他們聽著我依序唸出這一天活動下來他們自己講過的話，再度想起了我們大家在一起做過的事情。我也透過這個方式讓他們知道，他們說過的話都被仔細聆聽，而這些話也被記住了。最後，我講到最後一個引用的話。（通常，這會是其中一位與會者在結尾時分享的內容，在我做結尾的幾分鐘前才說過的話。）然後我會關掉我看著唸的 iPad 或筆記本，停下來，並環顧四周。讓氣氛延續。然後我會說類似「我宣布這個實驗室……」然後我會拍手代表退場——「結束。」我畫下標記，讓活動結束，將與會者從聚會中釋放。通常大家會開始拍手，聚會結束了。（別擔心，我在派對上不會這樣做。）

不管你的結尾時刻要怎麼進行，應該要真誠並符合情境需求。

艾米．康寧漢剛開始在葬儀社工作時，她很掙扎，不知道要如何幫助來弔唁的人離開喪禮。這是一個難熬又很尷尬的時刻，大部分的人都不確定該怎麼做才好。就直接走掉嗎？還是要等待？你要到處跟大家道再見嗎？或者在美式足球的超級盃派對這樣做比較適合？離場的順序應該是什麼？

康寧漢研究了許多不同文化的喪禮儀式，由此取得靈感，她最後選擇採用猶太人的傳統。在猶太人的文化中，負責主持喪禮的人會請往生者直系家屬以外的人面對面排成兩列，從墓地一路往停車場的方向形成一條由人圍成的走廊。然後拉比會請直系家屬離開墓地，朝著臨時排列成的人型走廊走，一邊走的同時一邊看著親友的眼睛，他們「現在就像是堅定與愛的支柱」。康寧漢形容這就像是「一個請大家進入下一個旅程的方式，讓大家走入哀悼的下一個階段」。隨著直系家屬走著，兩列人中站在最遠、最後方的親友接著依序加入，然後剩下的人也慢慢地加入跟著走，大家一起離開墓園。這是一個簡單的程序，能幫助組織現場的大家優雅地離場。但這個做法有其目的，能幫助那些最需要的人，協助他們與還在世的人彼此連結，讓所有的人能夠繼續一起向前邁進。

一個好的又有意義的結尾不會遵從任何特定的規則或形式。你必須根據自己聚會的精神去設計，更依據你希望將這個結尾營造得多盛大隆重去進行調整。就算只是固定的每週銷售會議，設計了結尾也不代表會太花俏或奇怪。大家在會議結束前，聚在一塊唸出「前線人員很重要！」這句話或許只是個很簡短的環節，卻很有意義，能提醒與會者他們自己的選擇。只是和朋友吃個便飯，不代表就不用做結尾。一個簡單低調的結尾，像是大家走出門口時各發一片再見巧克力，這樣小小的舉動都能創造出不同的效果。就算是最簡便的結尾都能再次確認這個聚會的存在，並給大家一個退場的出口。

到處都有結尾做得出色的主持人，他們用簡單卻有力的方式為聚會精彩收尾，也因此顯得獨樹一格。像是那些會在最後集體一起唸誦梵咒 Om 聲的瑜伽課，對比那些不會這樣結尾的瑜伽課；又或是用一個故事為課堂做結尾的老師，對比那些用出作業做結尾的老師；或是陪著賓客走到門口道再見，對比那些讓賓客自己走出去的主人。有時候，簡單一個停頓、一個時刻、捏一下手等等的方式，就能為稍早大家一起度過的時光畫下一個印記。

如同所有的規則，總是有例外存在。我知道一群朋友組織了一個很棒的聚會，他們決定在結尾時做的一切都恰恰與我提到的內容背道而馳。他們發現大家都不喜歡說再見，於是大家聚在一起時，當夜晚即將進入尾聲，在沒有安排、沒有事先警告或任何儀式的狀況下，大家想要離開的時候，就直接離開。在這場聚會結尾，大家集體不告而別。這個做法違反了我提到的許多比較次要的規則，但在我提到的主要原則上，卻做得相當出色。這一群朋友找到一個方式去表達：「這個聚會和其他的都不一樣。」

讀書會指南

一、普里亞．帕克在本書的序寫道：「我常常擔任主持人，也常常是與會者。不管是哪種角色，我永遠對那些能幫助團體凝聚起來的舉動深感興趣，這些介入的手法微小卻重要，每個人都能做到。」（p.9）你覺得自己更適合當主辦人或是賓客呢？為什麼？那是在商務場合還是私人情境中扮演這個角色時會扮演得更好？你認為好的主辦人應該有哪些特點？好的賓客或參與者又該有哪些特點？

二、帕克寫道：「不管是董事會或是生日派對，我從自己引導過的聚會中發現，聚會的『形式』決定了聚會的內容及成功與否，簡單的聚會規劃決策就能幫助你的聚會大獲成功。」（p.9）就你的經驗中，不管是職場或私下，不管是工作上的大型會議或小型的家庭聚會，你曾採用過哪些策略讓你的聚會大獲成功？而你看過哪些策略是應該避免使用的？

三、帕克的先生曾詢問能否和她所有女性友人一起參加產前派對，她當時聽了很驚訝，後來也因此開始思考關於聚會、聚會儀式的一些傳統觀念。你是否也曾經因為一些原因而重新思考某些聚會的規則，像是銷售會議或產業會議？如果有，你有沒有跟任何人討論到採用新規定的想法？你覺得要實際執行，會有多容易或多困難呢？

四、帕克寫道：「那些考慮周到的聚會籌辦人知道，毫無篩選、什麼人都邀請並非展現大愛的行為，適當地排除受邀者才是真正的慷慨之舉。」（p.59）不管是身為主辦人或賓客，你看到這句話的感受是什麼？你是否也曾不想邀請某人來你辦的聚會（例如會議或婚禮），但又覺得不得不邀請對方？邀請對方來，會對那場聚會造成什麼影響？你是否曾經順利避免邀請某人參加聚會？怎麼做到的？

五、帕克問道：「那該如何選擇一個好的又具有意義的聚會場地呢？……我會試著讓客戶選擇能展現其目標的空間與地點……當場地可以具體展現想法時，空間能幫助參與者的身心都投入到整個體驗中。」（p.82、85）你有參加過哪場聚會的地點特別有意義，或對聚會的效果特別好的？你是否曾經發現某些會議在特定地點舉辦很順利，但在其他地點則不然嗎？你覺得原因是什麼？你是否同意帕克提到，要選擇有意義的地點？

六、帕克認為聚會要成功，主辦人的角色功不可沒。但這個時代，「很多大費周章主辦聚會的人，都希望在主持方面可以做得越少越好。」（p.102）他們希望能當一個「超然的主人」。你會想當個超然的主辦人嗎？你覺得當個什麼都不插手的主辦人，好處跟壞處各是什麼？你覺得是不是在某些情境中比較可行，某些情境則不適合？

七、對比超然的主人，另一種則是採行「慷慨型權威」的主辦人：「以慷慨型權威治理的聚會，統治者強而有力，又充滿自信，但這樣的治理是無私的，目的都是為了與會者。」（p.114）慷慨型權威的三個要素是什麼？你有看過把慷慨型權威執行得很好的聚會主辦人嗎？對於需要主辦一場聚會（例如銷售會議），同時又要確保與會者覺得這場聚會有用又有價值，在這兩者間你要如何取得平衡？

八、帕克習慣寄給客戶數位版的「作業簿」，請他們在參加會議活動前填完再寄回給她。她發現這類的作業簿（通常包含六到十個問題）彷彿是「向與會者寄出一份投入參與的邀請函」（p.200～202）。你有看過哪些聚會主辦人在活動前為與會者暖身準備的做法？你是否看過主辦人在專業場合活動或私人聚會前，成功為與會者暖身準備的情況？

九、帕克提到有位同事曾教過她一個重要的聚會原則：「影響一場聚會成功與否的九成因素都跟事前準備有關。」（p.195）讀完本書，你會如何安排和同事的動腦會議？同事的離職派對？和朋友的節日派對？帕克分享的例子讓你得到哪些新的靈感？

十、帕克寫道：「好的爭議幫助我們重新檢視我們在乎的事物：價值觀、優先順序、無可取代的事物。」（p.299～303）在本書，她提到一間建築事務所的合夥人要決定事務所未來發展方向的案例。在你的公司，聚會要如何採用「好的爭議」？你會希望避免哪些可能的挑戰？

備註

序

P.6 **「除了少數例外狀況」：**當肯．格林（Duncan Green），「研討會怒火：『可怕的座談討論何時成了標準形式？』」《衛報》，2016/6/2，https://www.theguardian.com/global-development-professionals-network/2016/jun/02/conference-rage-how-did-awful-panel-discussions-become-the-default-format。

P.6 **「浪費時間的會議」：**哈里斯調查，《企業工作現況》（Lehi, UT: Workfront, 2015），2017/10/10存取，https://resources.workfront.com/ebooks-whitepapers/the-state-of-enterprise-work。

P.6 **百分之七十五的受訪者對這些人際關係感到不滿：**提姆．沃克（Tim Walker）與亞莉亞．麥奇（Alia McKee），《二〇一三年美國友誼現況：信任危機》（Brooklyn: LifeBoat, 2013），2017/10/10存取，https://static1.squarespace.com/static/5560cec6e4b0cc18bc63ed3c/t/55625cabe4b0077f89b718ec/1432509611410/lifeboat-report.pdf。

P.6 **「隨著傳統宗教越來越難吸引年輕人」：**安吉．瑟斯頓（Angie Thurston）與凱斯伯．特．凱爾（Casper ter Kuile），《我們聚會的方式》（Cambridge: Crestwood Foundation, 2015），2015/5/15存取，https://caspertk.files.wordpress.com/2015/04/how-we-gather.pdf。

第一章

P.18 **大學時，我們盯著講堂的地板發呆：**像是可汗學院一類的數位學習機構讓「翻轉教室」的模式變得越來越普及，學生透過線上影片學習，老師的角色變成在引導學習，而不是傳授知識。

P.19 **不要辦喪禮**：艾倫・沃菲特（Alan D. Wolfelt），《創造有意義的喪禮儀式》（Fort Collins, CO: Companion Press), 1。根據Funeralwise.com在二〇一〇年進行的一項調查顯示，百分之三十一的人死後完全不想要舉辦喪禮。沃菲特是位於科羅拉多州柯林斯堡的失去與生命轉換中心的負責人。他寫了很多關於為什麼要舉辦真誠的喪禮儀式的文章。他認為人們已經忘記了舉辦喪禮的諸多目的，也擔心有越來越多人在喪禮時想要「慶祝生命」，而不是「傳統」喪禮。「我們把致敬型的慶祝與用派對慶祝這兩件事搞混了。不幸的，這樣的想法也被用到喪禮上了。」他寫道。

P.21 **創立者**：紅鉤社區司法中心是紐約州統一法院系統與法庭創新中心共同合作促成的非營利機構，目的是要改革紐約市及全世界的司法體系。

P.21 **「起訴或撤銷起訴，兩者擇一」**：「艾力克斯・凱勒布雷希法官，紅鉤社區司法中心：訪談」，2017/10/17存取，https://www.courtinnovation.org/publications/alex-calabrese-judge-red-hook-community-justice-center-0。

P.24 **「這個結果顯然對你很好」**：艾力克斯・凱勒布雷希在《紅鉤司法正義》影片中表示，5:16。

P.24 **「我們盡可能給被告各種我們可以提供的機會」**：吉姆・戴爾（Jim Dwyer），「避免送人入監但仍執法嚴格的法庭」，《紐約時報》，2015/6/11，https://www.nytimes.com/2015/06/12/nyregion/a-court-keeps-people-out-of-rikers-while-remaining-tough.html?_r=0。

P.24 **獨立評估的資料顯示**：辛西亞・李（Cynthia G. Lee）、佛萊德・契司曼二世（Fred L. Cheesman II）、大衛・洛特曼（David Rottman）、瑞秋・史萬諾（Rachel Swaner）、蘇維・海尼南・藍柏森（Suvi Hynynen Lambson）、麥可・藍佩爾（Michael Rempel）、瑞克・克提斯（Ric Curtis）共同撰寫的《布魯克林的新興社區法庭：紅鉤社區司法中心的全面評估》。（Williamsburg, VA: National Center for State Courts, 2013），2017/11/15存取，https://www.courtinnovation.org/sites/default/files/documents/RH%20Evaluation%20Final%20Report.pdf。

P.24 **「我投入司法體系」**：艾力克斯・凱勒布雷希在《紅鉤司法正義》影片中表示，7:18。

P.28 **己不再被某些人奉為圭臬：**例如請參見米塔莉．沙倫（Mitali Saran），「我願意對這個男人／女人持保留態度」，《商業標準報》，2014/12/6，http://www.business-standard.com/article/opinion/mitali-saran-i-take-this-man-woman-with-a-pinch-of-salt-114120600014_1.html；賽嘉．卡帕迪亞．波查（Sejal Kapadia Pocha），「從性別歧視的傳統到龐大的開銷，為什麼現在是時候讓亞洲婚禮變得現代化」，Stylist.co.uk，2015/6/23，https://www.stylist.co.uk/life/bride-groom-cost-traditions-why-it-s-time-asian-indian-weddings-changed-modernised/60667；裘伊．穆克吉（Jui Mukherjee），「爸、媽，請不用出席我的婚禮」，*India Opines*，2014/11/13，http://indiaopines.com/sexist-indian-wedding-rituals/。

P.29 **第一場頭版會議在一九四六年召開：**凱爾．梅西（Kyle Massey），「安息吧原版的頭版會議：在數位時代建立新的《紐約時報》傳統」，《紐約時報》，2015/5/12，https://www.nytimes.com/times-insider/2015/05/12/the-old-page-1-meeting-r-i-p-updating-a-times-tradition-for-the-digital-age/?_r=1。

P.30 **「只有三分之一的讀者」：**A．G．蘇柏格（A. G. Sulzberger），《創新報告》（New York: *The New York Times*, March 2014），http://www.niemanlab.org/2014/05/the-leaked-new-york-times-innovation-report-is-one-of-the-key-documents-of-this-media-age/。

P.32 **在一封寫給員工的電子郵件中：**梅西，「安息吧原版的頭版會議」。

第三章

P.62 **「如果大家都是一家人，那就代表沒有人真的是你的家人」：**巴拉克．歐巴馬，《歐巴馬的夢想之路：以父之名》（New York：Crown, 2004），337。

P.72 **決定展開一場實驗：**海瑟．漢斯曼（Heather Hansman），「大學生在克里夫蘭退休之家免費生活」，Smithsonian.com，2015/10/16，https://www.smithsonianmag.com/innovation/college-students-are-living-rent-free-in-cleveland-retirement-home-180956930/。

P.72 **這個想法源自於相關研究：**漢斯曼，「大學生」。

P.72 **在荷蘭也曾大張旗鼓地宣傳過：**凱莉・瑞德（Carey Reed），「荷蘭養老院提供學生免費住宿」*PBS News Hour*，2015/4/5，https://www.pbs.org/newshour/world/dutch-retirement-home-offers-rent-free-housing-students-one-condition。

P.73 **「人選是否合適？」：**「住在克里夫蘭養老中心的音樂系學生」，YouTube影片，3:09，由「The National」上傳，2015/11/9，https://www.youtube.com/watch?v=hW2KNGgRNX8。

P.73 **「我感受到生命力」：**「住在克里夫蘭養老中心的音樂系學生」，YouTube影片。

P.73 **「我竟然能」：**丹尼爾・帕文（Daniel Parvin），「住在克里夫蘭養老中心的音樂系學生」，YouTube影片。

P.81 **「環境的影響就占了八成」：**科林・考赫德（Colin Cowherd），*The Thundering Herd with Colin Cowherd*，Podcast audio，2015/6/4，25:08，bit.ly/1IgyxQf。

P.87 **超過兩百億美金：**尼奇・杜剛（Nikhil Deogun）、丹尼斯・柏曼（Dennis K. Berman）、凱文・狄拉尼（Kevin Delaney），「阿爾卡特即將以市值美金兩百三十五億股票收購朗訊」，《華爾街日報》，2001/5/29，https://www.wsj.com/article/SB991078731679373566。

P.89 **「阿爾卡特之所以無法買下」：**艾瑞克・范諾（Eric Pfanner）與《國際先驅論壇報》（*International Herald Tribune*），「美國國內敏感度成為阿爾卡特與朗訊併購案告吹關鍵：傲慢與偏見」，《紐約時報》，2001/5/31，http://www.nytimes.com/2001/05/31/news/failure-of-alcatellucent-merger-talks-is-laid-to-national-sensitivity.html。

P.89 **「據報朗訊的高層」：**「阿爾卡特與朗訊併購案告吹」，*BBC News*，2001/5/30，http://news.bbc.co.uk/2/hi/business/1358535.stm。

P.90 **朗訊及阿爾卡特終於成功合併：**維卡斯・巴佳（Vikas Bajaj），「朗訊與阿爾卡特合併案大功告成」，《紐約時報》，2006/4/3，http://www.nytimes.com/2006/04/03/business/merger-deal-is-reached-withlucent-and-alcatel.html。

P.91 **「一臉驚訝地看著」：**派翠克・雷伊・費莫爾（Patrick Leigh Fermor），《曼尼：伯羅奔尼撒南方遊記》（New York: NYRB Classics, 1958），31。

P.91 **費莫爾在《紐約時報》上的訃聞：**理查・伍德沃（Richard B. Woodward），「旅遊作家派翠克・雷伊・費莫爾逝世，享年九十六歲」，《紐約時報》，2011/6/11，http://www.nytimes.com/2011/06/11/books/patrick-leigh-fermor-travel-writer-dies-at-96.html。

P.96 **在不同的空間進行：**「艾德・庫克——記憶技巧學習法」，*The Conference*，2014/8/19，http://videos.theconference.se/ed-cooke-memory-techniques-for-learning。

P.99 **「派對空間面積」：**麥克斯威爾・萊恩（Maxwell Ryan），「派對建築學：#1——密度」，《公寓治療》，2008/12/15，https://www.apartmenttherapy.com/party-architecture-density-how-to-plan-a-party-5359。

第三章

P.104 **讓派對再次充滿活力：**「狼人殺」遊戲又稱作「黑手黨」，是由莫斯科國立大學心理系老師德米特里・大衛多夫（Dmitry Davidoff）在冷戰時期發明的心理學團體遊戲，後來傳到歐洲、美國，在一路開到深夜的科技會議上特別受歡迎。案例請見瑪格麗特・羅伯森（Margaret Robertson），「狼人殺：聚會遊戲如何在科技界引領風潮」，《英國連線雜誌》，2010/2/4，http://www.wired.co.uk/article/werewolf。

P.104 **亞拉娜・梅西的文章〈反對超然〉：**亞拉娜・梅西（Alana Massey），〈反對超然〉，*Medium*，2015/4/1，https://medium.com/matter/against-chill-930dfb60a577。

P.115 **將對方領帶一大段都剪掉：**克里斯・安德森（Chris Anderson），《TED Talks：TED官方公眾演講指南》（New York: Houghton Mifflin Harcourt, 2016），190。

P.115 **「交叉口的那家店」：**潔西卡．歐吉維（Jessica P. Ogilvie），「艾米．舒默在爾灣的表演遭到搗亂女子中斷」，《洛杉磯雜誌》，2015/10/12，http://www.lamag.com/culturefiles/amy-schumers-irvine-set-disrupted-by-lady-heckler/。

P.117 **「都有傳過簡訊」：**阿拉莫電影院，「不要講話公告」，YouTube影片，1:46，2011/6月上傳，https://www.youtube.com/watch?v=1L3eeC2lJZs。

P.118 **「當你人在電影院的時候」：**提姆．李格（Tim League），「阿拉莫電影院：規則如下」，CNN.com，2011/6/10，http://www.cnn.com/2011/SHOWBIZ/Movies/06/10/alamo.drafthouse.league/index.html。

P.122 **「公眾儀式中」：**露西雅．史坦頓（Lucia Stanton），《一九八六年四月十三日蒙蒂塞洛的春季晚宴，憶湯瑪斯．傑佛遜》（Charlottesville, VA: Thomas Jefferson Memorial Foundation），1-9。

P.122 **「因此引發的社交風暴」：**史坦頓，《一九八六年四月十三日蒙蒂塞洛的春季晚宴》。

P.123 **不管是在班乃迪克學院和學生說話：**「總統演講內容，在班乃迪克學院進行的問答時間」，WYFF4.COM，2015/3/6，http://www.wyff4.com/article/text-from-president-s-speech-q-a-at-benedict-college/7013346。

P.123 **和工人談話：**「總統於市民大會談論製造業的演講」，白宮發言人辦公室，2014/10/3發布，https://obamawhitehouse.archives.gov/the-press-office/2014/10/03/remarks-president-town-hall-manufacturing。

P.123 **白宮記者團的發問：**在二〇一四年的年終會議，歐巴馬甚至進一步只回答女性記者的提問。請見凱薩琳．海尼西（Kathleen Hennessey）的「歐巴馬創下白宮首例，只接受女性記者提問」，《洛杉磯時報》，2014/12/19，https://www.latimes.com/nation/politics/politicsnow/la-pn-obama-reporters-women-20141219-story.html。

P.126 **「這件事本身就極具民主特性」：**黛博拉．戴維斯（Deborah Davis），《世紀派對：楚門．卡波提和他的黑白主題派對》（New York: Wiley, 2006）。

P.126 **他甚至還準備了三十九分美元就能買到的面具：**蓋爾．崔貝（Guy Trebay），「楚門．卡波提在五十年前舉辦了一場最棒的派對」，《紐約時報》，2016/11/21，https://www.nytimes.com/2016/11/21/fashion/black-and-white-ball-anniversary-truman-capote.html。

第四章

P.148 **SheKnows.com 網站：**凱特．特洛非莫娃（Kat Trofimova），「讓下一個晚餐派對更有趣的幾種方式」，SheKnows.com，2013/12/2，http://www.sheknows.com/food-and-recipes/articles/1064647/ways-to-spice-up-a-dinner-party。

P.148 **線上邀請公司Evite：**「讓辦公室派對更有趣的五種方式」，Evite.com，2017/8/26擷取，https://webcache.google-usercontent.com/search?q=cache:4Z5QBG-pOjcJ:https://ideas.evite.com/planning/5-ways-to-spice-up-your-office-party/+&cd=1&hl=en&ct=clnk&gl=us&client=safari。

P.148 **Wisdump：**蘇菲亞．路瑟羅（Sophia Lucero），「準備要舉辦一場會議嗎？用這些怪咖點子讓會議更有趣」，Wisdump.com，2011/1/21，https://www.wisdump.com/web-experience/geeky-conference-ideas/。

P.148 **天主教青年事工中心：**艾瑞克．加拉格（Eric Gallagher），「讓下一次青年小組早餐會更有趣的十二種方式」，天主教青年事工中心，2011/3/23，https://cymhub.com/twelve-ways-to-spice-up-your-next-youth-group-breakfast/。

P.150 **傑佛遜風格晚餐：**「如何規劃一場傑佛遜風格晚餐」，慷慨網絡（The Generosity Network）。2017/8/25存取，http://www.thegenerositynetwork.com/resources/jeffersonian-dinners。

P.152 **「為期三年的課程」：**「兒童與青少年禮儀學校：五到八年級」，兒童與青少年禮儀學校，

2017/8/30存取，http://nljc.com/programs/junior-cotillion-5th-8th-grade/。

P.156 **「你已經習得了知識」**：菲利浦．朵默．斯坦霍普（Philip Dormer Stanhope），《寫給兒子的一封信：如何成為能立足世界的人與紳士》（Toronto: M. W. Dunne, 1901），302。

P.157 **「我們相信禮儀」**：「歷史」，兒童與青少年禮儀學校，2017/8/30存取，http://nljc.com/about/history/。

P.158 **「最成功的人」**：「歷史」，兒童與青少年禮儀學校。

P.162 **快閃晚餐派對**：準確來說，我已被告知白色晚餐並不是一場典型的「快閃」活動，因為每個主辦單位都必須取得在地舉辦活動的許可。

P.163 **女士坐在一側**：這項規則一直備受爭議，在東京的活動則沒有遵循這項規定。「例如在東京，如果與會的兩人是同樣性別（不一定是因為他們是同志，可能純粹只是因為他們比較喜歡和同性友人一起參加派對），則無需遵守此項規則。」石原久美這樣告訴我，她是東京場白色晚餐的主辦者，同時也獲得舉辦這系列活動的許可。

P.164 **「過去三年半來」**：白色晚餐，「二〇一五年白色晚餐官方影片」，YouTube影片，2015/10/15上傳，https://www.youtube.com/watch?v=x4Er5bWJeY8。

P.166 **一側坐男性，一側坐女性**：這項關於性別的規則是主辦單位最飽受爭議的一項規定。石原久美與一同舉辦這場活動的日本主辦方以文化因素獲得允許，無需遵循這項規則，賓客可以帶男伴或女伴一同參加活動。

P.168 **新加坡食物夠不夠「正式」**：華特．林（Walter Lim），「白色晚餐災難」，Cooler Insights，2012/8/25，http://coolerinsights.com/2012/08/the-diner-en-blanc-debacle/。

P.168 **「古老殖民者思維」**：藍道（Rendall），2012/8/25，針對「新加坡豆花高攀不上法式高端活動白色晚餐？-!」的評論，*Moonberry Blog*，2012/8/24， http://blog.moonberry.com/singapore-tau-huay-too-low-class-for-french-upscale-event/。

P.169 **「嗯，如果我是同志」**：艾莉森．貝克（Allison Baker），「為什麼我不參加白色晚餐」，*Nuts to Soup*（部落格），2012/7/28，https://nutstosoup.wordpress.com/2012/07/28/why-im-not-going-to-diner-en-blanc/。

P.169 **「從來沒有一場活動」**：莫拉．朱凱斯（Maura Judkis），「為什麼大家討厭白色晚餐？『做作』一詞反覆出現」，《華盛頓郵報》，2016/8/26，https://www.washingtonpost.com/lifestyle/food/why-do-people-hate-diner-en-blanc-the-word-pretentious-keeps-coming-up/2016/08/24/3639f2c6-6629-11e6-be4e-23fc4d4d12b4_story.html?utm_term=.458b82f6d226。

P.169 **「這整場活動讓我很想」**：凱文．歐曼（Kevin Allman），「白色晚餐：《混蛋小傳》」，*Gambit*，2013/4/4，https://www.bestofneworleans.com/blogofneworleans/archives/2013/04/04/le-diner-en-blanc-the-great-doucheby。

P.169 **「勢利眼」**：薩賓娜．麥多（Sabrina Maddeaux），「多倫多最愚蠢又自以為是的食物暨時尚活動再次登場」，*Now Toronto*，2015/8/5，https://nowtoronto.com/lifestyle/t/。

P.169 **「臨時、幾乎亂無章法、適合闔家參與的」**：亞莉珊卓．吉爾（Alexandra Gill），「白色晚餐名過其實。試試看溫哥華更好玩的黑色夜晚版本」，*Globe and Mail*，2016/8/26，https://www.theglobeandmail.com/news/british-columbia/ce-soir-noir-vancouvers-playful-subsititute-for-diner-en-blanc/article31585611/。

P.169 **「這個活動最美的一點」**：珍妮佛．皮克特（Jennifer Picht），「紐約市的白色晚餐現場實況」，*Time Out*，2016/9/16，https://www.timeout.com/newyork/blog/this-is-what-happens-when-you-go-to-diner-en-blanc-in-nyc-091616。

P.170 **「我們可能都穿得一身白」**：沙恩．哈里斯（Shane Harris），「華盛頓的勢利眼止步『白色晚餐』絕對是華盛頓最棒派對」，*Daily Beast*，2015/8/31，https://www.thedailybeast.com/dcs-snobbery-free-diner-en-blanc-showed-washington-at-its-partying-best。

P.173 **平均是一百五十次**：「二〇一七全球手機消費者調查：美國現況」，Deloitte Development LLC. https://www2.deloitte.com/content/dam/Deloitte/us/Documents/technology-media-telecommunications/us-tmt-2017-global-mobile-consumer-survey-executive-summary.pdf。

P.173 **「歷史上從來沒有出現過這樣的情況」**：碧洋卡．波斯克（Bianca Bosker），「沉迷終結者」，《大西洋》，2016/11， https://www.theatlantic.com/magazine/archive/2016/11/the-binge-breaker/501122/?utm_source=atltw。

P.186 **兩隻腳法則**：「簡版開放空間科技使用指南」，Open Space World，2017/11/30存取，https://openspaceworld.org/wp2/hho/papers/brief-users-guide-open-space-technology/。

P.186 **「純粹是要消除任何罪惡感的產生」**：「開放空間以塑造秩序」，Open Space World，2017/11/30存取，https://openspaceworld.org/wp2/hho/open-space-technology/。

第五章

P.191 **「派對規劃指南」**：「派對規劃指南」，Martha Stewart.com，2017/8/30存取，https://www.marthastewart.com/275412/party-planning-guide。

P.192 **伊希普把籌辦聚會拆解成**：蕾榭兒．伊希普（Rashelle Isip），「規劃完美派對或活動所需的十份清單」，Lifehack，2017/8/30存取，http://www.lifehack.org/articles/lifestyle/the-10-lists-you-need-make-plan-great-party-event.html。

P.193 **「這是個幸福的折磨」**：大衛．柯曼（David Colman），「神祕工作者」，《紐約時報》，2011/4/29，http://www.nytimes.com/2011/05/01/fashion/01POSSESSED.html。

P.208 **「現場將提供陸行艇」**：布魯克斯．巴恩斯（Brooks Barnes），「《STAR WARS：原力覺醒》世界首映會不計成本隆重登場」，《紐約時報》，2015/12/15， https://www.nytimes.com/2015/12/16/

business/media/star-wars-the-force-awakens-premiere.html?_r=0。

P.210 **「我們大家都有人生中絕對不想做的願望清單」：**莎拉．萊爾（Sarah Lyall），「我的超現實沉浸式戲院體驗」，《紐約時報》，2016/1/7，https://www.nytimes.com/2016/01/08/theater/starring-me-a-surreal-dive-into-immersive-theater.html。

P.214 **「藝術家的身體即為媒材」：**「觀念藝術」，*MoMA Learning*，2017/9/12存取，https://www.moma.org/learn/moma_learning/themes/conceptual-art/performance-into-art。

P.216 **「催眠般驚奇」：**雅各．史賴特利（Jacob Slattery），「催眠般的驚奇：瑪莉娜．阿布拉莫維奇與伊戈爾．列維特在公園大道軍械庫的《哥德堡版本》演出」，*Bachtrack*，2015/12/10，https://bachtrack.com/review-goldberg-variations-abramovic-levit-park-avenue-armory-new-york-december-2015。

P.223 **研究顯示，絕大多數的觀眾在聽演講時會記得：**尼爾．哈特曼（Neal Hartmann），「社區策略與架構；說服與倫理」，麻省理工學院斯隆管理學院，2013/9/10。同時也請見丹尼爾．康納曼（Daniel Kahneman）的研究。

P.226 **「我們想要帶領大家進入一個未來」：**米卡．西芙（Micah Sifry），「#PDF15 Theme 想像所有人：公民科技的未來」，*techPresident*，2015/3/17，http://techpresident.com/news/25488/pdf15-theme-imagine-all-people-future-civic-tech。

P.234 **活動宣誓：**「最強泥人基本介紹與冷知識」，Tough Mudder，2017/11/27存取，https://mudder-guide.com/guide/tough-mudder-facts-and-trivia/#pledge。

P.235 **「最強泥人障礙賽的原則」：**丹．修伯（Dan Schawbel），「威爾．迪恩：如何在企業內打造社群」，Forbes.com，2017/9/12，https://www.forbes.com/sites/danschawbel/2017/09/12/will-dean-how-to-build-a-tribe-around-your-business/#1e9757224005。

P.236 **「大家會站到箱子上」：**克里斯．加德納（Chris Gardner），「『我愛迪克』演員群傳承接續『透明家庭』的情緒練習」，《好萊塢報導》，2017/5/4，https://www.hollywoodreporter.com/ramblingreporter/i-love-dick-cast-inherits-transparents-emotional-exercise-997344。

P.237 **「先被淨化」**：加德納，「『我愛迪克』演員群」。

P.237 **「這位女士有天站上去」**：加德納，「『我愛迪克』演員群」。

P.237 **「離開我們的片場時還哭了」**：凱莉．書倫（Kelly Schremph），「『透明家庭』和吉兒．索洛威獨樹一格的做法正在改變好節目的製作方式」，Bustle.com，2016/9/23，https://www.bustle.com/articles/184353-the-unexpected-way-transparent-jill-soloway-are-changing-how-great-tv-is-made。

P.238 **「大家連結凝聚的時刻」**：書倫，「『透明家庭』和吉兒．索洛威獨樹一格的做法正在改變好節目的製作方式」。

P.238 **「我們可以像孩子一樣玩」**：傑森．麥克布萊德（Jason McBride），「吉兒．索洛威的新家人」，Vulture.com，2016/7/25，http://www.vulture.com/2016/07/jill-soloway-i-love-dick-c-v-r.html。

P.240 **減少百分之三十五**：「亞圖．古旺德的手術成功『檢查清單』」，史蒂夫．因斯齊普（Steve Inskeep），*Morning Edition*，National Public Radio，2017/11存取，https://www.npr.org/templates/story/story.php?storyId=122226184。

P.241 **「研討會可以改造成」**：「火花夏令營成立起源」，火花夏令營，2017/8/30存取，http://sparkcamp.com/about/。

第六章

P.249 **「提供創新想法」**：「一千五百位世界領袖、開拓先驅、專家志願解決全球挑戰」，世界經濟論壇，2017/9/25存取，https://www.weforum.org/press/2014/09/1500-world-leaders-pioneers-and-experts-volunteer-to-tackle-global-challenges/。

P.250 **「巨幅轉變」**：琳達．葛拉頓（Lynda Gratton），「領導力新模式全球議程委員會」，世界經濟論壇，2012，http://reports.weforum.org/global-agenda-council-on-new-models-of-leadership/。

P.265　**像是布芮尼・布朗等等的學者：**布芮尼・布朗（Brené Brown），《脆弱的力量》（New York: Gotham Books, 2012），2。

P.267　**嚴酷考驗時刻：**比爾・喬治（Bill George），「面對嚴酷考驗時刻」，《赫芬頓郵報》，2015/9/1，https://www.huffingtonpost.com/bill-george/coping-with-crucibles_b_8071678.html。

P.277　**他透過ＢＢＣ公告一個公開的邀請函：**「提供話題菜單的派對」，ＢＢＣ，2009/8/22，http://news.bbc.co.uk/2/hi/uk_news/england/london/8215738.stm。

第七章

P.291　**「做或說任何會冒犯人」：**詹姆士・安德森與班傑明・法蘭克林（James Anderson and Benjamin Franklin），「共濟會憲章（一七三四）：線上電子版」，保羅・羅伊斯特（Paul Royster）編輯，Faculty Publications，內布拉斯加大學林肯圖書館，25，http://digitalcommons.unl.edu/cgi/viewcontent.cgi?article=1028&context=libraryscience。

P.291　**「不要討論政治」：**湯瑪士・艾迪・希爾（Thomas Edie Hill），《希爾的社會與企業行事指導手冊：正確寫作指南》（Chicago: Standard Book Co., 1883），153。

P.291　**「談論那些」：**艾蜜莉・普斯特（Emily Post），《禮儀：社會、企業、政治與家庭》（New York: Funk & Wagnalls Company, 1922），55。

P.292　**「禮儀的目標」：**安妮・布朗（Anne Brown），2015/8/11，針對問題「為什麼討論性、政治與宗教是一件沒有禮貌的事情？」的回答，Quora，https://www.quora.com/Why-is-it-considered-rude-to-discuss-sex-politics-and-religion?share=1。

P.292　**在羅格斯大學的畢業典禮致詞：**凱莉・海博爾（Kelly Heyboer），「康朵麗莎・萊斯遭取消至羅格斯大學的畢業典禮致詞」，NJ.Com，2014/5/3，http://www.nj.com/education/2014/05/condoleezza_rice_pulls_out_of_giving_rutgers_commencement_speech.html。

P.292 **在史密斯學院的演講：**亞莉山卓．西佛林（Alexandra Sifferlin），「國際貨幣基金總裁的畢業典禮致詞遭取消」，Time.com，2014/5/12，http://time.com/96501/imf-chief-withdraws-as-smith-college-commencement-speaker/。

P.293 **「要奔向——而非遠離——噪音歧見」：**第一夫人於歐柏林大學的畢業典禮致詞，2015，2017/11/30存取，請至 https://obamawhitehouse.archives.gov/the-press-office/2015/05/25/remarks-first-lady-oberlin-college-commencement-address。

P.293 **受邀至米德爾伯里學院演講時：**彼得．班納特（Peter Beinart），「米德爾伯里學院發生對自由言論的暴力攻擊」，《大西洋》，2017/3/6，https://www.theatlantic.com/politics/archive/2017/03/middlebury-free-speech-violence/518667/。

P.301 **「看看業界領袖如何在」：**「您已受邀參加DOSOMETHING.ORG二〇一六年度大會」，www.dosomething.org，2017/9/20存取，https://dsannualmeeting2016.splashthat.com。

P.301 **聚在一起打架：**湯瑪士．摩頓（Thomas Morton），「Takanakuy」，*Vice*，2012/3/12，https://www.vice.com/sv/article/avnexa/takanakuy-part-1。

P.302 **「『到那裡解決』」：**班．索羅曼（Ben C. Solomon），「木桑威鬥陣俱樂部：兇狠的溫達傳統」，《紐約時報》，2016/2/26，https://www.nytimes.com/2016/02/27/sports/musangwe-fight-club-a-vicious-venda-tradition.html。

第八章

P.320 **會形塑大家的經驗、意義感受和記憶：**行為心理學家丹尼爾．康納曼（Daniel Kahneman）的諸多著作與演講都在談他所謂的「記憶自我」和「體驗自我」，以及兩者間的差異。在二〇一〇年的TED演講，他描述兩位作過大腸鏡檢查的病患的差別，相較於A病患（檢查時間較短），檢查時間較長的病患（因此承受疼痛的時間也比較長）的體驗反而更好，因為他在檢查結尾的體驗比較好。「定義一個故事的重點是變化、重要時刻、結尾。結尾非常、非常重要。」他如此表示。請見https://www.ted.com/talks/daniel_kahneman_the_riddle_of_experience_vs_memory?language=de#t-383109。另請見他關於此議題最初的研究：丹尼爾．康納曼、芭芭拉．弗雷德里克森（Barbara L. Fredrickson）、查爾斯．施瑞伯（Charles A. Schreiber）、唐諾．瑞德米爾（Donald A. Redelmeier），「當人們寧可選擇更多疼痛：作個好一點的收尾吧」，*Psychological Science* 4，no. 6 (November 1993): 401–5。

P.324 **「傳統的喪禮」**：「Funeralwise.com最新調查結果呈現看法迥異的喪禮選擇」，Funeralwise，2010/12/8，https://www.funeralwise.com/about/press-releases/funeral-choices-survey/。

P.330 **「如果你讓活動虎頭蛇尾地慢慢結束，那就毀了」**：寇特妮．魯賓（Courtney Rubin），「伊莉莎白女王的派對策劃人以腳穿美金三十五元的鞋引以自豪」，《紐約時報》，2016/4/23，https://www.nytimes.com/2016/04/24/style/queen-party-planner-lady-elizabeth-anson.html。

P.337 **本來應該不能信任，或應該憎恨的人**：和平種子和許多計畫一樣，隨著時間發展，也開始收來自美國與英國的青少年。和平種子同時也針對美國的青少年舉辦兩週半的夏季活動方案，另外也為營隊領域的教育人士舉辦活動，協助他們參與成人版的對話。欲知更多資訊，請見https://www.seedsofpeace.org。

這樣聚會，最成功！

美國頂尖會議引導師，帶你從策劃到執行，創造出別具意義的相聚時光

The Art of Gathering: How We Meet and Why It Matters

作　　者　普里亞・帕克
譯　　者　張芷盈
主　　編　鄭悅君
特約編輯　聞若婷
封面設計　兒日設計
內頁設計　張哲榮

發 行 人　王榮文
出版發行　遠流出版事業股份有限公司
地址：臺北市中山區中山北路一段11號13樓
客服電話：02-2571-0297
傳真：02-2571-0197
郵撥：0189456-1
著作權顧問　蕭雄淋律師

初版一刷　2023年3月1日
定　　價　新台幣480元（如有缺頁或破損，請寄回更換）

ISBN　978-957-32-9939-4
遠流博識網　www.ylib.com
遠流粉絲團　www.facebook.com/ylibfans
客服信箱　ylib@ylib.com

國家圖書館出版品預行編目（CIP）資料

這樣聚會，最成功！美國頂尖會議引導師，帶你從策劃到執行，創造出別具意義的相聚時光 / 普里亞・帕克（Priya Parker）著 ; 張芷盈譯.
-- 初版 -- 臺北市：遠流出版事業股份有限公司, 2023.03
384 面 ; 14.8 × 21 公分
譯自：The Art of Gathering: How We Meet and Why It Matters
ISBN 978-957-32-9939-4（平裝）

1.CST: 人際關係 2.CST: 應用心理學

177.3 111021496

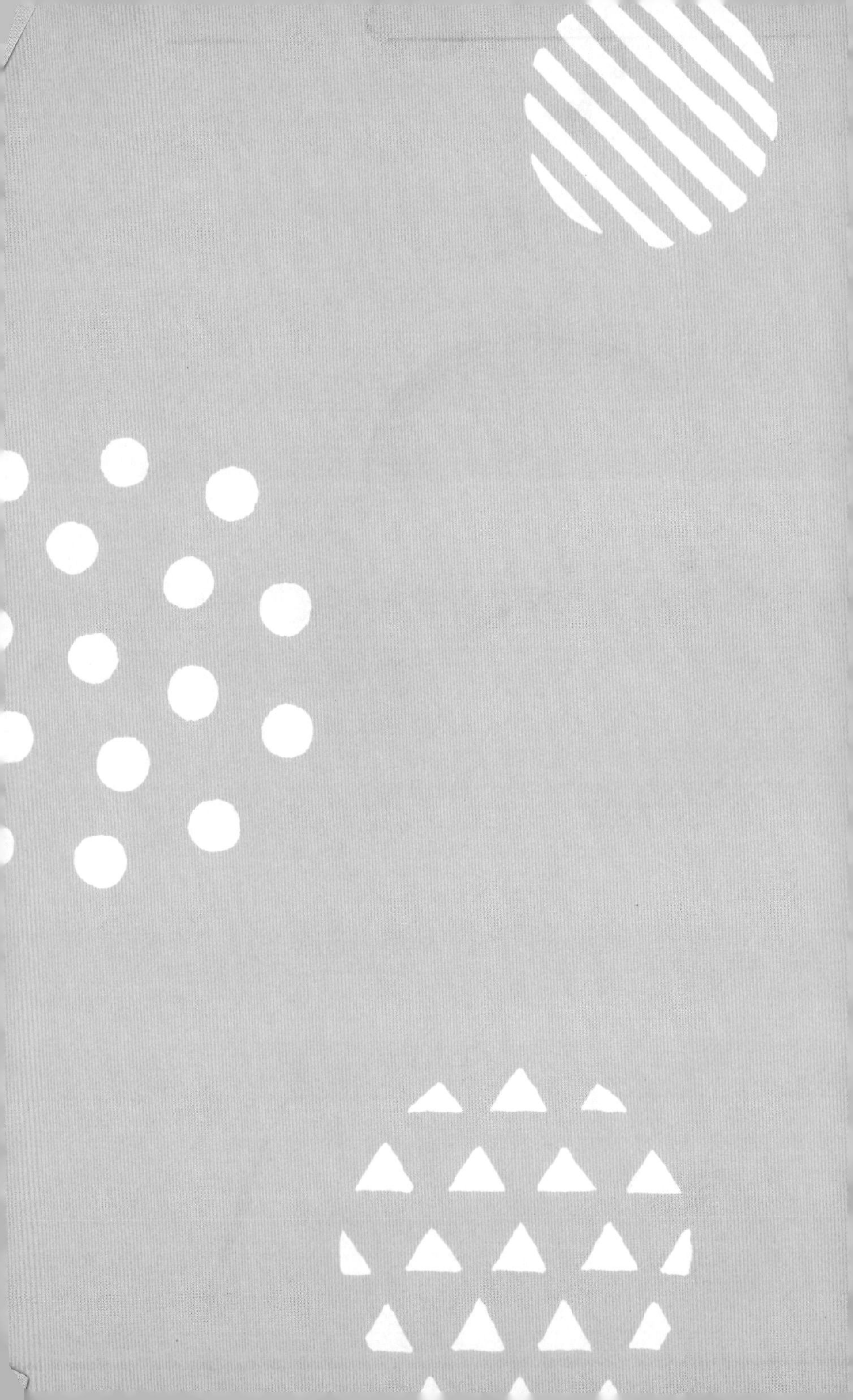